ATLAS ILUSTRADO DE

artes
oficios
fácil

FOTOGRAFÍA DIGITAL PRÁCTICA

susaeta

Dirección editorial
Isabel Ortiz

Idea y dirección de la obra
Jordi Vigué

Jefe de redacción
Sylvette Artaud

Redacción de textos
Santiago Garcés

Corrección
M.ª Jesús Díaz

Investigación
Antonio Martín del Campo

Fotografías
Santiago Garcés

Diseño gráfico
Estudio Gráfico Gorg Blanc

Maquetación
Paloma Nestares

Tratamiento informático de imagen
Marta Ribón

Coordinación editorial
Miquel Ridola

Campezo, s/n-28022 Madrid
Tel.: 913 009 100-Fax: 913 009 118

ÍNDICE

Introducción

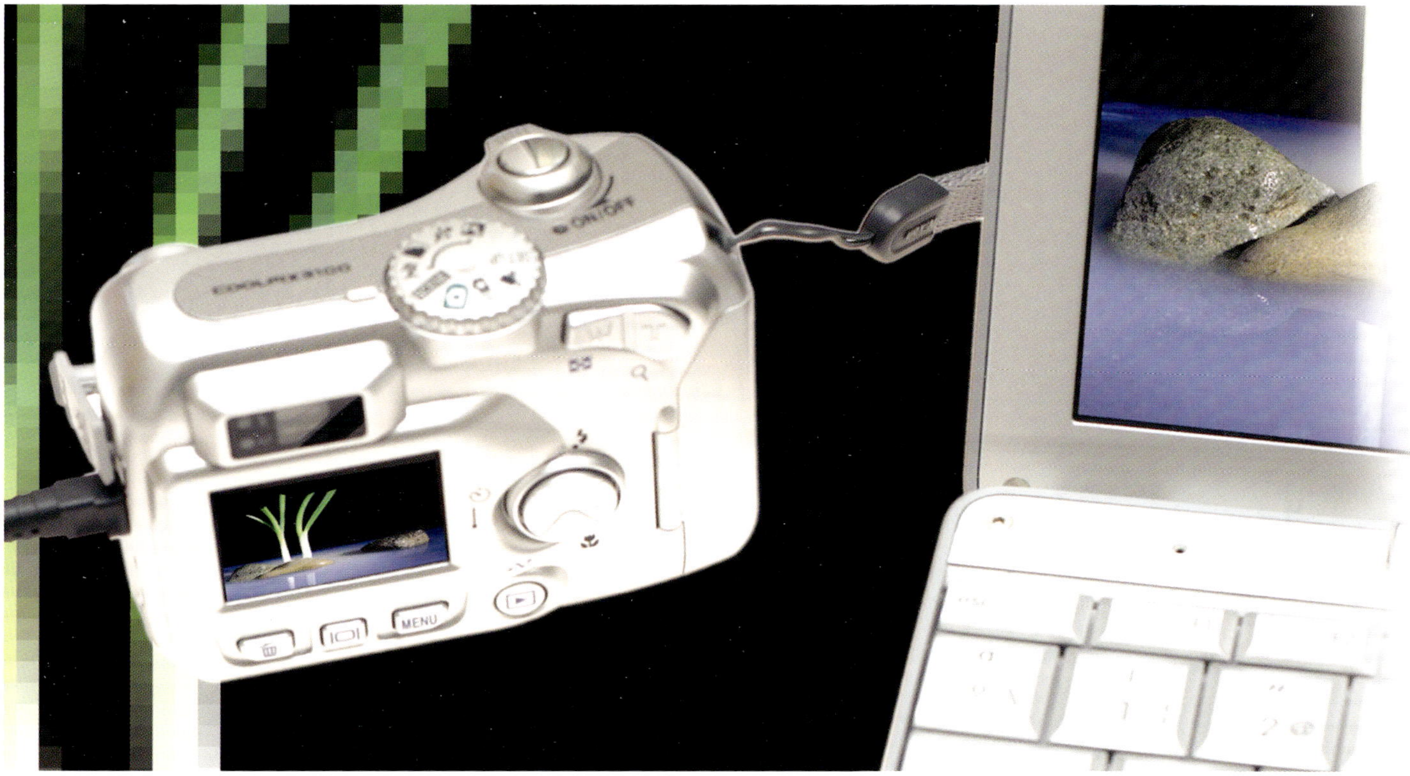

Desde hace unos pocos años, la fotografía digital viene revolucionando el mercado mundial de la imagen, sus cualidades, los precios de las cámaras y sus periféricos, que cada día son más sofisticados y económicos.

Actualmente, se pueden obtener cámaras digitales muy completas y con buenas prestaciones, tanto para profesionales como para aficionados, y con una buena relación calidad-precio. Cámaras que cumplen con especificaciones más que estimables, tales como resoluciones de imagen realmente buenas, que, traducidas a impresiones en papel, permiten tamaños muy razonables para la mayoría de los usuarios.

Pero no ha sido sólo el mercado de las cámaras digitales el que se ha desarrollado vertiginosamente, sino que toda la industria fotográfica se está adaptando a lo que para muchos profesionales es la reinvención de la fotografía.

La gran velocidad con que avanza la tecnología digital ha obligado a que laboratorios, estudios fotográficos, agencias de publicidad, agencias de prensa y, en general, todo aquel que está involucrado en el sector de la fotografía, hayan tenido que cambiar sus sistemas, equipos y hábitos de trabajo.

Y si a nivel de usuario la fotografía digital ha revolucionado la manera de hacer y compartir fotografías, en el sector profesional el cambio ha sido todavía más radical. Actualmente, el sector de la fotografía profesional pasa por momentos de gran incertidumbre para unos y de gran amplitud de horizontes para otros. Y es que el mercado cada día es más exigente con la utilización de equipos digitales, equipos que en un principio no son accesibles para todos los bolsillos y que, también en muchos casos, llevan a replantear la infraestructura instrumental del fotógrafo. Pero lo más grave de este asunto es que el cambio no ha sido paulatino, sino de golpe, y muchos profesionales y laboratorios fotográficos se han visto en la absoluta obligación de pasarse al formato digital, no sólo para poder ser competitivos, sino incluso para subsistir. El aspecto que, tal vez, haga dudar más a la hora de dar el paso es que muchas veces todavía no se han amortizado los equipos analógicos.

Anteriormente, con la fotografía convencional, los cambios y avances tecnológicos, por drásticos y revolucionarios que fueran, conservaban su origen, del que eran una continuación. Un origen que radicaba en el tratamiento de imágenes generadas a partir de un material fotosensible llamado película, que requería de un tratamiento y un tiempo básicos, como es el revelado, para poder ver las imágenes. Con la fotografía digital, el revelado ha desaparecido, lo que hace que sea aquí donde radica la gran revolución que se ha producido.

El hecho de poder ver al momento la imagen que se acaba de obtener se ha convertido en el factor principal del cambio, tanto para el usuario como para el profesional. La ventaja que supone el no tener que esperar a ver la imagen después de un tiempo de su toma y revelado, y lo fácil que resultan la seguridad, creatividad, eficiencia y perfeccionamiento, no tienen precio.

La diferencia entre obtener las fotografías en película o hacerlas en formato digital puede representar para muchos profesionales la diferencia entre trabajar o no. Los gastos que se tienen cuando se trabaja con material sensible o película son mucho más elevados que con formato digital, y lo que hasta hace poco, con la película, era bien aceptado en cuanto a tiempos y servicio, actualmente se considera inadmisible, ya que hoy todo el mundo quiere ver las fotos al momento.

La industria que consume fotografía profesional, como la prensa o la publicidad, es la que más rápido se ha acostumbrado al cambio y esto se debe a las muchas ventajas del nuevo formato. Por ejemplo, en el caso de un reportaje gráfico para un periódico, cuando se trabaja con película, el fotógrafo tiene que cargar con más de un tipo de carrete, ya que no sabe con qué luz se encontrará; y el cargar con carretes diferentes implica generalmente cargar también por lo menos con dos cámaras, una para cada tipo de película. Con el formato digital esto no sucede, ya que la cámara puede adaptarse perfectamente al tipo de luz de que se dispone, sin que existan cambios sustanciales entre una fotografía y otra.

Con película, una vez que se está haciendo la toma, el fotógrafo debe suponer que tiene la foto buena y da por terminada la sesión. En cambio, con la fotografía digital sabe al instante y con absoluta certeza si la toma es correcta o si es preciso volverla a repetir, porque la que ha salido no cumple con las condiciones que se requerían.

Cuando se da por terminada la sesión, la película requiere el revelado del material sensible, lo que lleva como mínimo dos horas o más hasta poder disponer de unas primeras imágenes en forma de contacto para hacer posible la selección. Y una vez que se ha hecho ésta, empieza otro largo proceso que es el de escaneo o un segundo tiraje de copias en el laboratorio. Con el formato digital se dispone al momento del archivo digitalizado y prácticamente listo para imprenta.

Pero quizás lo más importante de todo esto sea que los archivos digitales se pueden transmitir con gran facilidad por la web, incluso desde el mismo lugar en que se ha realizado la toma, si se cuenta con el equipo

◂ La rápida transmisión de las imágenes de la cámara a un ordenador u otros periféricos, como impresoras o discos duros, para su posterior utilización, trabajo o envío por e-mail convierten a las cámaras digitales en una potente herramienta de trabajo que evita los procesos convencionales de revelado y escaneo, inevitables al trabajar con el formato analógico.

adecuado. Todo ello deja sin competencia al formato analógico, ya que entre la toma, el escaneo y la primera vista de la imagen por parte del cliente o el editor, puede haber transcurrido un tiempo considerable, mientras que con el formato digital éste es inmediato.

Una de las primeras experiencias profesionales de este formato tuvo lugar en el Mundial de Fútbol de Francia 98, en el que un reportero transmitió durante el juego la fotografía que consideró de portada. Antes de que terminara el encuentro, la imagen estaba ya en la redacción del periódico, lista para ser impresa.

La prensa es el sector que más rápidamente ha adoptado el uso de la fotografía digital gracias a todas las ventajas antes mencionadas. Pero, igual que en este medio se puede afirmar que el 99% de las fotografías son tomadas en digital, existen otros muchos sectores en los que el formato digital se convierte día tras día en la herramienta indispensable, como puede ser el caso de la publicidad.

En la publicidad, la fotografía digital ha perfeccionado todas las campañas a niveles realmente impresionantes. Y esto se debe única y exclusivamente a la seguridad y a los horizontes que se abren por el hecho de poder ver y compartir vía e-mail las imágenes en el momento de la toma. Así, un fotógrafo de publicidad puede discutir, retocar, modificar y manipular las imágenes con sus clientes en tiempo real, sin tener que esperar al revelado del material, un tiempo que es de la mayor importancia.

Pero así como en los sectores profesionales el avance de la fotografía digital ha ido siempre por delante de la convencional, cada día se incrementa casi de forma exponencial el número de ventas de cámaras digitales compactas o de usuario. El progreso ha sido tan rápido y el cambio que con ello se ha producido tan importante, que los principales fabricantes de materiales fotosensibles o de película están cerrando y/o anuncian que pararán a corto plazo su producción en los países más desarrollados y que sólo en los países menos avanzados seguirán surtiendo de sus productos al mercado.

Los grandes fabricantes de cámaras y de material fotográfico saben que el mercado del usuario doméstico está preparado y receptivo con la fotografía digital. Y esto se debe en gran medida a la fusión e integración de la tecnología digital en todos los sectores de la vida cotidiana.

Hoy en día la transmisión de fotografías digitales es algo común, práctico y sencillo incluso para personas que nunca habían tenido contacto directo con un ordenador. El ejemplo más claro de esto es que muchos de los teléfonos móviles que se venden llevan incorporada una cámara digital.

En este libro se tratarán los aspectos más prácticos para ayudar al lector a comprender el funcionamiento de la fotografía digital, así como a perfeccionar las diferentes técnicas de todos los procesos que se relacionan con ella, desde la teoría del funcionamiento mecánico pasando por la toma y hasta el retoque y manipulación de las imágenes.

▲ El formato digital ha abierto nuevos horizontes de creatividad en el mundo de la fotografía, ya que agiliza todo el complicado proceso técnico típico de la fotografía analógica, gracias en parte a la inmediata visualización de las imágenes, pero también a las múltiples funciones que ofrecen las cámaras digitales y los programas de retoque de imagen.

FUNCIONAMIENTO DE LA FOTOGRAFÍA DIGITAL

TEMA 1 FUNCIONAMIENTO DE LA FOTOGRAFÍA DIGITAL

INTERPRETACIÓN DIGITAL DE LA INFORMACIÓN

La fotografía digital

Desde la aparición de la fotografía convencional hasta los más novedosos sistemas de fotografía digital, el hombre ha intentado cada vez más acercarse al conocimiento del funcionalismo del ojo humano para obtener imágenes. Si se analiza el proceso mediante el cual una persona puede ver, se advierte que los sistemas por los que se obtiene una fotografía se basan en los mismos principios de la visión humana. Por esta razón y para poder comprender el funcionamiento de los sensores digitales, se establecerá en este apartado una comparación entre el modo de funcionar del ojo humano y la película convencional de proceso químico, y los sensores digitales.

El ojo humano

La trayectoria de la luz, mediante la cual ésta deriva en una serie de impulsos eléctricos que el cerebro interpreta al instante dando forma y colores a aquello que ve la persona, se puede resumir a grandes rasgos de la siguiente manera:

- Cuando los rayos de luz inciden sobre el ojo humano, la luz entra a través de la córnea y llega a la retina.
- Una vez en la retina, atraviesa sus capas e interactúa con los elementos fotosensibles (conos y bastoncillos) que proporcionan la información cromática a los ojos.
- Luego, el cerebro reinterpreta, reorienta y procesa esta información.

Los conos se encuentran en la parte central de la retina llamada *fóvea* y son los responsables de la visión en color. Hay tres tipos de conos, cada uno de los cuales responde predominantemente a los espectros de luz: roja, verde o azul.

Cuando se alejan de la fóvea, los conos son sustituidos por los bastoncillos, que se encuentran agrupados y son los responsables de la visión con bajos niveles de iluminación.

Los ojos tienen una gran sensibilidad y regulan la cantidad de luz que incide sobre ellos mediante dos mecanismos: el ajuste que hace el iris, que está situado en la parte frontal del ojo y regula, abriéndose o cerrándose, la cantidad de luz que pasa a la retina, y los conos y bastoncillos, mediante cambios químicos que se adaptan a los niveles variables de luz. Por esta razón, cuando de un exterior con mucha luz se pasa a un interior oscuro, es necesario esperar unos instantes a que en los conos y bastoncillos se produzcan los cambios químicos adecuados para hacer posible una visión correcta.

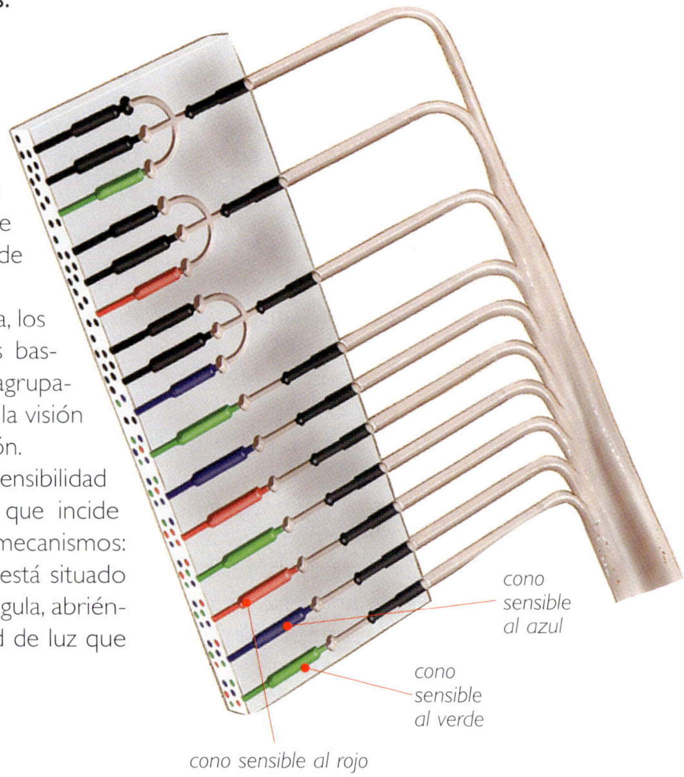

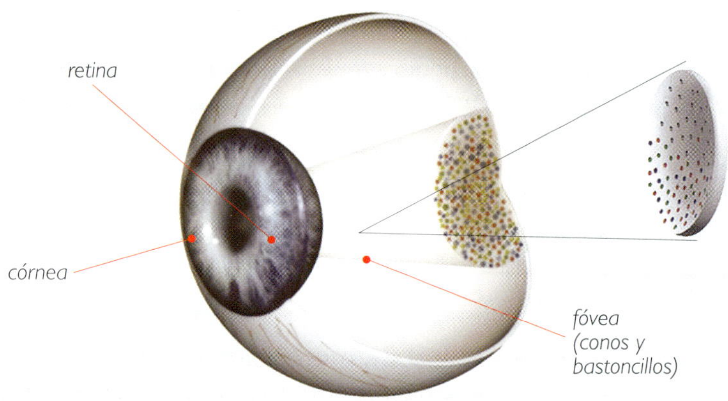

La luz que incide tiene que pasar primero por el objetivo de la cámara, que invierte y enfoca la imagen en el plano de la película. La intensidad de la luz que recibe dicha película está controlada por dos partes mecánicas de la cámara: el diafragma y el obturador, cuya combinación da como resultado un control exacto de la cantidad de luz que se quiere dejar pasar para exponer la película.

La película

Como se ha apuntado en el caso del ojo humano, los bastoncillos y los conos, al ser expuestos a la luz, experimentan unas reacciones químicas, gracias a las cuales el ojo adquiere una gran sensibilidad a la luz. En el caso de la película, esta capacidad no es tan amplia. Por este motivo se fabrican diferentes tipos de emulsión, tanto para variar la sensibilidad de la intensidad de la luz, como para modificar la sensibilidad de los diferentes espectros de luz.

De la misma manera que los bastoncillos y los conos del ojo humano son sensibles a los colores verde, rojo y azul de la luz, la película de color tiene un mismo sistema mediante la incorporación de filtros, que se superponen en la emulsión de la película. Así cada capa tiene un filtro diferente que capta el espectro de luz que le corresponde. Con este sistema multicapas se registran por separado las longitudes de onda del azul, el verde y el rojo de un motivo y así se forma una imagen final en tres colores superpuestos, uno amarillo, correspondiente a la longitud de onda del azul, uno magenta, correspondiente a la longitud de onda del verde, y otro azul, correspondiente a la longitud de onda del rojo.

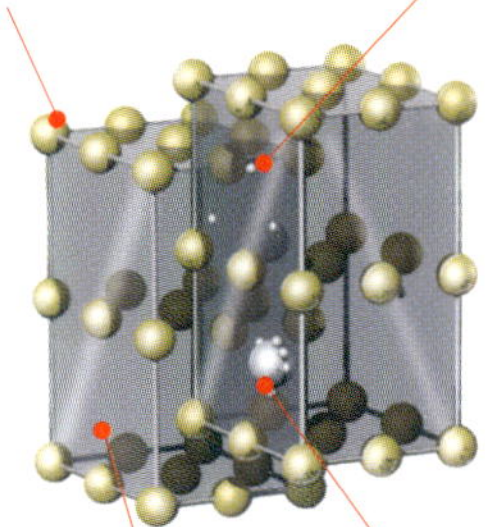

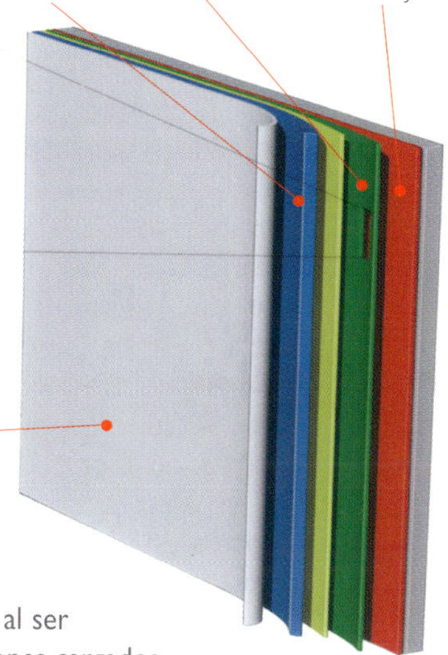

Las emulsiones de las películas contienen halogenuros de plata que, al ser expuestos a la luz, liberan los electrones cargados negativamente de los iones del halogenuro, que son atraídos por las impurezas del cristal. Éstos, a su vez, atraen a los iones de plata cargados positivamente para formar grupos de plata metálica. Este cambio molecular da lugar a una imagen en negativo latente que, después del revelado, forma una imagen visible.

Los CCD (dispositivos de carga doble)

Igual que sucede en el ojo humano, en los CCD la intensidad de la luz es convertida en señales eléctricas. El CCD es una rejilla compuesta por un gran número de celdas electrónicas diminutas con filtros rojos, verdes y azules, que podrían ser el equivalente de los conos y los bastoncillos del ojo humano.

Cuando la luz entra en una de estas celdas, provoca una energía que libera electrones cargados negativamente de los átomos de silicio. Otra capa de silicio, situada debajo de la celda, recibe estos electrones actuando como contenedor. La carga negativa que se ha formado durante y después de la exposición y que está contenida en cada celda es proporcional a la cantidad de luz recibida.

Inmediatamente después de la exposición, todas las cargas eléctricas se transfieren simultáneamente a un registro adyacente y son sistemáticamente leídas por la rejilla o CCD como una corriente de señales.

La secuencia de señales de imagen pasa a través de un convertidor analógico-digital que se encuentra en el cuerpo de la cámara o en el respaldo digital, transformando la información analógica de cada valor tonal que llega al CCD en información numérica.

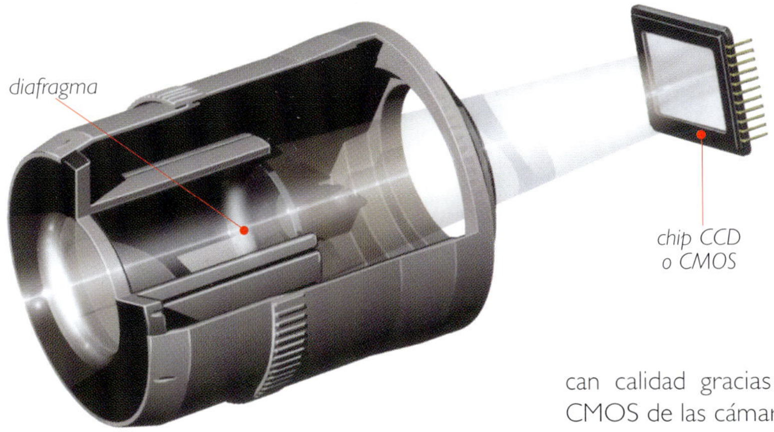

Actualmente, existen dos tipos de sensores que se utilizan en casi todos los modelos de cámaras digitales que ofrece el mercado. Estos sensores son los denominados CCD (dispositivo de carga doble) y CMOS (semiconductor complementario de metal-óxido).

El CCD toma su nombre de la forma en que es leída la información después de la exposición:

- Las cargas de la primera línea son transferidas a la parte del sensor denominada *registro de lectura exterior.*

- De ahí las señales van a un amplificador y seguidamente a un convertidor analógico-digital.

- Una vez que la línea ha sido leída, las cargas del registro de lectura exterior son eliminadas y entra la siguiente línea, y así sucesivamente una tras otra.

El CMOS, es decir, el semiconductor complementario de metal-óxido, necesita un chip con mucha mayor memoria de procesador. Un procesador CMOS promedio equivalente a un Pentium II contiene alrededor de 10 millones de píxeles.

Las cámaras Canon son las principales consumidoras de este tipo de chips, por cuanto, pese a ser más económicas, no sacrifican calidad gracias a su proceso de producción. Por eso los CMOS de las cámaras Canon son actualmente los que contienen una mayor cantidad de píxeles.

El mapa de bits

En el caso de la fotografía digital, el tamaño de la imagen está determinado por el número de píxeles o celdas fotosensibles que contiene el chip que captura dicha imagen. Igual que ocurre en la película, existen varios formatos o tamaños de imágenes; sin embargo, en el caso de la fotografía digital, según los chips contengan más o menos píxeles –siempre ordenados de forma rectangular–, variará el tamaño.

Conviene destacar que la posición exacta de cada píxel puede estar determinada por un eje horizontal **x** y un eje vertical **y**, a diferencia de la película convencional, en la que los granos de la película se encuentran de manera aleatoria y suspendidos sobre su emulsión. A esta cuadrícula formada por píxeles se la denomina ***mapa de bits*** y está dotada de cuatro características básicas: *resolución, dimensiones, profundidad de bits y modelo cromático.*

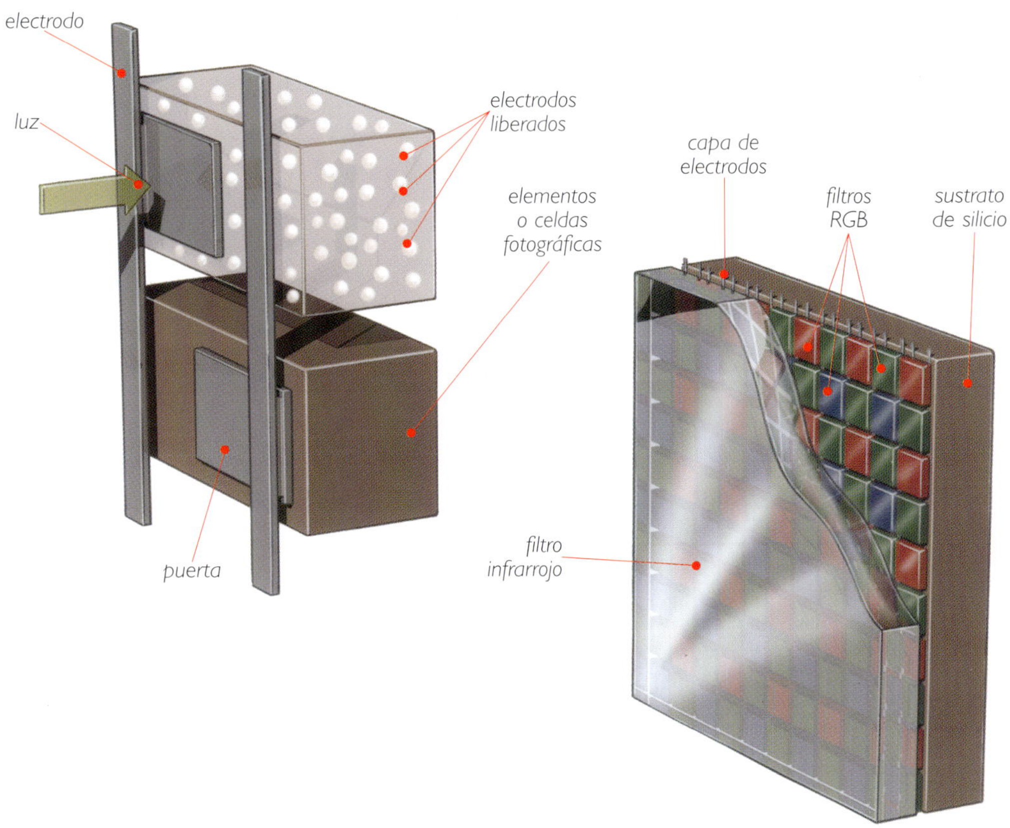

La cantidad de luz que recibe cada celda fotosensible libera electrones de silicio, que generan una carga eléctrica. El nivel de carga acumulada en cada celda después de la exposición representa la luz recibida y, por lo tanto, el valor que se le asignará a ese píxel.

En la fotografía digital, igual que sucede en la convencional o analógica, la imagen está definida o delimitada por un tamaño o formato. En el caso de la película de 35 mm, también denominada *de paso universal*, la parte expuesta de la película tiene un tamaño de 24 x 36 mm, mientras que, en una imagen de formato medio, un fotograma puede tener un tamaño de 6 x 6 cm.

Película de 24 x 36 mm también denominada de paso universal.

24 mm

36 mm

6 cm

6 cm

Película de formato medio

A la diferencia del tamaño del chip se la denomina ***resolución***. Ésta define simplemente la cantidad de píxeles por pulgada o por centímetro que contiene el chip o sensor. Cuando la resolución es baja, la imagen carece de definición y los bordes o líneas diagonales de un objeto aparecen escalonados e irregulares, pudiéndose apreciar los píxeles. La resolución determina el tamaño de impresión de la imagen, en cuya operación prima el principio según el cual «*a mayor resolución, mayor tamaño de impresión*».

La ***dimensión*** de un mapa de bits corresponde al tamaño físico de una imagen. Es el resultado de dividir el número de píxeles de una imagen por la resolución. Así, una imagen de 3.088 x 2.068 píxeles y una resolución de 300 ppp (píxeles por pulgada) dará como tamaño de impresión 10,2 x 6,8 pulgadas.

Las cámaras digitales, al igual que los ordenadores, utilizan el sistema numérico binario para representar los números decimales. Por tanto, los valores que la cámara digital adjudica a cada píxel al ser expuesto a la luz están representados con un valor del sistema binario que se basa en la combinación de dos números: el 0 y el 1. Si las cámaras digitales se basaran únicamente en la combinación de estos dos números (0 y 1), sólo se obtendrían imágenes en cuatro tonos, que corresponden a cada uno de los números que se pueden formar combinando el 0 y el 1. A cada uno de estos dos componentes del sistema binario (0 y 1) se le denomina *bit*. Una imagen formada por cuatro tonos es una imagen formada por dos bits (0 y 1). Al combinarse en todas sus posibilidades, estos dos bits crean cuatro números decimales: 00=0, 01=1, 10=2, 11=3. Las cámaras digitales se basan en el sistema RGB de color, que necesita 8 bits por color o 24 en total.

3.504 ppp

Alta resolución

2.336 ppp

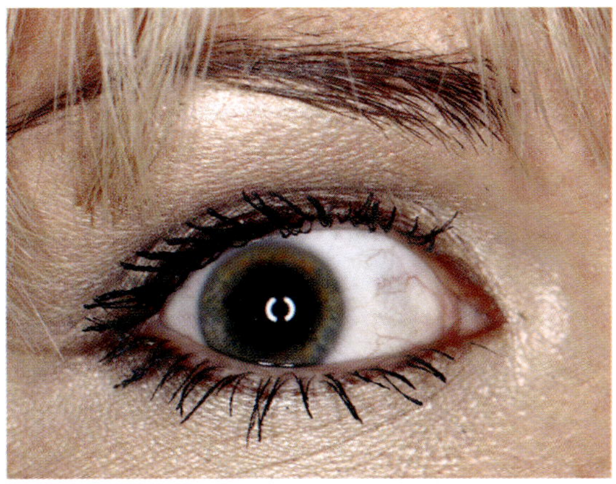

1.200 ppp

1.600 ppp

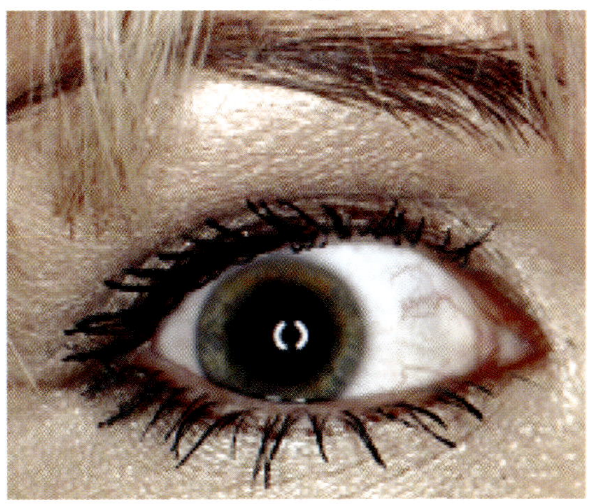

Baja resolución

*Al estar ordenadas las celdas fotosensibles en un eje **x** y uno **y** se puede establecer una coordenada.*

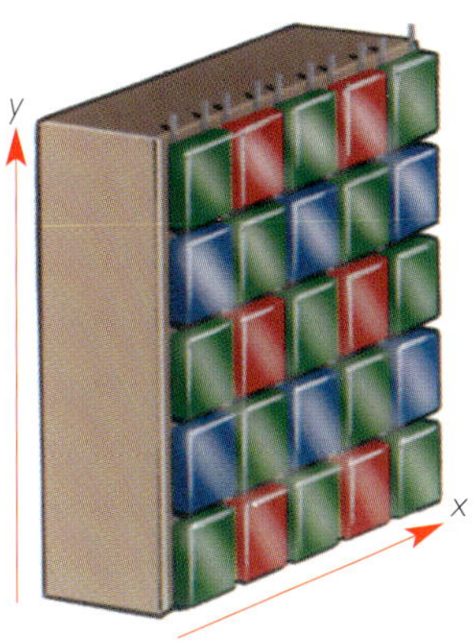

Al ser aleatorios los haluros de plata, no se pueden establecer coordenadas para localizarlos por separado.

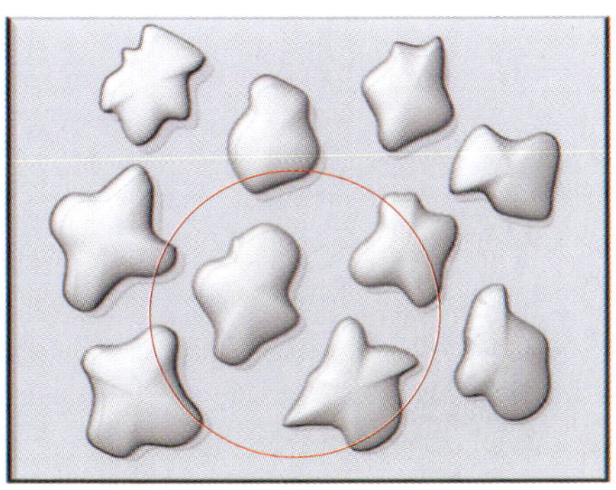

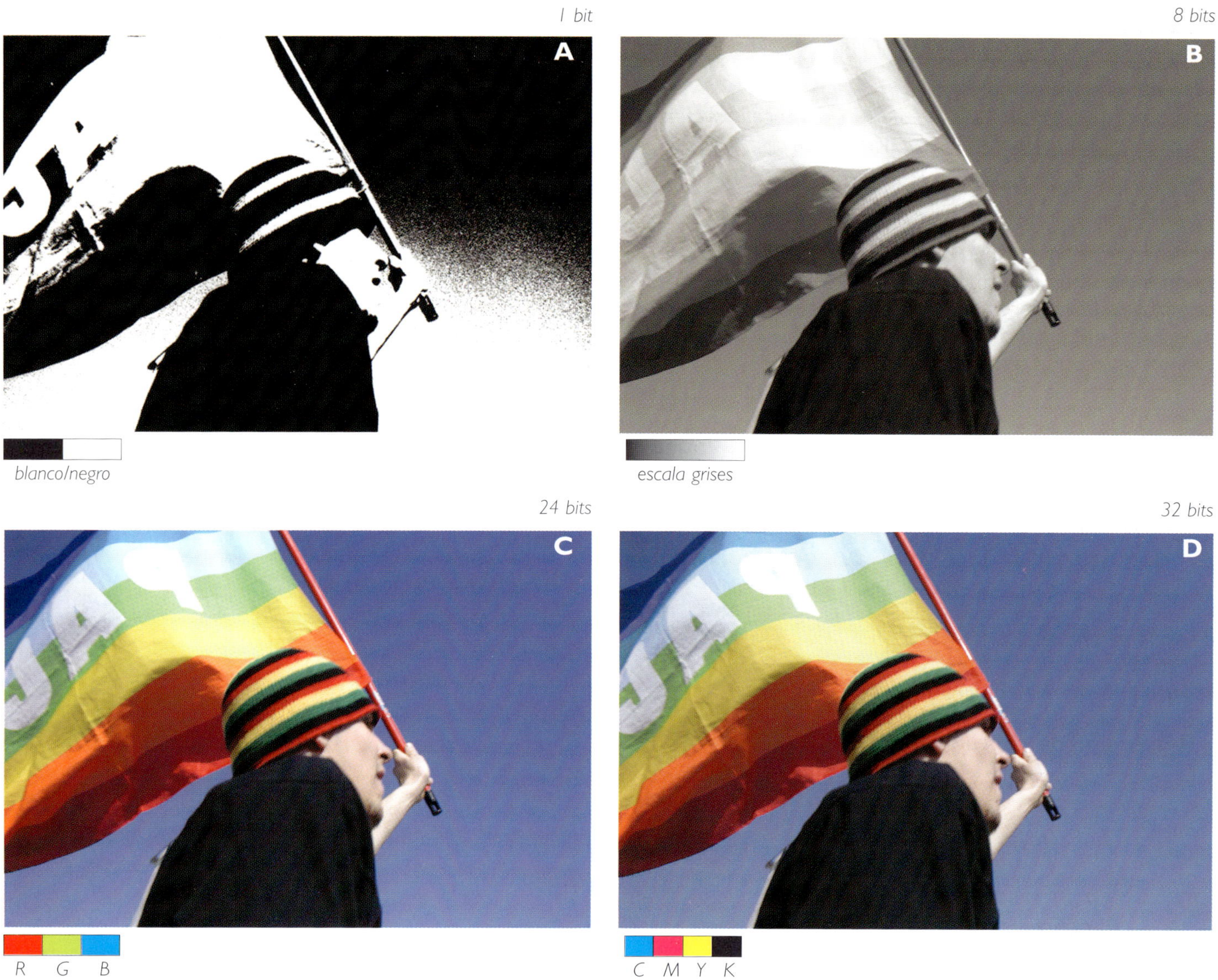

A: 01 bits de profundidad (blanco y negro). B: 08 bits de profundidad (escala de grises).
C: 24 bits de profundidad (RGB). D: 32 bits de profundidad (CMYK).

Un número binario de 8 bits es capaz de representar 256 tonalidades de gris en el caso de que el píxel no tuviese un filtro sobrepuesto y sólo registrara la intensidad de la luz. Pero, al estar los píxeles cubiertos con filtros RGB, en donde R256 x G256 x B256 es igual a 16,7 millones de colores, son capaces de reproducirse con una cámara digital.

De todo cuanto estamos exponiendo se deduce que, a mayor número de bits, mayor ***profundidad de bits*** y mayor también la paleta de colores que aparecerán en la fotografía final. Así, una imagen monocroma o de escala de grises está constituida por un número de 8 bits de profundidad. Una imagen en RGB tendrá 24 bits de profundidad, y, si se convierte una imagen de RGB a cuatricromía o CMYK, se estarán creando cuatro canales de 8 bits, cada uno de los cuales generará un archivo de 32 bits de profundidad.

A cada uno de los diferentes modelos de color (escala de grises, RGB, CMYK) se le denomina ***modelo cromático***, y a cada modelo cromático le corresponde una profundidad de bits diferente.

La resolución

Cuando se habla de resolución, se hace referencia a la calidad que tiene una imagen obtenida por una cámara o producida por un escáner, que se observa en un monitor o en una impresión sobre papel. La resolución mide el número de puntos o píxeles (nombre que se da a los puntos de un monitor de ordenador) por pulgada cuadrada (ppp).

Una mayor resolución significa que la imagen está compuesta por un mayor número de píxeles por pulgada cuadrada. La resolución expresa cualitativamente la capacidad que tiene el medio de registro de imágenes de capturar los detalles finos. Cuantos más píxeles por pulgada contenga la imagen, mayor será la nitidez con que aparecerán estos detalles (texturas, colores, etc.).

La resolución de las impresoras y escáneres se mide mediante los puntos por pulgada que se imprimen o escanean. La única diferencia con los píxeles es que éstos se refieren a la imagen en pantalla y los puntos, a la imagen impresa.

Resolución en pantalla

Al igual que en un CCD, la resolución en pantalla se mide por el número de píxeles en el eje horizontal *(x)* y el eje vertical *(y)*; así, por ejemplo, 1.200 × 800 ó 600 × 400. Una manera abreviada de expresar esta resolución es por el total de píxeles: 1.200 × 800 píxeles (1.200 píxeles en el eje horizontal multiplicado por 800 en el vertical) serían 960.000 píxeles.

Resolución de captura

La resolución óptica de una cámara o un escáner corresponde a un valor absoluto y determinado de píxeles o fotoelementos sensibles, puesto que éstos se encuentran previa y físicamente dispuestos.

Factores que limitan la resolución en una película convencional

1. El tamaño de los grupos químicos que forman la imagen, conocidos como *grano*, tradicionalmente los haluros de plata.

2. La cantidad de refracción de la luz en la emulsión. A mayor sensibilidad de la película, mayor volumen de los haluros de plata y menor detalle de los objetivos fotografiados. El detalle mínimo que puede dar una cámara de 35 mm se encuentra entre 10 y 15 micras (μ) (separación entre los haluros de plata).

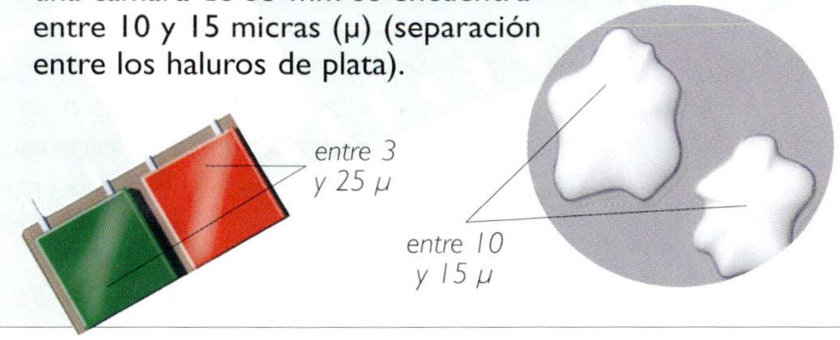

1.152 ppp

768 ppp

640 ppp

480 ppp

Resolución	Tamaño monitor (pulgadas)					Total
640 x 480	0	7	1	4	41	307.200
800 x 600	4	1	4	6	51	480.000
1.024 x 768	5	1	2	1	65	786.432
	píxeles por pulgada					

Los puntos de los sensores analizan la luz que incide sobre ellos, determinando el porcentaje de rojo, verde y azul. Después, la cámara graba esta información junto con la posición en que se encuentra el punto sensible en la imagen capturada. Cuanta más información se incluya (más píxeles por pulgada cuadrada), mayor será la resolución de la imagen y mayor también la memoria que se utilizará para el almacenamiento. De ello se deduce que *más resolución* significa *mejor calidad* y también archivos más grandes en la tarjeta de memoria de la cámara y en el ordenador, al guardarse.

En un CCD de matriz, la distancia entre el centro de un elemento y el centro del siguiente es el factor determinante; las separaciones entre elementos de los CCD actuales varían entre 3 y

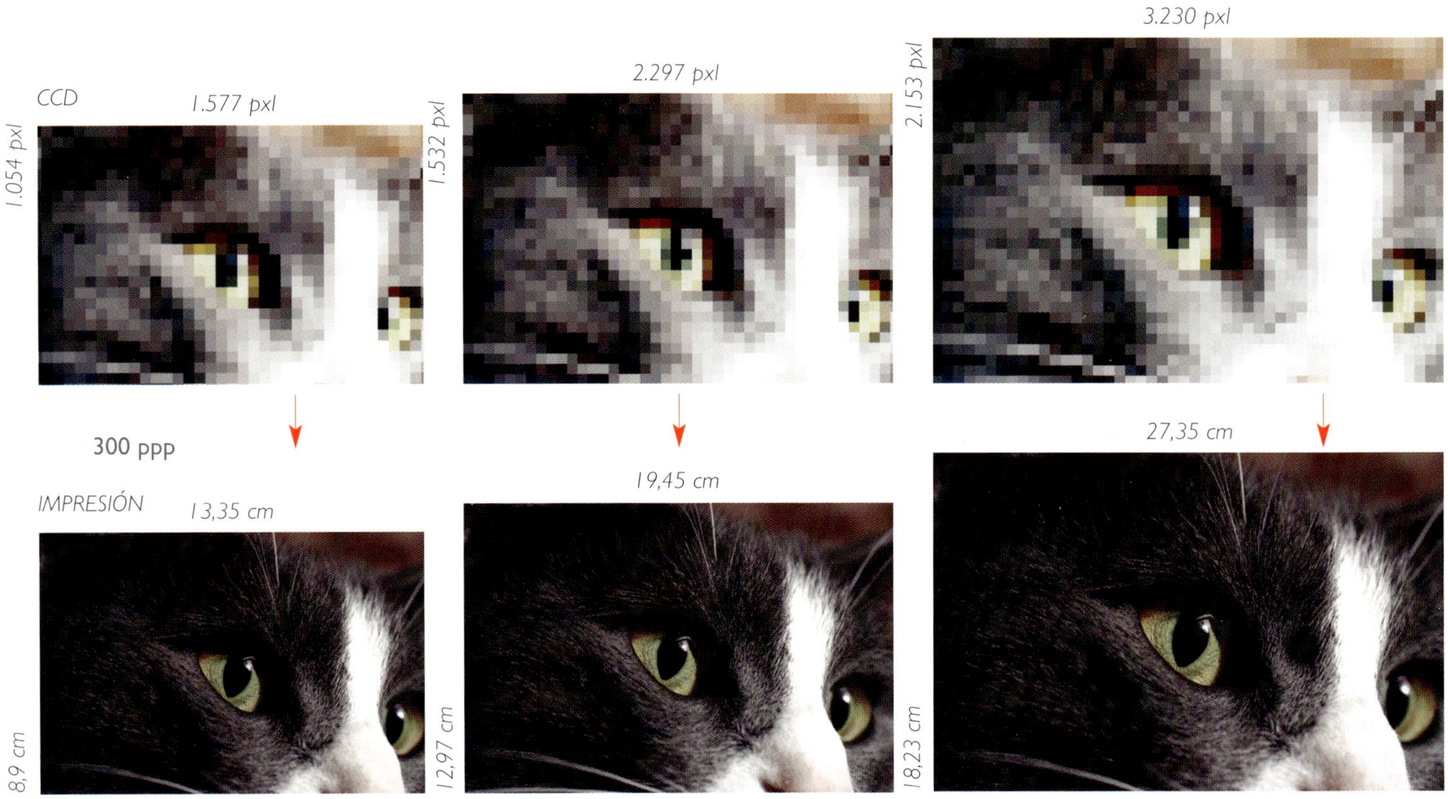

▲ La cantidad de píxeles en la matriz sensible de las cámaras digitales es importante para obtener una mayor definición de los detalles en el momento de ampliar las imágenes. Una misma imagen captada en una matriz sensible con un mayor número de píxeles y la misma resolución que otra con menos permitirá obtener imágenes más grandes en la impresión sin perder definición en los detalles.

25 µ. Uno de cada cuatro elementos lee la información azul, otro lee la roja y los dos restantes, la verde. A menor distancia entre los elementos del CCD, mayor será la lectura de luz y mayor la resolución, es decir, la captación de los detalles de la imagen.

El número de píxeles de un CCD de matriz o el número de lecturas tomadas por un CCD determina la calidad y el tamaño de salida posible de la imagen. Las cámaras portátiles a veces comprimen las imágenes capturadas con el objeto de aumentar el número de imágenes almacenadas. Si esta reducción utiliza la compresión con pérdida, que elimina variaciones cromáticas secundarias de un píxel al siguiente, el detalle de la imagen se reducirá.

Las cámaras profesionales no paran de aumentar el número de píxeles en la matriz sensible y, aunque actualmente llegan a dar 13,5 millones de píxeles (4.500 x 3.000), en un futuro no muy lejano, es posible que se alcance, e incluso se supere, la mayor resolución que hoy en día da la película de 36 mm (ISO 50), que es de 20 millones. Para tener una referencia de la calidad de esta resolución, conviene recordar que la resolución que da el ojo humano se calcula en 120 millones de píxeles.

A diferencia de la resolución o potencia resolutiva de un objetivo, la resolución de una imagen digital no se refiere sólo al nivel de detalle visible, sino también al número de colores. La calidad de una imagen digital se expresa mediante dos valores independientes: el número de píxeles y el número de colores. Así, por ejemplo, se habla de color de 24 bits, que también se denomina *profundidad de color* o *de bit*. Las imágenes digitales son el resultado de la mezcla de un número limitado de colores. La profundidad de color se puede comparar con la paleta de un pintor, que tiene un número determinado de colores, a través de cuya mezcla se pueden crear imágenes con diferentes tonos y matices, que van desde los de blanco y negro (1 bit) a los de 16 millones de colores (24 bits).

Cuanto se acaba de explicar no significa que no sea posible alterar la resolución de una imagen capturada, ya que existen *softwares* que lo permiten, bien sea para aumentarla o para disminuirla.

El *software* altera la resolución aplicando métodos de interpolación que determinan en qué parte de la imagen es preciso añadir nuevos píxeles.

Existen 3 métodos básicos de interpolación:

1. La interpolación con el píxel más próximo. Cada nuevo píxel toma el color del píxel más próximo (poco preciso).

2. La interpolación bilineal. Promedia los colores de los dos píxeles que hay a ambos lados del nuevo píxel.

3. La interpolación bicúbica. Se promedian todos los píxeles que rodean al nuevo para determinar su color (más preciso).

Funcionamiento de los sensores

Los rayos de luz provenientes del Sol o de otra fuente inciden sobre el objeto que se va a fotografiar, dispersándose alrededor de éste bajo un comportamiento de onda.

Estas ondas son interpretadas como colores, y la cantidad de fotones en el flujo es el brillo.

Como se muestra en esta ilustración, la evolución de la fotografía de analógica a digital ha sido compatible en su aspecto físico, ya que lel cuerpo de las cámaras analógicas se adaptó a las necesidades del nuevo formato, insertando en el espacio donde se ubicaba la película fotosensible un sensor digital.

La fotografía digital se distingue principalmente de la convencional por la forma, los procesos y los materiales de captura de luz. Así, mientras en la fotografía convencional se queman haluros de plata que desencadenan un proceso químico de combustión en la película impregnada con estos haluros, en la fotografía digital, el impacto de los fotones en las celdas fotosensibles de silicón o materiales sintéticos similares realiza lecturas de la cantidad de fotones que golpean las celdas. Estos golpes se traducen a un flujo de corriente eléctrica, que después la cámara interpreta y codifica digitalmente dentro de un convertidor analógico-digital.

Antes de llegar a las celdas fotosensibles del chip, existen distintos filtros para recoger la información de color, ya que, de no filtrarse, se obtendrían imágenes en blanco y negro.

Los filtros pueden ser de diferentes materiales y estar colocados de distinta manera. Lo importante es filtrar la información de color RGB (rojo, verde y azul), para que la celda recoja también la intensidad de estos colores. Una fotocelda con un filtro rojo interpretará la intensidad del rojo. Si algo es rojo en el exterior, al pasar por un filtro rojo se intensifica y lo que no es rojo queda más tenue en la lectura.

Los tipos de sensores se distinguen, por la manera en que leen la luz que conforma la imagen, en dos categorías:

- ***Sensores de conjunto lineal*** o ***trilineales***, con un motor que desplaza los sensores línea a línea.

- ***Sensores de conjunto de matriz***, que captan toda la vista en una fracción de segundo. De éstos existen dos tipos: los de matriz do-

Sensor lineal

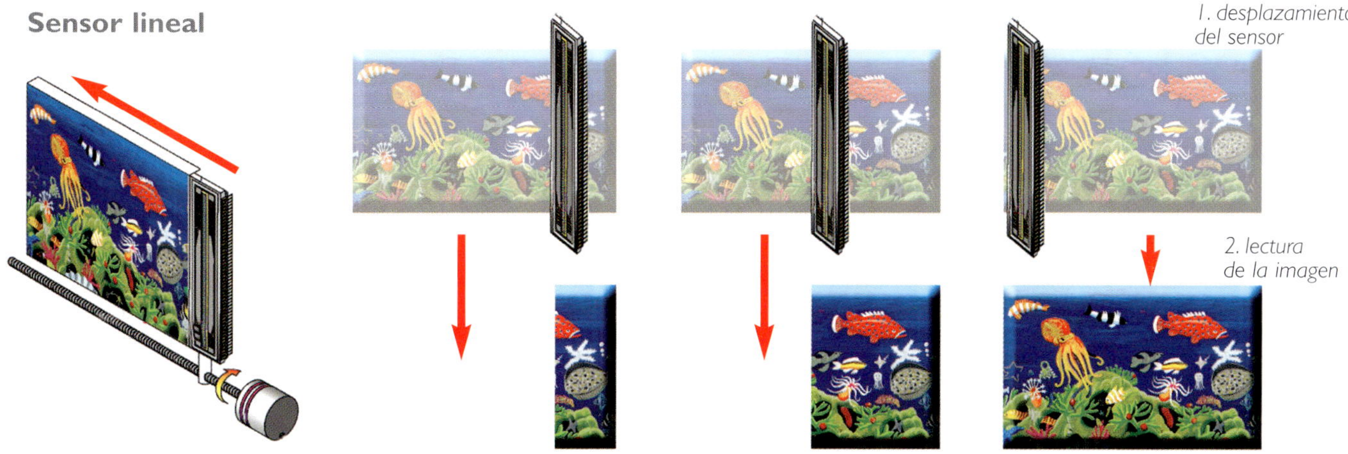

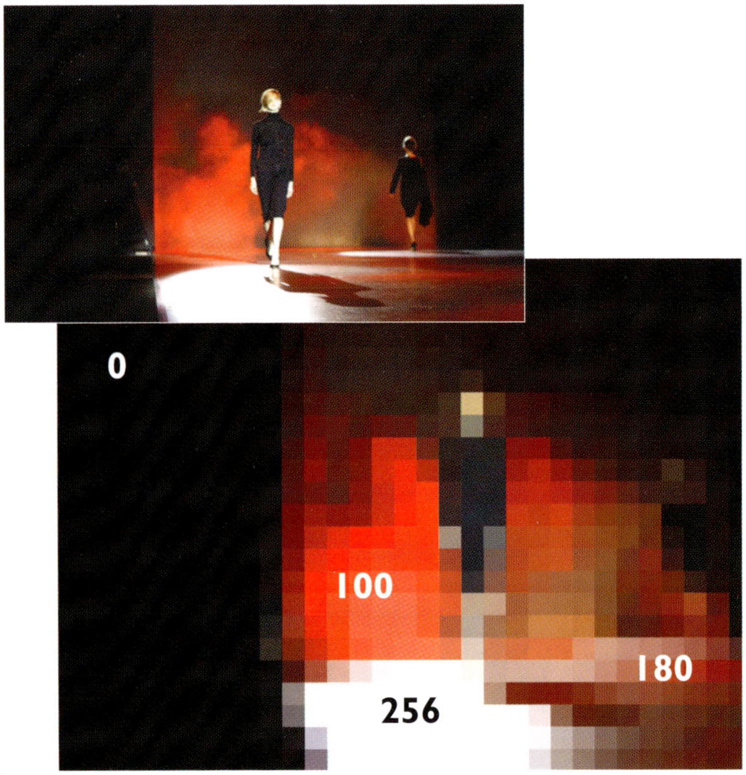

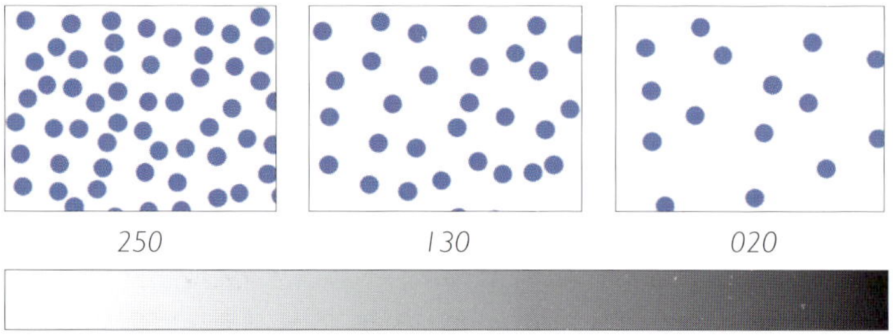

▲ Cuando la imagen está enfocada por los objetivos de la cámara (o del escáner), la luz incide sobre los sensores y, al golpearlos, se pierden electrones. Esta pérdida es directamente proporcional a la cantidad de luz que incide.

◀ Los números de la imagen indican los valores de intensidad de brillo que capturan las celdas fotosensibles o píxeles. Para este ejemplo se establecieron zonas, pero la cámara asignó un valor a cada celda o píxel.

ble o CCD y los de metal-óxido o CMOS. Ambos capturan la imagen instantáneamente, si bien el proceso de conversión a digital es distinto.

Sensores lineales

Los escáneres y algunas cámaras utilizan sensores de imágenes con celdas fotosensibles puestos en línea, de una a tres. Estos sensores, al no cubrir totalmente la imagen, crean registros puntuales y por línea, guardando datos y pasando a la siguiente. La imagen se escanea deslizando los sensores como si de un barrido se tratara. Estos sensores realizan la lectura línea a línea. El proceso es lento, en comparación con los sensores de matriz, pues el barrido lo realiza una sola línea de sensores.

Las cámaras con estos sensores se utilizan para objetos sin movimiento (como bodegones).

Actualmente, estos sensores son casi exclusivos de los escáneres.

Sensores de conjunto de matriz

Como se comentó anteriormente, ambos sensores capturan la imagen instantáneamente, pero el proceso de conversión a digital es distinto. Así, mientras en el CMOS se realiza en el mismo chip, en el CCD la información debe transferirse a otro chip, ocupando así con ello espacio físico, pero adecuando el chip de captura a la lectura de la luz, lo que, para cada caso, presenta ventajas e inconvenientes que se analizarán más adelante.

Sensor de conjunto de matriz

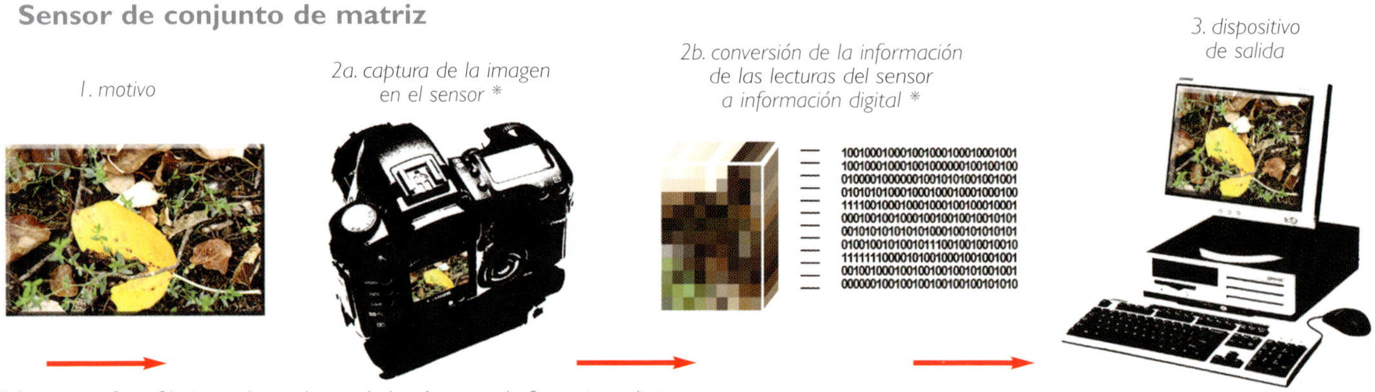

* Los pasos 2a y 2b tienen lugar dentro de la cámara y de forma inmediata.

Cuando el obturador se abre, en vez de exponer la película, la cámara digital recoge la luz en un chip, compuesto por celdas fotosensibles. Cada celda convierte la luz que entra en cargas eléctricas, en las que, cuanto más brillante es la luz, mayor es la carga que se genera.

Cuando el obturador se cierra y termina la exposición, el sensor graba la información que recolectó en la celda. Los distintos niveles de carga son después convertidos a números, que serán posteriormente interpretados para formar la imagen en cualquier dispositivo de salida (monitor, impresora, proyector, etc.). Estos números o valores asignados a la escala de brillo de la imagen varían entre 0 y 256, siendo el 0 el valor más oscuro y el 256 el más claro.

Cuando la exposición se ha completado, las celdas fotosensibles retienen distintas cargas analógicas de electrones, que son traducidas a valores digitales a través de un convertidor analógico-digital.

Una vez capturada la imagen, ésta es leída, convertida en digital y guardada. Las cargas guardadas en el sensor no son leídas al mismo tiempo en el caso de los CCD, sino línea a línea.

Existen dos maneras de hacer esta operación:

- ***Entrelazada.*** Se procesan las líneas pares y luego las impares. Por su velocidad, es de uso frecuente en cámaras de vídeo y televisión.

- ***Progresiva.*** Con este procedimiento el sensor va transfiriendo la información línea a línea dando paso a la línea que tiene arriba.

Para generar toda la información cromática de la imagen, dependiendo de la matriz de conjunto de que se trate, puede ser necesaria más de una lectura, por lo que se pueden utilizar conjuntos de matrices o sensores para cada color y luego añadirlos, como en el caso de las cámaras de tres chips con una exposición. También se pueden distribuir los filtros rojos, verdes y azules (RGB) entre las celdas fotosensibles de la matriz e interpolar la información, como en el caso de los sensores de un chip con una exposición.

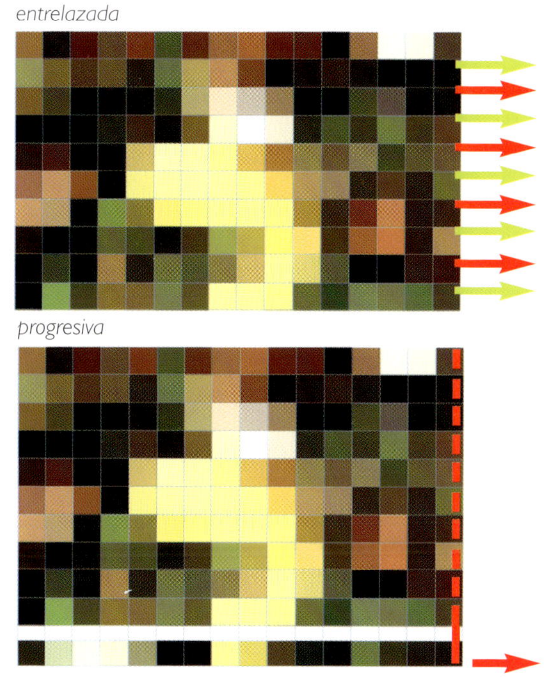

Un chip con una exposición

Una fotocelda lee la intensidad de luz o flujo de fotones, después de pasar por un microfiltro rojo, verde o azul, ubicado en la parte frontal de la matriz. Luego lo envía al amplificador como brillo e intensidad del color correspondiente. La fotocelda contigua leerá también la intensidad de luz y enviará esta lectura como brillo e intensidad de otro color, y así cada fotocelda irá intercalando rojo, verde y azul para formar la imagen tomada.

Por el hecho de haberse tomado puntualmente las lecturas de cada color, y no como si la imagen constituyera un conjunto único e individual, el *software* de la cámara deberá interpolar estas lecturas, promediando, de acuerdo con el algoritmo de cada

Un chip con una exposición

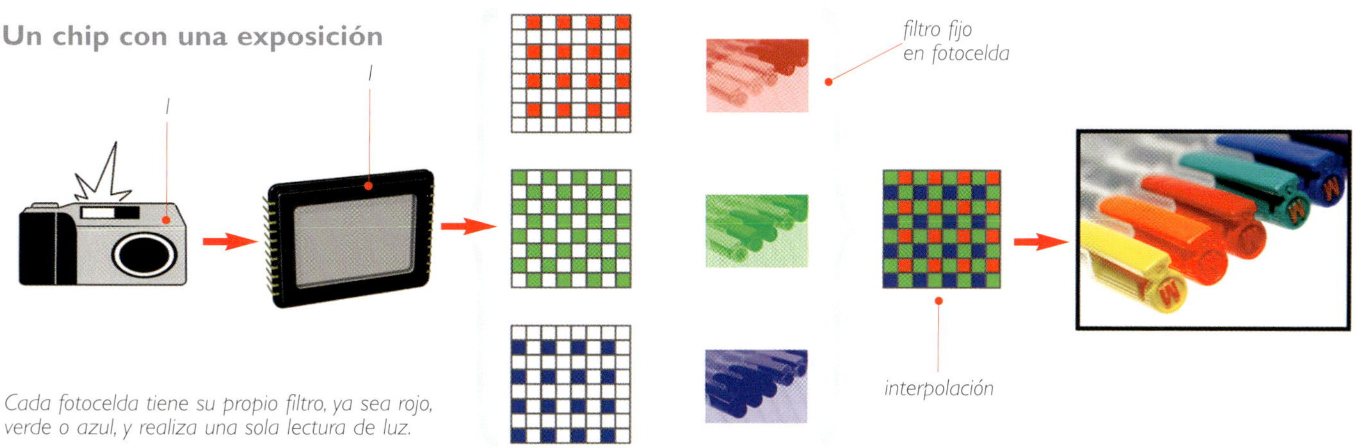

Cada fotocelda tiene su propio filtro, ya sea rojo, verde o azul, y realiza una sola lectura de luz.

cámara, con las fotoceldas o píxeles que le rodean y que son necesarias para formar las distintas zonas de color que aparecen en la imagen definitiva. Esta tecnología es la que se utiliza más comúnmente en las cámaras digitales, por su buena relación entre velocidad y calidad.

Un chip con tres exposiciones

Se toman tres exposiciones separadas, una para cada color: rojo, verde y azul. Los filtros de cada color se encuentran delante del sensor. Estas cámaras no pueden fotografiar objetos de colores en movimiento.

La resolución máxima del chip se logra sin interpolación, puesto que los registros de color son, simplemente, agregados. La mala alineación del disco que contiene los filtros de colores puede causar iridiscencias en los detalles. La utilización de este proceso ha quedado relegada debido a los distintos problemas antes mencionados y sobre todo por la poca capacidad de congelar imágenes en movimiento. Además han aparecido nuevas tecnologías que han desplazado este sistema.

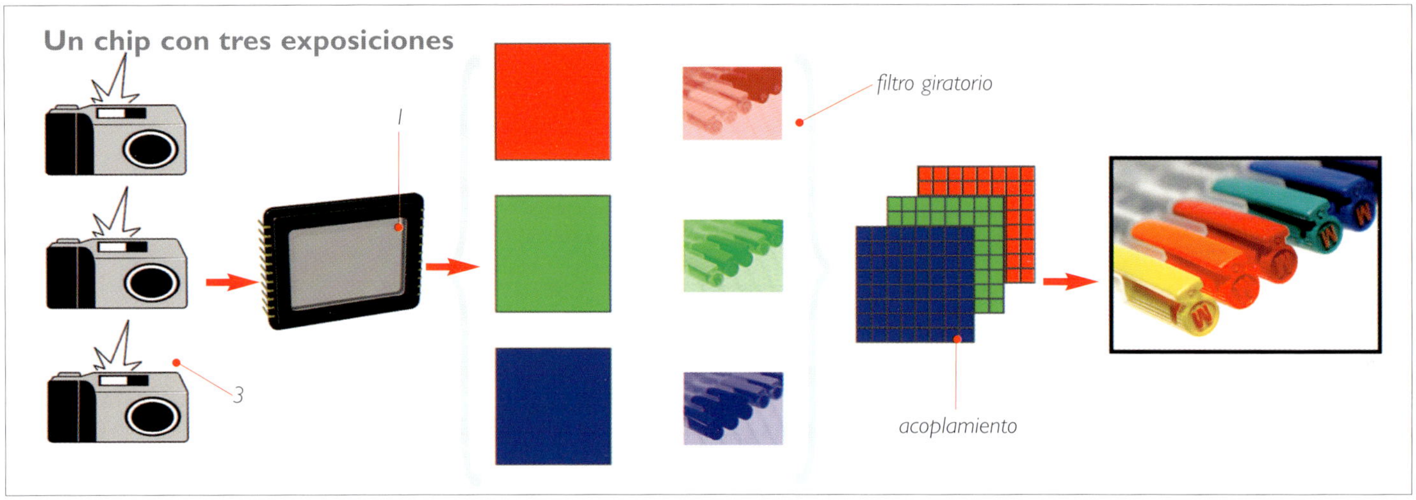

Tres chips con una exposición

Se usan tres capas de sensores, una de ellas con filtro para hacerla roja, verde o azul. Las imágenes son divididas en tres copias, una para cada sensor. Este diseño proporciona una gran resolución y muy buena calidad de color, pero resulta caro. La mayor resolución también crea otros problemas. Por ejemplo, más píxeles significa archivos de imagen más grandes. Los archivos más grandes no sólo son más difíciles de guardar, sino que también son más difíciles de editar, enviar por e-mail y publicar en la web.

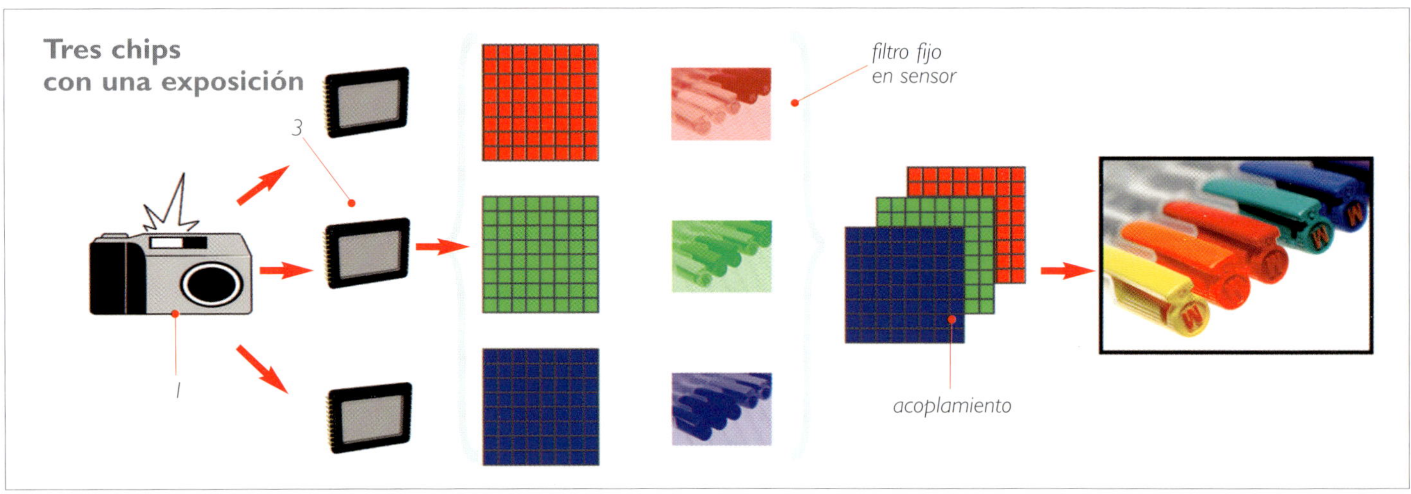

Tres chips con una exposición	Un chip con una exposición	Un chip con tres exposiciones
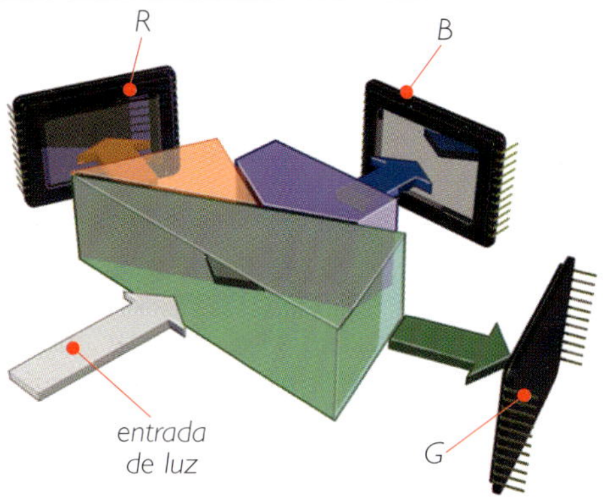	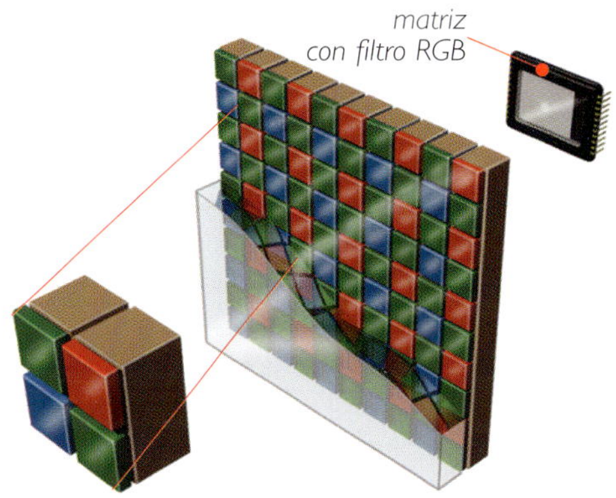	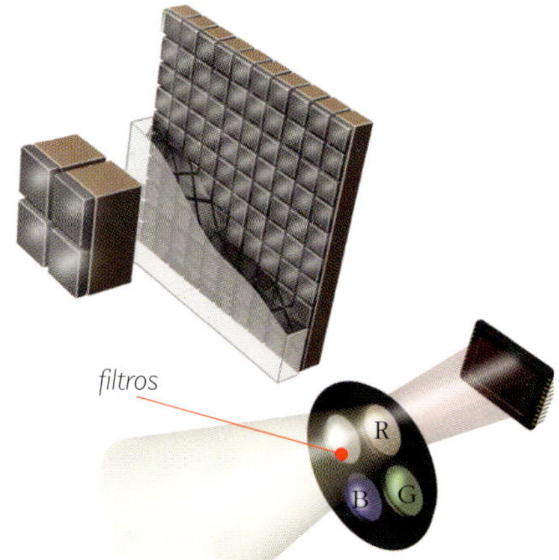
Interpolación: NO Velocidad: MEDIA Pérdida información: NO Tamaño físico: GRANDE	Interpolación: SÍ Velocidad: ALTA Pérdida información: SÍ Tamaño físico: PEQUEÑO	Interpolación: NO Velocidad: BAJA Pérdida información: NO Tamaño físico: MEDIO

Tipos de sensores digitales

Hasta hace poco, los CCD eran los únicos sensores que se utilizaban en las cámaras digitales. Se desarrollaron a partir de su utilización en los telescopios astronómicos, escáneres y cámaras de vídeo, pero recientemente la aparición de un nuevo sistema denominado CMOS ha absorbido gran parte del mercado.

En un CCD, cada píxel mide la cantidad de fotones que lo golpean y traduce esta medición en electrones. Esta carga de electrones es transferida por líneas al convertidor de electrones a voltaje. La información recogida hasta este momento es enviada a otro chip, en el que se amplifica, para después convertirla en una señal analógica. Todo el espacio del sensor se dedica a capturar luz.

En los sensores CMOS, cada píxel tiene su propio convertidor de carga a voltaje, y el sensor también incluye los circuitos de digitalización.

Sensores CCD

La denominación CCD proviene de las siglas en inglés para «Dispositivos de Carga Doble» *(Charge-Coupled Devices)*, que a su vez deriva de la manera en que estos dispositivos leen la luz después de haber sido expuesta la superficie sensible o fotoceldas.

Una vez que la luz se ha introducido por la lente, la carga que se recibió en la primera línea de fotoceldas es transferida a un registrador de lectura. Allí, las señales alimentan un amplificador que las lleva al convertidor analógico-digital.

Cuando el registrador ha leído la información y ésta ha sido enviada de la primera línea al amplificador, se borra para que la siguiente entre en el proceso de registro de lectura y envío, y así todas las líneas restantes se dirijan hacia arriba. Las cargas de cada

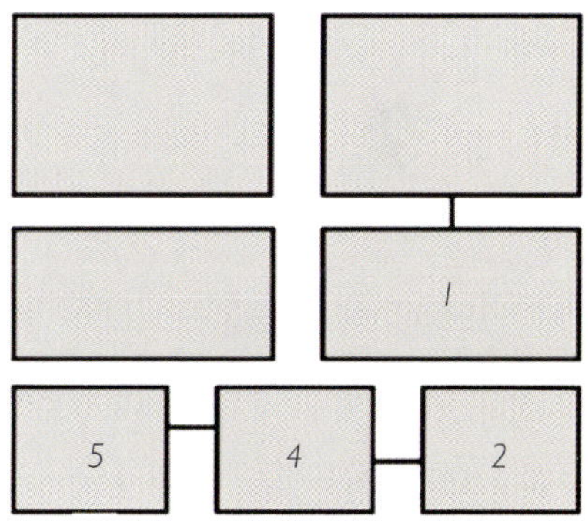

Sensor CCD

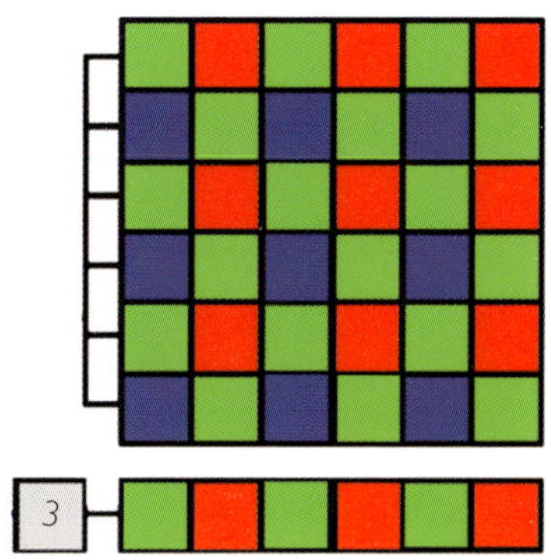

- 1: controlador de tiempo de la exposición de la matriz a la luz
- 2: convertidor de fotones a electrones
- 3: convertidor de flujo de electrones a voltaje
- 4: convertidor analógico-digital
- 5: información digital

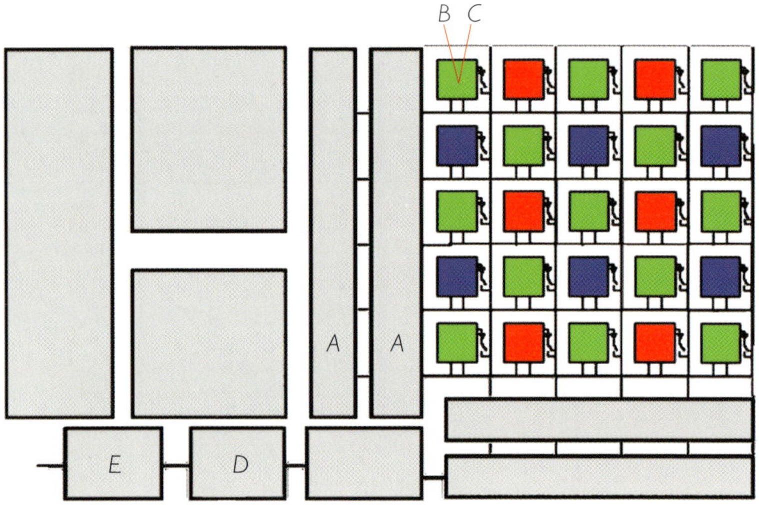

- A: controlador de tiempo de exposición por filas
- B: convertidor de fotones a electrones
- C: convertidor de flujo de electrones a voltaje
- D: convertidor analógico-digital
- E: información digital

Fabricante líder en usar un sensor de imagen CMOS.

Costes de producción de los sensores

Factor	CCD	CMOS
Factor de sensibilidad	*Alto*	*Moderado*
Ruido	*Bajo*	*Moderado a Alto*
Complejidad del sistema	*Alto*	*Bajo*
Complejidad del sensor	*Bajo*	*Alto*
Componentes de cámara	*PCB + varios chips + lentes*	*Chip + lentes*
Fuente de energía	*Requiere mayor energía*	*Requiere poca energía*
Funciones en el mismo espacio	*Menos funciones*	*Mayor número de funciones*

línea se acoplan con las líneas posteriores; cuando una se mueve hacia abajo la siguiente ocupa su lugar.

Como se muestra en la ilustración de la página anterior, el chip adicional realiza las funciones de medición de tiempo de exposición, interpola mejorando la imagen y realiza la conversión de lecturas de analógico a digital, dejando así la información lista para ser interpretada por un *software* o llevada a una pantalla.

Aunque es técnicamente posible integrar funciones de la cámara en el chip del CCD (mediante controladores de tiempo, cronómetro, etc.), éste tiene unos costes de producción altos, por lo que las cámaras con CCD llevan incorporados unos chips adicionales distintos (de 3 a 8 chips) que pueden realizar estas funciones.

Este inconveniente ocasiona problemas y limitaciones a la hora de reducir el tamaño de las cámaras, y eleva los costes de producción.

Sensores CMOS

En estos sensores, una vez que la luz se ha introducido por la lente, la carga que se recibe en todas las fotoceldas es transferida a un registrador de lectura. De ahí las señales alimentan un amplificador que las lleva al convertidor analógico-digital.

A diferencia del CCD, todo este proceso se realiza dentro del chip del sensor, igual que las funciones de tiempo de exposición e interpolación tienen lugar dentro del chip de captura.

Los sensores CCD son producidos en fábricas exclusivamente diseñadas para obtener estos dispositivos. En este mismo ramo, pero más ampliamente desarrolladas, están las empresas que, utilizando un procedimiento de producción llamado «Semiconductor complementario de metal-óxido» (CMOS por las siglas en inglés de *Complementary Metal-Oxide Semiconductor*), producen chips para procesadores y memoria de PC.

Este procedimiento es, con mucho, el más común y flexible. Los últimos procesadores CMOS producidos son los Pentium IV, que contienen casi 10 millones de elementos activos. Por ello, este procedimiento reduce sustancialmente los costes, puesto que ambos procesos de producción, procesadores de PC y sensores se desarrollan en el mismo ámbito.

Hay que aclarar que todo cuanto se está comentando hace referencia sólo al procedimiento de producción y no a la tecnología utilizada, pues mientras unos se dedican exclusivamente a procesar información, los otros deben dedicar un espacio a la lectura de la luz.

El coste de producción de estos sensores es de casi un tercio del de los CCD.

Sensibilidad del sensor

Se denomina *factor de sensibilidad* al porcentaje del píxel sensible a la luz o destinado a realizar las lecturas de luz.

Los CCD tienen un factor sensible del 100%, pero los CMOS lo tienen mucho menor. Cuanto menor sea el factor sensible, mayor será el tiempo de exposición que necesitará el sensor para capturar la imagen, por lo que las tomas bajo condiciones de luz insuficiente necesitarán el uso del flash. Aunque se ha tratado de compensar este problema, ya sea colocando microlentes en cada píxel para realizar lecturas de luz focales por píxel o reduciendo el tamaño del circuito que elimina el ruido, todavía no se ha logrado una calidad de imagen, ni tampoco optimizar las posibilidades fotográficas en condiciones adversas como un CCD en foto fija.

El factor de sensibilidad hace referencia al porcentaje sensible a la luz del píxel.

Ambos sensores tienen píxeles semiconductores de óxido metálico. Acumulan la carga en cada píxel de manera proporcional a la intensidad de la iluminación de que se dispone en el exterior.

Otro factor importante en cuanto a las diferencias entre un CCD y un CMOS es la uniformidad, que equivale a la consistencia de la respuesta de los píxeles ante la luz.

Los CCD y CMOS, en condiciones de luz similares, mantienen comportamientos distintos. El manejo de la variación del espacio en los CMOS hace que no sea uniforme, amplificando ciertos defectos.

Es preciso distinguir entre uniformidad bajo iluminación y uniformidad en oscuridad. Actualmente, se ha logrado hacer casi imperceptible esta diferencia, quitando importancia a los pronósticos de obsolescencia y pérdida de mercado del sistema CMOS en beneficio del CCD. Hay que señalar que esta falta de uniformidad afecta a la degradación de las imágenes a largo plazo.

De acuerdo con lo que se acaba de exponer, se puede concluir que los CMOS ofrecen mayor integración, mejor aprovechamiento de la batería y mayor tamaño en perjuicio de la calidad de imagen (particularmente en tomas con poca luz).

factor sensible

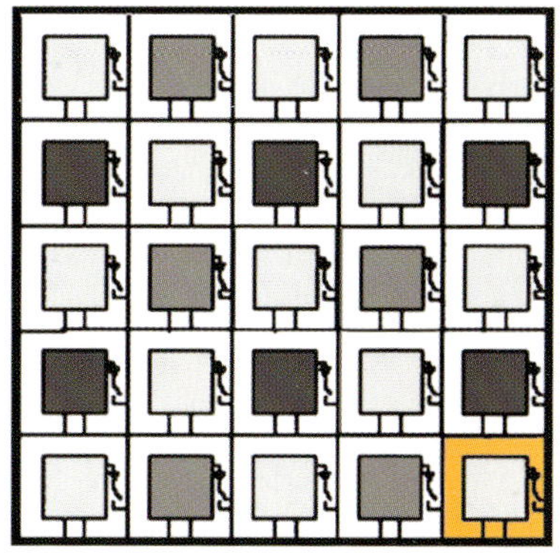

CMOS

CCD

El espacio dedicado a los circuitos de conversión en el CMOS reduce el factor de sensibilidad del sensor.

Los CCD ofrecen una calidad de imagen superior, lo que les hace adecuados para trabajos que exigen un resultado final de alta calidad. Pero tienen un mayor consumo de energía y precisan un mayor espacio físico.

Filtros de los sensores

Todas las cámaras de película son sólo cajas oscuras en las que se introduce el tipo de película deseado y, de acuerdo con dicha

En el caso de los CMOS, el hecho de que tengan una menor área sensible se ve aumentado, sobre todo, en las áreas oscuras, en las que el sensor, al no recibir una buena información, la promedia tendiendo a oscuro y presentándola en forma de ruido.

▲ Ejemplo de las diferentes dominantes de color que puede tener una misma fotografía realizada con diferentes sensores.

película, se obtienen distintas gamas de colores, tonos y granos. En caso de que alguna película dé fotografías muy azules o muy rojas, se puede cambiar y probar otra, hasta encontrar la que mejor se adecue a cada necesidad o gusto.

En las cámaras digitales, el filtro RGB equivalente a la película es parte permanente de la cámara, así que, en el momento de adquirir una, ésta incluye también un tipo de película permanente, que sería el sensor y los filtros. Igual que ocurre en la película, estos sensores leen e interpretan los colores de manera distinta, tienen distinto grano y son más o menos sensibles a la luz.

De ello se deduce que es posible obtener diferentes tonalidades de color entre diferentes cámaras, con las mismas condiciones de iluminación y los mismos programas de la cámara.

Es conveniente que, antes de adquirir una cámara digital, se tenga en cuenta este factor y se analicen muestras de color de diferentes fabricantes de cámaras, para poder elegir la más apropiada al uso que se le va a dar. Aunque no hay una gran variedad de firmas que se dediquen a la elaboración de filtros para chips sensores, se pueden apreciar algunas diferencias entre unos y otros.

Hay que evaluar también las necesidades que tiene el fotógrafo en cada caso y optar por el sensor que proporcione mayores ventajas para la utilidad que se vaya a dar a la fotografía que se va a hacer.

Mancha característica de un sensor CCD sucio.

Limpieza del sensor

Si en el elemento sensible penetra suciedad u otro objeto extraño, pueden quedar grabadas motas negras en la parte correspondiente de la imagen. En este caso, se debe seguir el procedimiento descrito en el manual de la cámara. Por ello, se recomienda que la limpieza sea realizada por personal técnico autorizado de los servicios de la marca de la cámara, ya que se trata de un elemento muy sensible. Pero si debiera realizar la limpieza el propio usuario, deberá tener en cuenta estas observaciones:

• Quitar el objetivo de la cámara.

• Procurar que el obturador se mantenga levantado mediante un disparo de tiempo largo o en posición BULB.

• No desconectar la cámara de la corriente mientras se procede a su limpieza. Si se corta la corriente, el obturador se cerrará, lo que podría dañar la cortinilla.

• Utilizar un aspirador sin cepillo. Los cepillos pueden dañar el elemento si se utilizan para quitarle el polvo.

• No introducir el dispositivo de limpieza en la cámara, más allá de la montura del objetivo.

• No utilizar limpiadores con pulverizador. La acción congelante o de la presión del gas puede dañar la superficie del elemento sensible.

Almacenamiento y formato de los archivos

Formatos de almacenamiento

Un ordenador puede tener distintos sistemas de almacenamiento de imágenes, a los que se denomina *formatos de archivo*. Cada plataforma tiene su propio formato, Mac, PC, Linux o Unix, y cada *software* y *hardware* puede tener también diferentes sistemas. Pero existen algunos archivos que se han convertido en convencionales entre las cámaras digitales, y también sistemas de uso y tratamiento de imágenes, que son especialmente interesantes por sus cualidades y calidad final de la imagen. Nos estamos refiriendo sobre todo al JPEG y al TIFF.

Cuando se toman fotografías digitales, hay una serie de decisiones que el fotógrafo debe tomar, como el tamaño de la imagen, el grado de compresión y el formato del archivo. Estos factores determinan absolutamente la calidad y el tamaño de las imágenes que obtendrá la cámara.

El funcionamiento de una cámara, visto desde la creación de un archivo, es el siguiente:

a) La luz incide sobre el sensor (como se explicó en el capítulo anterior).

b) Los sensores reaccionan a la luz y crean una señal.

c) Esta señal es enviada como información RAW al microprocesador (no se debe olvidar que la cámara digital es un miniordenador). En este caso la cámara no ha ajustado el contraste ni la saturación de color. Este proceso de ajuste queda patente en el momento de ser tratado mediante un sistema de compresión, que permite visualizarlo.

d) La cámara utiliza sus propias rutinas, llamadas algoritmos, para procesar esta información RAW y llevarla al formato final, de uso común entre los distintos sistemas como TIFF o JPEG. En esta fase, la cámara determina automáticamente los elementos finales, por lo que se puede alterar la foto de manera que sea posible introducir cambios en la información RAW y que éstos sean irreversibles. Una vez concluido el proceso de compresión de la imagen bajo alguno de estos algoritmos, se guarda en la tarjeta de memoria.

e) La imagen se almacena en un archivo JPEG.

Si se ordena que la cámara guarde la imagen como un archivo RAW, no habrá pérdida de información, pero será necesario realizar el proceso de ajuste posteriormente bajo algún *software* de conversión de formato de archivo en el ordenador. Este tipo de *software* convertidor de archivos RAW suele suministrarse al adquirir la cámara digital.

▾ Los archivos JPEG tienen diferentes niveles de compresión de una imagen, por lo que el tamaño de ésta disminuirá dependiendo del nivel de compresión que se elija. En este caso se perderá detalle.

Archivo en formato JPG

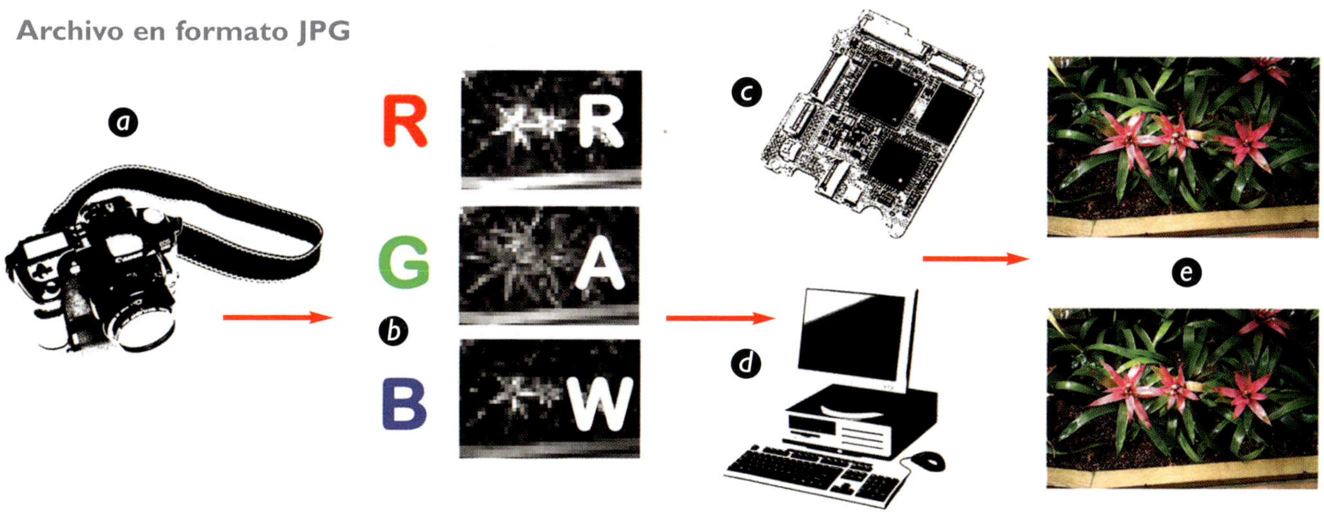

En esta gráfica se aprecia que, por cada megapíxel capturado por el sensor de la cámara, se tienen que almacenar 3MB (megabites) en la tarjeta de memoria.

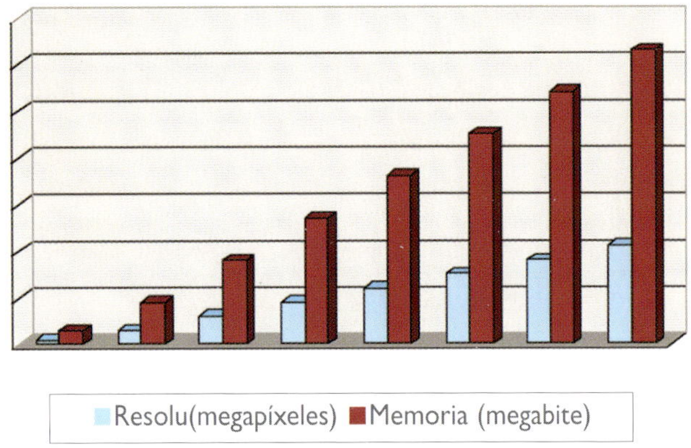

El tamaño del archivo que se genera al tomar una fotografía es bastante grande comparado con otros que normalmente se utilizan en el ordenador, como por ejemplo, el archivo de un procesador de textos o el de una tabla de cálculo. Cada píxel necesita 24 bits para almacenar la información de color. Conforme aumenta la resolución, aumenta también el tamaño del archivo. Así, por ejemplo, cuando se toman fotografías en baja resolución, 1 megapíxel de imagen representa 3 megabites; 3 megapíxeles sube a 9 megabites, y así sucesivamente.

El crecimiento de las imágenes no facilita ni su almacenamiento ni su transmisión o edición. Para lograr unas imágenes más manejables, las cámaras utilizan el proceso de compresión, que no sólo permite una mayor utilización de la memoria de almacenamiento, sino también una mejora del tiempo de descarga de las imágenes de la cámara digital hacia la tarjeta de memoria, así como una mayor rapidez en mostrarlas, editarlas y trasmitirlas.

Durante la compresión, la información cromática de cada píxel es interpretada y la que no tiene valores es eliminada o guardada en formato más pequeño, reduciendo el tamaño del archivo. Así, para una amplia zona de la imagen con la misma gama cromática, como el cielo azul de un paisaje, sólo se necesita guardar la información de un píxel con las coordenadas que ocupa ese color en toda la imagen. Cuando esta imagen se abre en pantalla, el proceso de compresión es revertido.

Tipos de compresión

Existen dos tipos de compresión: sin pérdida de información y con pérdida o poca pérdida. Las cámaras digitales pueden utilizar los dos.

Compresión sin pérdida

Con esta compresión no se pierde información de la imagen capturada en el sensor. Aunque parezca ideal, la compresión sin pérdida puede resultar problemática, ya que el tamaño del archivo es bastante grande. Por esta razón, se utiliza cuando se van a realizar impresiones de la imagen en formato grande. Los formatos más habituales de este tipo de compresión son el TIFF y el RAW.

▾ En esta fotografía se observa que en las zonas con una gama cromática homogénea, como el cielo o la señal de tráfico, el formato de compresión elimina la información extra agrupando las secciones del mismo color.

Compresión con pérdida

Puesto que la compresión sin pérdida no es muy práctica para el manejo y almacenamiento de los archivos, la mayoría de las cámaras ofrecen la opción de compresión con pérdida. Este proceso degrada la imagen en la medida en que reduce de tamaño su archivo. A mayor compresión, mayor degradación. Esta degradación queda patente cuando se amplían las imágenes.

Algoritmos de compresión

Las cámaras digitales permiten elegir entre distintos formatos, algoritmos de compresión, para guardar las imágenes:

JPEG (jpeg) *(Joint Photographic Experts Group)*

Este formato es el más popular. De hecho, la mayoría de las cámaras guarda las imágenes en él, a menos que se especifique lo contrario.

Este tipo de archivo guarda la información de la imagen siguiendo el procedimiento de compresión con pérdida, pudiendo elegir el grado de calidad de la imagen al guardarla. La única razón para optar por una gran compresión o baja calidad es poder reducir el tamaño del archivo, ya sea para tomar una mayor cantidad de fotos con la misma tarjeta de memoria, enviarla por correo electrónico o subirla a internet. La mayoría de las cámaras permiten 2 o 3 niveles de compresión.

El formato JPEG trabaja con una profundidad de color de 24 bits, es decir, 16,7 millones de colores. El algoritmo de compresión JPEG permite decidir entre el tamaño del archivo de la imagen y la calidad de ésta. El JPEG divide la imagen en áreas de 8 x 8 píxeles para comprimirlas independientemente. Estas áreas quedan marcadas por bloques, haciéndose más evidentes, como se muestra en el ejemplo de la derecha.

▲ Dependiendo del modelo de cámara, ésta tendrá más o menos niveles de compresión de la imagen, además del modo de captura de la imagen sin compresión.

Una gran desventaja que tiene este formato es la diferencia de colores en el momento de desplegar la imagen en los distintos programas, ya que el archivo no especifica cómo deben desplegarse dichos colores, al ser éstos distintos, según el programa con que se visualice. Actualmente existe una nueva versión de este tipo de archivos que soluciona el problema. Su extensión es jpeg.

INCONVENIENTES. Los archivos JPEG utilizan una compresión con pérdida, por lo que la imagen pierde calidad cada vez que es guardada, cerrada y vuelta a abrir. Este punto es muy importante, ya que el almacenamiento repetido del archivo con este formato puede deteriorar considerablemente la calidad de la imagen.

▼ Este detalle fue tomado en formato TIFF de compresión sin pérdida de información; así se obtuvo una gran nitidez gracias a la cual se pueden apreciar perfectamente los perfiles de la pieza. El archivo generado para esta foto fue de 18 megabites.

▼ En este caso, la pieza fue fotografiada con un archivo de compresión con pérdida o JPEG al más alto nivel de compresión. Por eso esta imagen ha perdido nitidez debido a la pérdida de información. El archivo generado para esta fotografía fue de 192 kilobites.

JPEG, calidad 80%. Se visualiza bien, sobre todo en tamaños pequeños. En este porcentaje, el tamaño del archivo es 10 veces más pequeño que el no comprimido. Se advierte un deterioro en los bordes.

JPEG, calidad 100%. Es muy difícil diferenciarlo del compresor sin pérdida o no comprimido, que tendría 6 veces más espacio de almacenamiento.

JPEG, calidad 60%. Si se observa detenidamente, se advertirá que las áreas de 8 x 8, típicas en este algoritmo de compresión, se empiezan a marcar. El tamaño es unas 20 veces más pequeño que el no comprimido.

JPEG, calidad 10%. La degradación de la imagen es evidente; las áreas de 8 x 8 son totalmente visibles.

TIFF (tiff) *(Tag Image File Format)*

Este tipo de archivo es bastante flexible, utiliza la compresión sin pérdida y casi todos los programas permiten su lectura. Virtualmente, todos los escáneres producen sus imágenes en este formato, que ha sido revisado como TIFF/EP *(Tag Image File Format / Electronic Photography)*.

INCONVENIENTES. Si bien el formato TIFF ha tenido bastante éxito debido al tipo de compresión sin pérdida que presenta, en cambio se ha alterado tantas veces que actualmente existen alrededor de 50 tipos de archivos TIFF, lo que ocasiona que algunos *softwares* de imagen no puedan reconocerlo. Además, este tipo de archivo ocupa un espacio considerable en la tarjeta de memoria.

▸ Actualmente, la mayoría de las cámaras que incorporan el sistema de archivo RAW permiten tomar fotos en JPEG y RAW al mismo tiempo, lo que da la flexibilidad de uso de uno (JPEG) y la posibilidad de mejor manipulación del otro (RAW). Muchos paquetes de *software* de retoque de imagen, como el Photoshop, por ejemplo, permiten manipular los archivos RAW de las marcas más conocidas.

CCD RAW

Este formato permite guardar la información que capturó el sensor sin haberlo procesado. El archivo contiene todas las lecturas capturadas por la cámara, color e información que deben aplicarse para interpretar los colores y otros aspectos de la imagen. Hay que señalar que las imágenes con este formato están incompletas, ya que les falta la segunda fase del procesado, en la que se acaban de interpretar los colores.

JPEG

TIFF

RAW

Archivos más comunes *
PNG *(Portable Network Graphics)* Formato de compresión con poca pérdida, diseñado para remplazar los archivos GIF, formato que ha tenido problemas legales. Este archivo está reconocido por el Consorcio Mundial de Internet *(World Wide Web Consortium)* y lo incluyen todos los navegadores.
PICT (pict) Formato estándar de tratamiento de imagen exclusivo de la plataforma MAC.
BMP (bmp) *(Bitmap)* Estos archivos son el estándar de Windows.
Photoshop (psd) Formato estándar del programa de tratamiento de imagen más utilizado. Generalmente empleado durante el tratamiento de una imagen a la que hay que añadir capas nuevas. Este formato respeta y guarda la imagen por capas, si es necesario.
** No son exclusivos de las cámaras digitales. Dependiendo del uso final de la fotografía, será necesario realizar la conversión.*

Utilizar estos archivos significa tratar la imagen directamente del sensor con una profundidad de 10 o 12 bits, dependiendo del tipo de sensor de que se trate, y después en el ordenador, con el *software* que se prefiera, acabar de procesarla dejando a un lado el sensor de la cámara y adoptar los procesos necesarios más cuidadosamente o de acuerdo con lo que se necesite. Actualmente, existe un *software* que permite manejar estos archivos. En general, las cámaras que los utilizan cuentan con el *software* propio de la marca para su proceso.

INCONVENIENTES. Cada marca de cámaras utiliza estándares propios para crear sus archivos RAW, lo que hace que generalmente se deban utilizar *softwares* de la misma marca para manipularlos. Además, abrir y procesar archivos RAW es mucho más lento que tomar la fotografía directamente en formato JPEG o TIFF.

Consejos de uso

Antes de optar por un tipo de compresión, se deben tener en cuenta las ventajas de calidad que ofrece. He aquí algunas sugerencias:

- Si lo que se desea es maximizar el número de imágenes capturadas en la cámara para después enviarlas por correo electrónico, y no es necesaria su ampliación o impresión, lo más adecuado será guardar las imágenes en formato JPEG.
- Si lo que se desea es utilizar las imágenes en alguna página web o incluirlas para alguna aplicación que pueda ser revisada desde internet, lo más recomendable será convertir los archivos generados por la cámara a algún tipo de archivo que facilite su utilización en la web. Las características de compatibilidad de los archivos generados por las cámaras digitales no siempre son las mejores para su utilización con diferentes sistemas y programas de edición web.

Discos de almacenamiento o tarjetas de memoria

Desde el punto de vista del almacenamiento, las tarjetas de memoria son a las cámaras digitales lo que un rollo de película a las cámaras tradicionales. Se trata de dispositivos extraíbles que guardan las imágenes tomadas por la cámara.

Cuando se habla de velocidad de lectura, se hace referencia a la velocidad en que la tarjeta o el dispositivo de almacenamiento extraen la información de sí mismos para enviarla a cualquier dispositivo de salida, por ejemplo una pantalla o una impresora, o cualquier otro medio de almacenamiento. Si se guardan las fotos en otro disco duro o en el ordenador, éste recibirá la información de la tarjeta a la velocidad especificada en la lectura.

La tecnología actual consigue avances continuos en tres aspectos principales de las tarjetas de memoria:

1. Mayor capacidad y velocidad de escritura para acomodar imágenes a mayor resolución.
2. Menor precio por megabite o gigabite de memoria.
3. Menor tamaño para cámaras digitales pequeñas.

Cuando aparece la velocidad de las tarjetas expresada en x, se está haciendo referencia a 150 kb/segundo. Eso quiere decir que una tarjeta que lee o escribe a 16x es capaz de realizar el proceso a 2.400 kb/segundo.

Diferentes tarjetas existentes en el mercado.

En el caso de una escena de la que es preciso obtener la mayor cantidad de capturas en el menor tiempo posible, si se dispone de una tarjeta con una escritura rápida, se podrán captar muchas fotografías, lo que permitirá elegir la que más convenga.

En caso de tener una tarjeta con una escritura lenta, se perderá tiempo de disparo y, con ello, posibles capturas. Ello proporcionará un menor número de fotos y, por tanto, se reducirá la posibilidad de elección.

Si el dispositivo al que se está enviando la información tiene una velocidad superior a la de la tarjeta, este dispositivo se verá obligado a procesar la información a la velocidad de dicha tarjeta. Si el dispositivo trabaja a una velocidad inferior, la tarjeta enviará menor cantidad de información por segundo.

Cuando se habla de velocidad de escritura, se hace referencia a que la tarjeta o el dispositivo de almacenamiento escriben la información que les envía otro dispositivo, por ejemplo, los chips CMOS o el chip adjunto al CCD que procesa la información de la imagen (como se explicó en el capítulo anterior). Este factor es

◂ ▾ Como muestran las imágenes, cuanto menos peso y resolución tengan las fotografías, más tomas se podrán hacer y más rápidamente.

muy relevante, ya que, si la cámara tiene capacidad para captar una gran cantidad de megapíxeles, el archivo correspondiente aumentará y el tiempo de almacenamiento de la imagen también, lo que requerirá tarjetas más rápidas.

Aunque la cámara tenga capacidad para enviar imágenes muy grandes, debido a la cantidad de megapíxeles de su CCD, la tarjeta sigue trabajando a una velocidad determinada marcada por el fabricante. Dicha tarjeta no puede trabajar más rápido, lo que aumentará el tiempo de almacenamiento.

Así pues, si se toman imágenes, por ejemplo, de una competición deportiva, que generalmente exigen varias tomas en el menor tiempo posible, habrá que utilizar tarjetas con velocidad de escritura muy alta, ya que el envío de información será considerable. Aunque la cámara procese las imágenes a mayor velocidad para captar el mejor momento de la secuencia, si la tarjeta de almacenamiento guarda las imágenes a menor velocidad, el proceso en la cámara se verá reducido aumentando los tiempos entre exposición y exposición. Ello puede llevar a perder imágenes que podrían haber sido capturadas si se hubiera utilizado una tarjeta con mayor velocidad.

Tarjetas más comunes en el mercado

Todas las mejoras tecnológicas y variedades de marcas existentes en el mercado han hecho que existan distintos formatos de tarjetas de memoria. Ello hace muy complicada la compatibilidad entre distintas cámaras, tarjetas de lectura y otros dispositivos (como PDA, MP3 player, etc.) y no deja de constituir un enojoso problema. En cualquier caso, debe apuntarse que la tarjeta *CompactFlash* es la que se ha popularizado más dentro de la fotografía profesional.

CompactFlash
42,8 x 36,4 x 3,3 mm

Formato compatible con varios dispositivos. Se ha adelantado a la mayoría de los formatos en lo que a capacidad de almacenamiento se refiere. Actualmente da más de 18 gb. Existen dos tipos de tarjeta CompactFlash: tipo I, de 3,3 mm de espesor, y tipo II, de 5 mm. El primero es el más popular para memoria flash y el segundo es muy utilizado por *microdrives*.

CompactFlash II / Microdrive
42,8 x 36,4 x 5,0 mm

Inventados por IBM, los *microdrives* son discos duros acoplados a tarjetas CompactFlash del tipo II, que en un principio ofrecían mayor capacidad y menor precio por megabite. El CompactFlash ha logrado otros formatos con más capacidad que utilizan menos batería, producen menos calor y tienen menor riesgo de fallo que los *microdrives*, que utilizan partes extraíbles.

SmartMedia

45,0 x 37,0 x 0,8 mm

Más grandes, pero más delgadas que las tarjetas CompactFlash, son también más frágiles y menos fiables. Este formato está siendo eliminado del mercado y actualmente muy pocas cámaras lo utilizan.

Memory Stick

50,0 x 21,5 x 2,8 mm

Este formato al principio era fabricado únicamente por Sony, pero en la actualidad existen varias firmas que lo ofrecen. Se utiliza poco en cámaras digitales, lo que reduce las posibilidades de reutilizarlo si se cambia de cámara. Es de los más caros por megabite que existen en el mercado y se mantiene por detrás del CompactFlash en términos de capacidad. Existen dos versiones: la Memory Stick común y la Memory Stick Pro Duo, que tiene un tamaño más reducido y es especial para cámaras de pequeño formato de la marca Sony.

xD-Picture Card

25,0 x 20,0 x 1,7 mm

Tarjeta muy pequeña desarrollada por Olympus, Fujifilm y Toshiba.

Secure Digital

32,0 x 24,0 x 2,1 mm

De la marca SD Card Association (SDA), ofrece una gran rapidez y mucha seguridad en la transferencia de información. Actualmente sólo SDA la produce. Es bastante más cara que el resto de las tarjetas multimedia. Tiene un dispositivo propio de protección de escritura (similar al de los *floppy disk*).

MultiMedia Card
SecureMultiMedia Card
Reduced Size MultiMedia Card (MMC)
SecureMMC / RS-MMC

32,0 x 24,0 x 1,4 mm

Producidas por MultiMedia Card Association (MMCA), estas tarjetas tienen una superficie igual a la de las SD Cards, pero son más delgadas. Las cámaras que respaldan el formato SD Cards también aceptan las MMC. Existen diferentes variantes de esta tarjeta (Secure MMC y de tamaño reducido).

Otros formatos

Algunos formatos ya en desuso son los discos *floppy* y las tarjetas PCMCIA. Otros graban directamente a CD y otros, en vez de tarjetas extraíbles, tienen memoria flash RAM, que es descargada por cable.

Transferencia de imágenes

Las primeras cámaras digitales utilizaban las conexiones seriadas RS232 para transferir imágenes al ordenador, pero resultaban demasiado lentas, comparadas con las actuales. Hoy en día, las conexiones USB y FireWire son las que predominan en el mercado.

Los dispositivos con este tipo de conexiones están provistos de un cable y un programa para poder leer y transmitir la información digital y muchos de ellos son reconocidos por los sistemas operativos más modernos sin necesidad de contar con un instalador.

Velocidades de transferencia

- USB 2.0 - Velocidad mínima = USB 1.1 Mínimo 1.5 mb/s
- USB 2.0 - Velocidad máxima = USB 1.1 Máximo 12 mb/s
- USB 2.0 - Alta velocidad 480 mb/s
- FireWire/IEEE1394 100-400 mb/s
- Valores aproximados de transferencia
- Cámara digital USB 1.1 ~ 350 kb/s
- FireWire Cámara digital ~ 500 kb/s
- USB 1.1 Lector de tarjeta ~ 900 kb/s ~ 7 mb/s
- PC/PCMCIA Lector de tarjeta acoplado ~ 1.300 kb/s ~ 10 mb/s
- USB 2.0 o Lector de tarjeta ~ 3.200 kb/s ~ 25 mb/s

La transferencia real de estas conexiones depende en gran medida del ordenador y de los programas instalados en él, así como del lector de tarjetas o de la cámara digital, de la calidad de la tarjeta, como se explicó en el capítulo referente a este tema, y del tamaño del archivo. Cuanto mayor peso tenga el archivo, mayor tiempo de transferencia se requerirá.

Para hacerse una idea del tiempo que lleva transferir una imagen de la cámara al ordenador, es preciso calcular que 1 mb (megabit, por sus siglas en inglés) por segundo (mb/s) equivale a 128 kilobites por segundo (kb/s), por lo que es posible transferir 7,5 mb de información por minuto o casi 5 megapíxeles de un archivo JPEG.

Algunas cámaras digitales tienen salida para impresora, puesto pict, y permiten la impresión directa de las imágenes vía cable. El problema con el sistema de impresión directa es que imposibilita el uso de una de las mayores ventajas de la fotografía digital: el tratamiento de la imagen en el ordenador, para su optimización.

Existen dos maneras de realizar la transferencia de información: conectando el cable de la cámara al ordenador o insertando la tarjeta de memoria en algún módulo acoplado a dicho ordenador (lector de tarjetas).

▸ La inmediatez con que se puede visualizar y analizar la fotografía en la cámara digital ha provocado que el nivel de dicha fotografía se haya hecho más exigente. Muchos fotógrafos profesionales opinan que con la fotografía digital no hay ya excusas para no obtener el resultado deseado.

visor óptico tradicional. La pantalla ha revolucionado la manera de fotografiar, ya que se pueden verificar en el momento la composición y la total satisfacción de las necesidades fotográficas específicas antes de realizar el proceso en papel, pudiendo realizar modificaciones incluso físicamente, en el caso de objetivos estáticos, moviendo o alterando la toma (y sin necesidad de la habitación oscura, como ocurría con la cámara tradicional).

Además, la cámara digital permite valorar la imagen y hacer ajustes de punto de vista o longitud focal, algo que puede realizarse indistintamente antes o después de tomar la fotografía. Cabe apuntar que el principal defecto de la funcionalidad de la pantalla en la cámara es la pérdida de oportunidades con motivos en movimiento, no tanto por el aspecto técnico como por el hecho de que se pierde la posibilidad de mejorar la toma.

▸ Además de poder visualizar la fotografía en la pantalla, una vez tomada, aparecen anotados los datos referentes a dicha fotografía, como número de foto, hora de la toma, tipo de archivo, etc.

▾ La amplia gama de modelos de cámaras digitales que existe actualmente en el mercado se debe a la diversificación que los fabricantes promueven para poder ofrecer a cada usuario la cámara que más le interese, de acuerdo con sus necesidades.

La pantalla funciona, además, como un visor recordatorio, de manera que en cualquier momento se pueden revisar las imágenes tomadas anteriormente. Es posible editar la foto inmediatamente, borrar las tomas que no interesen y recuperar el espacio que ocupan, algo impensable en la película.

Por último, la montura giratoria permite al usuario sujetar la cámara en ángulos complicados, sin perder por ello la posibilidad de encuadrar adecuadamente. Conforme avance la tecnología, se podrán acoplar a la cámara nuevas prestacionaes.

Como se apuntó anteriormente, las cámaras digitales se han ido ajustando a las necesidades de los usuarios, por lo que hablar de un tipo de cámara resultaría inadecuado, ya que las funciones, formas y capacidades son distintas, según sean la marca y el modelo. Este aspecto también existe en las cámaras de película, si bien a escala mucho menor. El proceso es el mismo en todas ellas e incluso pueden utilizarse accesorios para unas y otras indistintamente: película, flashes y demás. Esta diversidad hace que la división sea necesaria.

Réflex digital

A partir de 1936, la cámara réflex de formato 35 mm se consolidó como el sistema de más alta calidad para fotografía a pulso.

Su gran ventaja era que el visor mostraba la imagen exacta que se iba a captar, una idea que hoy resulta familiar para los usuarios de ordenadores en la forma del acrónimo en inglés *wysiwyg (what you see is what you get*: 'lo que ves es lo que obtienes'). Fue principalmente esta característica la que dio paso al uso de los objetivos y teleobjetivos intercambiables.

Las cámaras digitales SLR ocuparon la misma posición en el mercado desde el principio, debido en parte a que los argumentos a favor de la posibilidad de ver a través del objetivo eran difíciles de resistir, y en parte, a su atractivo para los usuarios de las SLR de película. Como el valor principal de un equipo está íntimamente ligado a los objetivos, el cambio resultaba cómodo. El cuerpo digital puede utilizar sin problemas los objetivos tradicionales.

Paso de la luz a través de un sistema réflex

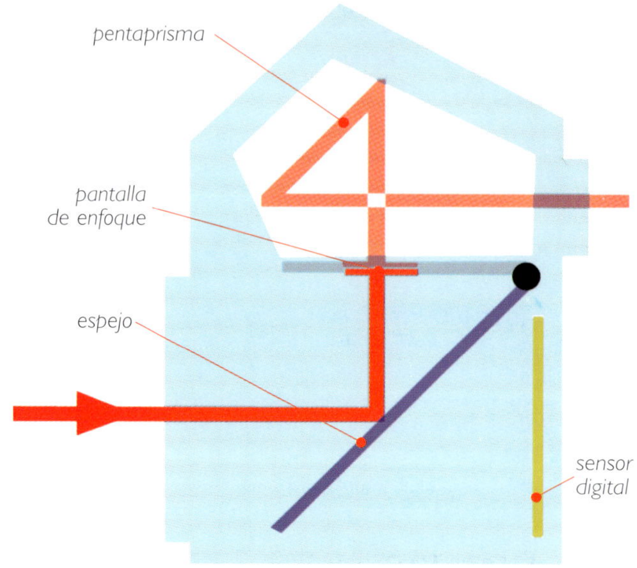

1 Cuerpo sólido y robusto con una gran ergonomía.
2 Ópticas intercambiables.
3 Visor réflex.
4 Conexiones para trabajar desde el ordenador y conexión. de cable sincro para flash externo.
5 Batería de gran tamaño y capacidad.
6 Zapata para incorporación de flash.
7 Mandos de la cámara para el modo manual.
8 Pantalla de visualización y panel LCD de información de la cámara.
9 Entrada para tarjeta o tarjetas de memoria (algunas cámaras aceptan varios formatos por separado o al mismo tiempo y una de ellas actúa como respaldo).
10 Mandos de la cámara para posición vertical.

Especificaciones de una cámara réflex digital

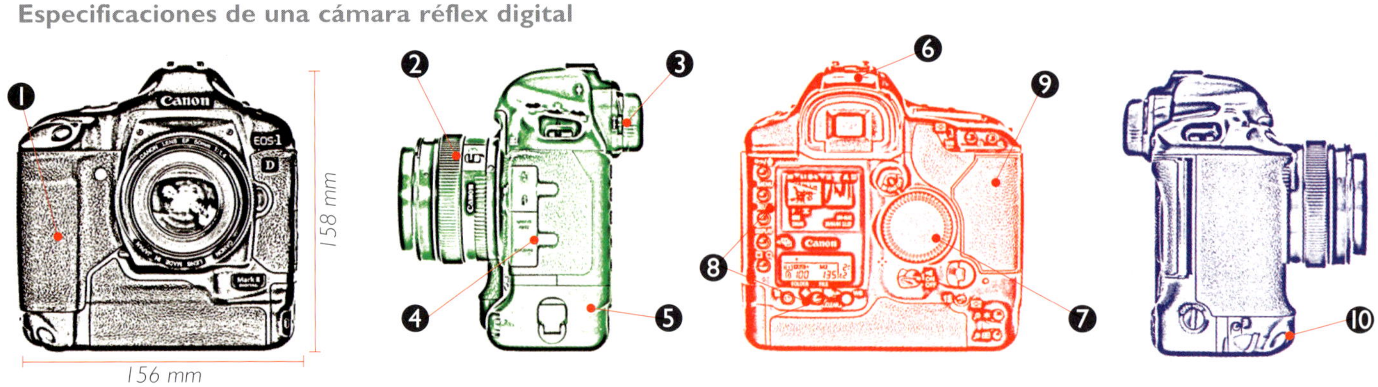

CARACTERÍSTICAS GENERALES QUE DEFINEN A UNA CÁMARA DIGITAL

Dimensiones y peso

Tipo

Medios de grabación, tamaño de la imagen en el sensor, qué objetivos son compatibles y montura del objetivo.

Elemento de imagen

Tipo de sensor (CCD o CMOS), número de píxeles (efectivos y totales), proporción de anchura y altura, sistema de filtro de color y su ubicación (delante del sensor y si es extraíble o no).

Sistema de grabación

Formato de grabación, formatos de archivos en que se registra la información de la imagen y sus variaciones al interior (jpeg alta, media, media fina, media baja, etc.) y tamaños en mb, numeración de archivos (si es continua o no, si es por carpetas, etc.), si tiene protección de archivos e imágenes, interface de salida de la cámara (USB, firewire).

Balance de blancos

Tipo de sistema y manera de ajustarlo.

Control de exposición

Sistema de medición de la cámara, lugar de enfoque sobre el que mide, sistemas de control de exposición (automático, manual, semiautomático, funciones especiales propias, etc.), gama de sensibilidad ISO (50, 100, 200, etc.).

Visor

Tipo material en que está fabricado, iluminación, ampliación de ésta, características distintivas del resto.

Obturador

Tipo, velocidades, desbloqueo (automático, a distancia, etc.).

Avance de exposición

Tiempo entre foto y foto, capacidad máxima por segundo, tomas en disparos continuos.

Autofoco

Tipo de autofoco, modos y puntos de enfoque y cantidad de éstos, ayudas y funcionalidades propias.

Flash

Tipo, si está integrado, si es compatible con flashes externos, y, si lo es, con cuáles.

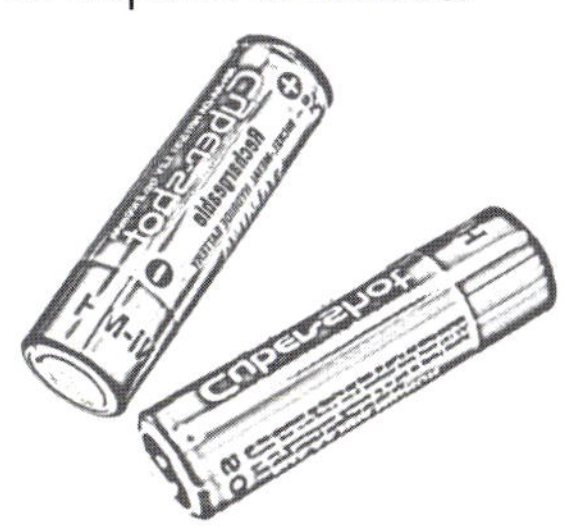

Fuente de alimentación

Batería, duración de ésta y bajo qué características se obtiene la máxima y la mínima, si tiene adaptador de corriente y si éste es compatible con las características del entorno (voltaje de entrada y de salida), dimensiones y peso.

Las cámaras digitales réflex se basan, por ejemplo, en cámaras Nikon o Canon, habituales en el trabajo de los fotógrafos, y pueden utilizarse con el conjunto de objetivos profesionales que existen en el mercado. Funcionan exactamente igual que las cámaras de película, es decir, combinando las velocidades del obturador y las aberturas del diafragma para lograr las exposiciones deseadas. La única diferencia es el CCD en lugar de la película y el almacenamiento en tarjetas de memoria, diferencia que aporta ventajas significativas.

Hasta hace poco, debido a su alto coste, las cámaras réflex digitales estaban destinadas al sector profesional. Pero, conforme ha ido avanzando la tecnología, ha bajado el precio y han aparecido cámaras réflex para el usuario avanzado.

▲ La mayoría de las casas que fabrican tanto cámaras de película como cámaras digitales han logrado hacer compatibles sus gamas de objetivos, gracias a que los nuevos prototipos digitales están construidos sobre los cuerpos de cámaras SLR de película ya existentes.

Características de las cámaras réflex digitales que hay que tener en cuenta

- Por tratarse de una cámara réflex, generalmente se le puede adaptar toda la gama de objetivos de la casa que los fabrica, dando a la cámara un rango óptico mucho mayor.
- Los sensores suelen tener, aunque no en todos los casos, una mayor cantidad de células fotosensibles o resolución.
- A diferencia de las cámaras compactas, las réflex siempre tienen la opción de grabar la información, tanto en archivos comprimidos como en archivos de no compresión.
- El balance de blancos es mucho más equilibrado en las cámaras réflex debido a que cuentan con más menús de temperatura de color, y pueden ajustar la temperatura correspondiente a la lectura en grados K de la escena.
- El visor es de pentaprisma a nivel de ojo, por lo que permite ver exactamente lo que se fotografiará sin problemas de paralaje.
- El enfoque puede ser más selectivo, más rápido y preciso, puesto que, generalmente, las ópticas que utilizan son mucho más desarrolladas y facilitan el trabajo a la cámara.
- El control de la exposición, al poderse hacer manualmente, no tiene ninguna limitación, con lo que se pueden conseguir los tiempos de exposición que se deseen, que pueden variar entre 1/4.000 y 1/8.000 de segundo hasta la opción de *bulb*.
- Una gran ventaja es la opción de utilizar un flash externo de estudio o algún *speed light* acoplable a la cámara.
- Un mayor número de disparos por segundo FPS, hasta los ocho que ofrecen los modelos más avanzados.
- Posibilidad de añadir funciones personalizadas a la cámara para corregir el contraste, guardar los archivos en dos formatos y otras más.
- La fuente de energía suele ser más duradera y con un menor tiempo de recarga que en las cámaras compactas.
- Físicamente son más robustas y, por lo tanto, más resistentes al trato.

Aunque el funcionamiento de todas las cámaras digitales se basa en los mismos principios, las cámaras réflex cuentan con algunas características y funciones que las sitúan por encima de los otros tipos de cámaras.

Aunque, a primera vista, las características más importantes de las cámaras réflex sobre los otros tipos de cámara digital son un mayor número de megapíxeles o una estructura más sólida, existen otros muchos factores por los cuales una cámara réflex puede tener mayores ventajas a la hora de elegir una cámara digital (*véase recuadro*).

Compactas de gama baja

Las cámaras digitales se encuentran en un proceso constante de evolución y obsolescencia, sobre todo en estos primeros años de auge, en que la creatividad que presentan sus formas y funciones no ha logrado establecer un estándar en el mercado.

Por ello, no es fácil clasificarlas de forma clara. La resolución en píxeles de los sensores mejora constantemente. Lo que antes se consideraba bueno puede hoy ser sólo aceptable. No obstante, independientemente de la resolución, siempre habrá cámaras pensadas especialmente para los principiantes o para una situación concreta.

Estas cámaras vienen a ser el equivalente de las de gama baja de película, aunque las comparaciones directas no son exactas y, por lo tanto, son arriesgadas. En el mercado tradicional, las cámaras para principiantes son económicas, simples, de una calidad no muy alta y con prestaciones limitadas. Esto no es aplicable a las cámaras digitales de gama baja, puesto que la mayoría están muy bien fabricadas y cuentan con funciones y características que no se encuentran muy lejos de las de los modelos de gama profesional. La diferencia principal radica en la resolución del sensor, la elección de la sensibilidad, la calidad del objetivo y la gama de focales ópticas del zoom.

Cada cámara presenta soluciones específicas en cuanto a diseño y utilidades. Algunas de estas funciones superan las de los modelos equivalentes de película.

Aunque la mayor diferencia existente entre las cámaras de gama baja y las de gama profesional suele ser el número de megapíxeles que da el sensor, actualmente existe una gran variedad de cámaras compactas que tienen una gran resolución, propia de una cámara profesional, si bien carecen de la mayoría de las funciones que son imprescindibles para un profesional, como puede ser el control manual de la exposición o de la temperatura de color. Sin embargo, no por eso dejan de ser cámaras funcionales, ya que, si se utilizan adecuadamente, se les puede llegar a sacar un partido extraordinario.

Las cámaras de gama baja han ganado en cuanto a reducción de tamaño frente a sus predecesoras de película, gracias a que han podido prescindir del espacio que ocupaba el carrete.

1 Cuerpo muy compacto y mala ergonomía.
2 Flash incorporado de baja potencia.
3 Objetivo compacto de tipo zoom o fijo.
4 Conexiones de salida A/V digital.
5 Visor de tipo telemétrico con riesgo de desplazamiento en la toma, pues no siempre se ve exactamente lo que saldrá, debido a su desplazamiento con respecto al objetivo.
6 En muchos casos, la pantalla funciona como visor, ya que algunas cámaras compactas carecen de éste.
7 Mandos para previa visualización y navegación por los menús.
8 Control del zoom de la óptica, en caso de que cuente con él.
9 Sistema de selección de modo de captura de la imagen.
10 Espacio para la inserción de la tarjeta de memoria y la batería. En muchas cámaras compactas se utiliza el mismo espacio para alojar ambas.

Como no podía ser de otra manera, sus grandes cualidades son la facilidad de transporte, la discreción y ciertas prestaciones que, aunque parezca increíble, no tienen las cámaras réflex profesionales, como la toma de vídeos o, en algunos casos, audios personalizados para cada foto tomada.

Compactas de gama profesional

Mientras que el propósito principal de las cámaras de gama baja es proporcionar modelos simples, compactos y bastante económicos, las de gama media ofrecen mejores funciones y una mayor resolución.

Con las mismas especificaciones que las anteriores, los objetivos tienen una gama focal más amplia (y son de mejor calidad), la sen-

Especificaciones de una cámara compacta de gama baja

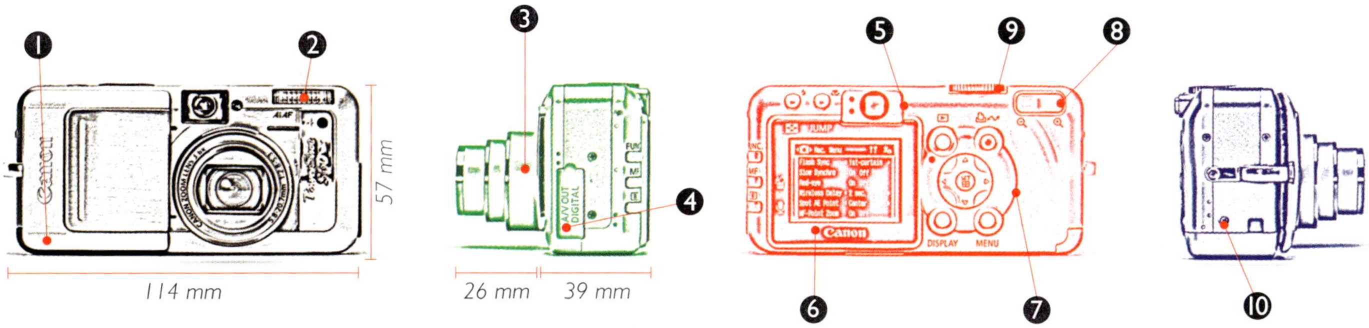

sibilidad del sensor es modular o modificable y permiten distintos formatos de archivo. Además, generalmente cuentan con más opciones de procesado, sistema de autoenfoque, puntos de enfoque, el obturador ofrece mayores opciones, el flash es mejor y permite la conexión de flashes externos.

Las cámaras compactas de gama profesional son de mayor tamaño que las de gama baja. Otro factor importante que contribuye a la variedad de diseños es que el sensor digital presenta muchas menos limitaciones que la forma tradicional de la película de 36 mm.

Varias generaciones de cámaras de película presentan las mismas características mecánicas debido a la necesidad de adaptarse al formato del chasis. Éste fue elegido para Leica en 1925, en Leitz, por su inventor, Oscar Barnack, para aprovechar la película de cine, y se ha convertido en el estándar para casi todas las cámaras. Carga, posición sobre la ventana de la película, arrastre y finalmente rebobinado son operaciones que exigen un sistema mecánico que ocupa un espacio considerable. Esto no es así en las cámaras digitales, en las que no hay película que cargar (el sensor se ubica en un lugar específico) y el espacio que antes ocupaba el mecanismo de arrastre ahora queda libre, dando cabida a un sistema electrónico que descarga la información del sensor, sin partes móviles. Esto ha dado mayor libertad a los diseñadores para experimentar con la ergonomía de las cámaras digitales, sobre todo en esta categoría.

El aspecto de una cámara de esta gama casi podría ser el de una cámara profesional, pues incluso los flashes de las marcas que los fabrican son los mismos para las dos gamas.

Hay quienes consideran este tipo de cámara como la más completa, ya que cuenta con una resolución muy aceptable, en muchos casos incluso mayor que muchas de las cámaras SLR que ofrece el mercado, y gracias también a que conjuga factores tanto de la gama profesional como de la gama baja, como, por ejemplo, la opción de hacer vídeos, o acoplarle un flash externo. Como en las cámaras réflex, las cámaras digitales de gama profesional también permiten regular manualmente, aunque con algunas limitaciones, elementos como el foco, la exposición o la temperatura de color. Otro punto importante a su favor es que tienen un tamaño que se encuentra entre las réflex y las de gama baja o de usuario.

Existen muchos profesionales que suelen utilizar este tipo de cámara, ya que, según sea el trabajo que deban realizar, sus funciones cumplen satisfactoriamente con los requisitos necesarios.

1 Cuerpo de tamaño medio, robusto y muy ergonómico.
2 Pequeño flash abatible incorporado.
3 Visor réflex digital, es decir, que la imagen que se ve es la que ve el objetivo, pero se ve mediante un minidisplay. En algunos modelos el visor es telemétrico.
4 Óptica de zoom fijo, pero con opción de incorporar convertidores focales, como un gran angular o un teleobjetivo. El resultado no suele ser bueno cuando se utilizan estos complementos.
5 Zapata para la incorporación de flash.
6 Pantalla giratoria.
7 Salida A/V digital.
8 Dial para selección de los modos de la cámara.
9 Mando de navegación y funciones.
10 Espacio para la tarjeta de memoria y batería.

Especificaciones de una cámara compacta de gama profesional

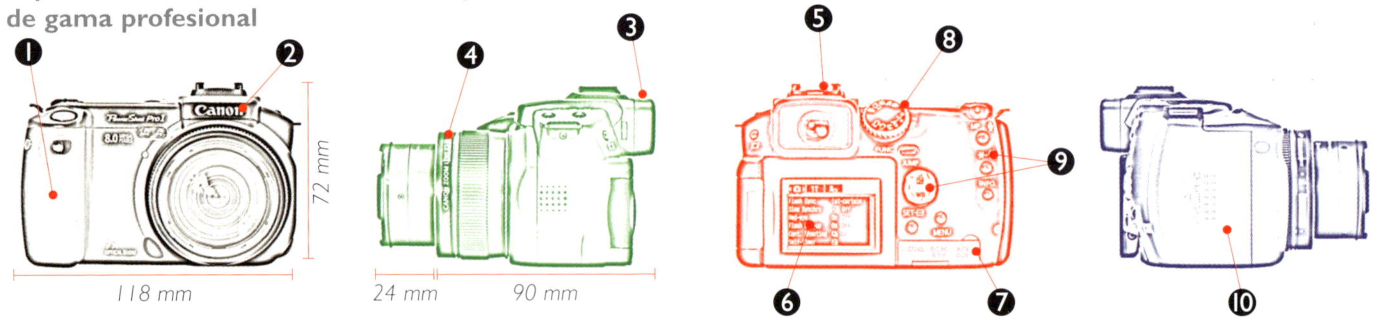

Respaldos de captura digital

Los respaldos de captura CCD están concebidos para poder utilizarse en la mayoría de las cámaras de formato medio y grande. Estrictamente no se les puede considerar cámaras digitales, ya que se han ideado para optimizar las funciones de la cámara a la que se acoplan y cumplirán sólo con las funciones de una cámara de ese formato.

Su precio suele ser muy elevado. Los fabricantes de sensores para cámaras de formato medio utilizan un sensor CCD de tamaño estándar, que va alojado en una unidad similar a un chasis típico de una cámara de formato medio y se acopla, igual que en éstas, en la parte posterior de la cámara, pero en este caso mediante un adaptador. De esta manera un mismo sensor puede servir para distintas cámaras.

Es habitual incluir un *software* de precisión para ajustar las luces y las sombras, el equilibrio de color y la nitidez.

Al principio, este sensor estaba conectado al ordenador para descargar las imágenes, por lo que era una herramienta casi exclusiva de estudio. Pero actualmente existen modelos que incluyen una pequeña pantalla, así como una buena memoria, con lo que se dota de mayor autonomía al respaldo.

La gran ventaja de este tipo de sensor es, por supuesto, la gran resolución que da, que suele ser el doble de la cámara SLR más avanzada. Generalmente, son utilizados por profesionales y sobre todo para fotografías de moda, bodegones publicitarios o reproducciones.

Los primeros modelos no ofrecían la posibilidad de modificar la temperatura de color directamente en la cámara, sino que era algo que se hacía en el *software* del ordenador y, en algunos casos, se debía utilizar como si se tratara de un chasis con película y exigía realizar todos los filtrajes necesarios de luz.

Los modelos actuales permiten una gran adaptabilidad a diferentes modelos de cámaras, pudiendo colocar el respaldo tanto en cámaras de formato medio como en cámaras de gran formato.

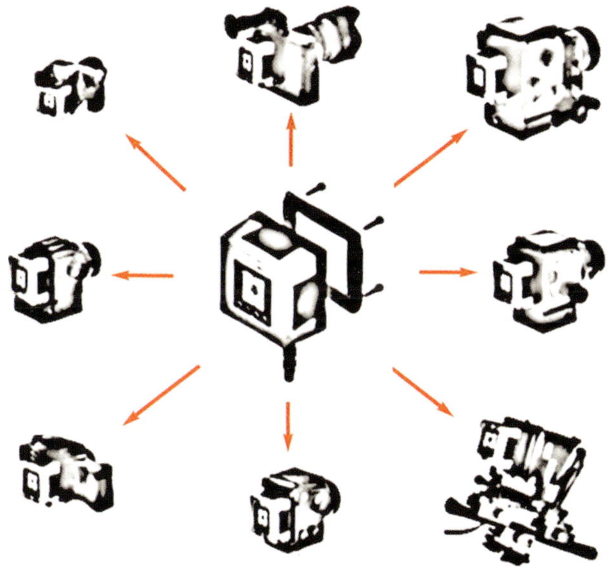

Mediante un adaptador especial, los respaldos digitales se pueden incorporar a una gran variedad de cámaras de formato medio y grande.

Modelo de la marca Phase One sin monitor incorporado, acoplado a una cámara de formato medio Hasselblad.

Modelo de la marca Imacon con pantalla incorporada para la visualización de la fotografía.

BREVE HISTORIA DE LAS CÁMARAS DIGITALES

1981

Sony presenta su modelo MAVICA (Magnetic Video Camera), que graba imágenes en dos discos floppy que se pueden reproducir mediante un monitor de TV o de vídeo. Este modelo no es estrictamente una cámara digital sino una cámara de televisión capaz de captar en una cinta magnética imágenes con calidad de TV.

1984

Tras haber sido elegido, en agosto de 1980, patrocinador de los Juegos Olímpicos de Los Ángeles 1984, Canon pone en marcha todos los dispositivos de tecnología con que cuenta en ese momento para lograr la transmisión de imágenes digitales. En efecto, durante estos Juegos, en colaboración con el diario japonés «Yomiuri Shimbun», líder en su sector, se logra transmitir por vía telefónica la primera imagen digital. Canon da así el paso más importante, con el que logrará en 1986 sacar al mercado su primer sistema de captura digital.

1986

Canon saca al mercado su modelo RC-701 de videocaptura con un CCD de 187.200 píxeles, equivalentes a 300 x 320 líneas de un televisor. La cámara tiene un coste de 3.000 dólares, pero cuenta con un módulo de transmisión por teléfono, que cuesta 27.000 dólares y funciona básicamente como una cámara actual, con ópticas intercambiables y unos tiempos de obturación de 1/8 hasta 1/2.000 de segundo.

1987-89

Proliferan y salen al mercado gran variedad de modelos mejorados y más compactos de cámaras de vídeo fijo, como la Canon RC-760 o la RC-251 ION y la Nikon QV-1000C. Kodak entra en el mercado con un sistema de almacenaje, escritura e impresión para este tipo de imágenes.

1990

Kodak presenta en la Photokina el modelo DSC-100 SLR Digital Camera con un CCD de 1,3 megapíxeles dentro del cuerpo de una cámara Nikon F3, pero con un módulo externo de almacenaje y de display con una capacidad de 200 mb y un peso total de casi 25 kg. Tiene un precio de 30.000 dólares. Se pone a la venta en el mercado americano la primera cámara digital compacta para usuarios, fabricada por la empresa Logitech. Con una resolución de 376 x 240 píxeles, en blanco y negro, y con una escala de 256 grises. Graba los archivos en formato tiff o Pict2 y tiene que ser conectada a un ordenador personal para descargar las imágenes. Tiene un precio aproximado de 100 dólares.

1992

Kodak empieza a aumentar la familia de su primer modelo con la creación de la DCS 200 DCS 420. Además elabora, junto con Associated Press, una cámara diseñada especialmente para fotoperiodismo obteniendo como resultado la AP/KODAK NC2000 y NC2000E, basadas en las cámaras Nikon N90, con una resolución de 1.024 x 1.280 píxeles y un precio de unos 18.000 dólares.

1994

Apple saca al mercado la primera cámara para consumo popular con captura de imágenes en color, la APPLE QUICK TAKE, con una resolución de 640 x 480 píxeles y una memoria fija. Tiene un coste de unos 750 dólares. La compañía ScanDisk presenta en el mercado la primera tarjeta de memoria extraíble de tipo CompactFlash con una memoria de entre 2 y 24 mb.

1996

A partir de este año comienza la gran batalla que actualmente mantienen los fabricantes de cámaras digitales por intentar copar tanto el mercado profesional como el del usuario convencional, luchando cada día por reducir los precios y el tamaño de las cámaras y, en cambio, aumentar la cantidad y calidad de sus prestaciones.

El futuro que depara la fotografía digital, aunque incierto debido a la gran velocidad a la que evoluciona la tecnología, tiene una clara tendencia a ofrecer cada día cámaras con mayor resolución y de tamaño más reducido. A ello debe añadirse su clara fusión con otros aparatos multimedia.

▸ Actualmente, se puede hablar de una resolución de megapíxeles en las cámaras que incluyen los teléfonos móviles que en el año 1992 tenían únicamente las cámaras digitales más sofisticadas.

LA TOMA DE LA FOTOGRAFÍA

TEMA 3 LA TOMA DE LA FOTOGRAFÍA

LA LUZ Y SU CORRECTA INTERPRETACIÓN

La iluminación

La fotografía digital necesita, igual que sucede en la fotografía tradicional, unos niveles adecuados de iluminación. Tener la luz más apropiada para lo que se pretende con una determinada fotografía o para las intenciones creativas del fotógrafo es decisivo para obtener una buena imagen. E independientemente del trabajo que, en la actualidad, es posible hacer tras la toma, gracias a los *softwares* de retoque de imagen, es importante disponer de una buena iluminación si se quiere realzar las formas, conseguir una atmósfera determinada u obtener cualquier efecto especial.

Los sensores de imagen de las cámaras digitales están diseñados para conseguir colores que equivalgan a los de la realidad. Sin embargo, a diferencia del ojo humano, la respuesta es la misma frente a distintas fuentes de luz. La variación del sensor, de los circuitos y del *software* que procesan las imágenes hará que los resultados dependan, en buena medida, de la destreza con que se expone la imagen y de la adecuada relación que exista entre el balance de blancos del sensor y el de la luz que ilumina el objeto fotografiado.

Con las cámaras convencionales, los fotógrafos buscan normalmente entre una gran variedad de películas, antes de elegir la que más les interesa. Cada película tiene sus características específicas, lo que la convierte en única (así, en unas el grano es grande, mientras que otras tienen mayor tolerancia a la sub o a la sobreexposición, otras tienen unos colores más cálidos, otras, en cambio, una dominante fría, etc.). En las cámaras digitales estas opciones no existen. La película, que equivale a un sensor de imagen (CCD o CMOS), es permanente y no puede cambiarse hasta que uno cambia de cámara. Pero hay funciones que alteran la información de las imágenes, lo que constituye un buen sustitutivo del efecto que se obtiene con distintas películas en las cámaras convencionales.

▸ En la fotografía de película, una vez que se ha introducido el carrete, no se tiene ya la opción de cambiar de sensibilidad o de tipo de película para diferentes luces hasta que se termina dicho carrete.

Más allá de los factores físicos, que se presentarán, se verán sus repercusiones en el resultado de la fotografía (calidad, dirección, origen y color), lo que no quita que se deban tener en cuenta determinados aspectos más relevantes. Con ello se intenta evitar, entre otras cosas, la idea equivocada de que, cuando se realizan fotografías en exterior, fuera del ambiente controlado de un estudio, se está a merced de los caprichos de la Naturaleza.

Es cierto que, a la hora de tomar una fotografía, no se pueden retirar las nubes, ni desplazar el Sol a una posición más conveniente, pero precisamente una de las características que distinguen a un buen fotógrafo de un simple aficionado es su habilidad para resolver los problemas de iluminación. Por ello, es necesario saber evaluar las condiciones lumínicas de cada momento. Algunas veces, esas condiciones (el contraste, la calidad, la dirección, etc.) pueden no ser propicias para la fotografía que se desea. Así, antes de exponer posibles soluciones, se estudiarán con detenimiento las causas y los problemas que cada situación puede presentar.

▲ En esta foto se aprecia una sombra marcada, generada por el Sol de mediodía, y los colores contrastados de la imagen.

Tipos de luz

La luz es un elemento que se debe tener en cuenta a la hora de tomar una fotografía. Pero la luz está sometida a un conjunto de circunstancias que, además de definir su intensidad, determinan diversas cualidades.

▼ Esta imagen está mucho más compensada en cuanto a iluminación se refiere, ya que el cielo tenía una ligera capa uniforme de nubes. En esta ocasión, esta circunstancia actuó como un gran panel difusor.

Calidad de la luz

La luz puede ser suave, plana, difusa, dura, violenta, contrastada, etc. En el exterior, la calidad de la luz depende principalmente del Sol, pero también varía en función de las nubes, las condiciones atmosféricas y cualquier elemento que la oscurezca. En un día lluvioso, la luz será muy diferente a la de un día claro, por la mañana. Si es necesario, se deberá esperar a que las condiciones mejoren, pero también se puede intentar modificar la luz.

Luz dura

Cuando la luz procede principalmente de una fuente de escaso diámetro –flash, bombilla o el mismo Sol, sobre todo al mediodía–, tiende a ser dura y direccional, y a provocar efectos espectaculares, con sombras intensas y zonas deslumbrantes, que dan lugar a una imagen mucho más contrastada. Los objetos suelen aparecer con sombras muy definidas, por lo que, si la luz no es directamente cenital, los detalles se pierden, tanto en las sombras como en las zonas iluminadas. Los colores, por otra parte, se saturan y son intensos, a menos que la luz sea tan dura que blanquee parte de la imagen.

Luz suave

La luz suave proviene de fuentes grandes y difusas, no es direccional y envuelve todos los objetos de la toma desde varias direcciones, como sucede en un día nublado. Esta luz no es contrastada, es decir, no origina zonas radiantes ni sombras muy oscuras. Las imágenes obtenidas con una luz muy suave normalmente carecen de fuerza, pero con esta luz la película puede registrar todos los detalles de la escena, algo muy importante sobre todo en fotoperiodismo o en un retrato. Los colores primarios quedan brillantes.

Luz filtrada

En situaciones de niebla o bruma o calima, las partículas que flotan en el aire actúan como filtros reduciendo el contraste y dando un tono apastelado a los colores. La bruma o la niebla pueden propiciar imágenes con una atmósfera interesante, pero el escaso contraste reducirá la nitidez de los elementos cercanos.

La luz del Sol que se filtra a través de las nubes es una luz de amanecer que, gracias a dichas nubes, genera una atmósfera especial. En esta fotografía, en el ala del avión aparecen las pequeñas áreas de luz que se filtran por entre las nubes.

Sistemas para modificar la luz

Para conseguir una luz no muy dura o contrastada, habrá que pedir a la persona que se vaya a fotografiar, en el caso de un retrato, que se ponga a la sombra, o esperar a que las nubes difuminen la luz del Sol. También se puede suavizar la dureza de las sombras y mejorar las fotografías de motivos cercanos utilizando un rebote de luz o un flash de relleno (más adelante se tratará detalladamente este tema).

Paneles reflectores para la luz suave

En retratos o en fotografías de elementos muy cercanos, como flores o insectos, las sombras duras pueden comportar la eliminación de detalles interesantes. En estos casos se puede utilizar un panel plegable para reflejar la luz y dirigirla hacia las zonas más convenientes.

La calidad y el color de la luz dependerán del tamaño y el color del accesorio que se utilice, así como de la habilidad del fotógrafo para determinar la mejor colocación y dirección del reflector.

Paneles difusores

Si hay una iluminación muy dura, se puede colocar algún difusor entre la fuente luminosa y el objeto que se va a fotografiar, o se puede utilizar una pantalla difusora montada en un marco rígido para facilitar su manejo. Esto suavizará la luz.

▲ En esta foto la modelo sostiene con la mano izquierda un panel reflector, para que su cara quede mejor iluminada.

▼ Pantalla difusora de gran tamaño montada en un marco rígido para un trabajo de estudio.

El color

Cuando la luz incide sobre una superficie, ésta refleja únicamente la longitud de onda del color que se percibe y absorbe el resto.

Al incidir un rayo de luz sobre un prisma, esta luz se descompone dando lugar a un espectro formado por distintas bandas de longitud de onda, gracias a las cuales se obtienen diferentes colores: azul intenso, azul, verde, amarillo, naranja, rojo y púrpura.

Ni ***la luz del sol*** ni la ***luz de una lámpara*** parecen tener un color particular; da la impresión de que son blancas. Sin embargo, si se pasa esta luz por un prisma, se observa que contiene todas las longitudes de onda de los colores del espectro. Este efecto es el mismo que se produce cuando el vapor de agua sube a la atmósfera y forma el arco iris. Así, por ejemplo, en una manzana se refleja el rojo y el resto del espectro es absorbido. El blanco refleja todas las longitudes de los colores y el negro las absorbe todas. De la misma manera, las tintas, los colorantes o los pigmentos de las impresoras reflejan y/o absorben selectivamente determinadas longitudes de onda de la luz para producir el efecto de color.

La luz del sol y la luz de un foco contienen una mezcla de colores en distintas proporciones. La luz solar del mediodía es mucho más azul que la del amanecer o la de una lámpara de tungsteno. Para lograr una imagen que parezca normal o bien compensada de color, ésta deberá contener los colores de la escena original. Colores que dependerán de la fuente de luz que la ilumine.

Temperatura del color

Una manera de describir la fuente de color es a través de la temperatura del color, que se mide en mireds o grados Kelvin (°K).

La escala de temperatura Kelvin va del cero absoluto, 0, hasta -273 °C, que es teóricamente la temperatura más fría posible. Cuando un objeto, como una pieza de metal, se calienta, emite una luz que varía del rojo apagado al naranja, al amarillo y al blanco y puede llegar a emitir luz azul.

El color de la luz incandescente emitida por este objeto puede, por tanto, definirse por su temperatura. Así, la luz de una vela tiene una temperatura de color de aproximadamente 2.000 °K, mientras que en el otro extremo de la escala, la luz de un día despejado está entre 12.000 y 18.000 °K. La luz de la mañana y de la tarde oscila alrededor de 5.000 °K; la luz promedio del mediodía se encuentra en 5.400 °K, y un cielo nublado está cerca de los 6.250 °K.

En esta imagen, sobre la escala de temperatura de la luz se han situado los iconos de los menús más usuales de que disponen las cámaras digitales. Ello permite conocer en qué parte de la escala se encuentran.

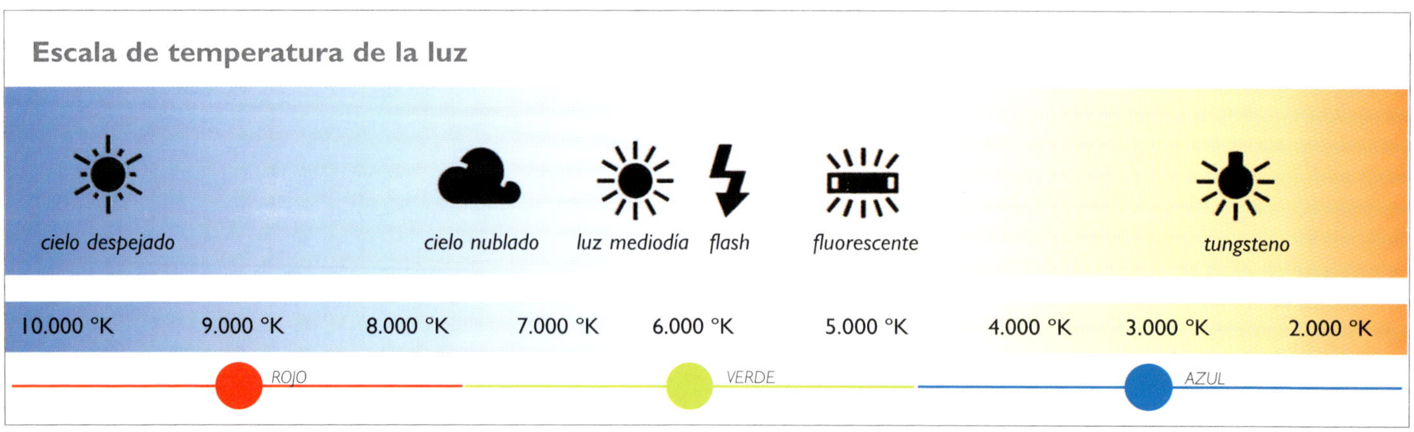

La luz de día contiene proporcionalmente más luz del espectro azul y las luces incandescentes contienen más luz del espectro rojizo. Por eso se denomina *fría* a la luz de día y *cálida* a la incandescente.

Color en exteriores

El color de la luz cambia a lo largo del día, aunque el ojo humano no lo aprecie, ya que se va adaptando poco a poco a esa diferencia. Como el cambio no es brusco, se mantienen las referencias conocidas para los colores y por ello dicho cambio no se percibe.

La luz del sol, junto con la que refleja el cielo, especialmente al mediodía, se encuentra muy próxima al blanco.

No hay en la luz un color que altere el color natural de las cosas. Cuando el Sol se encuentra cerca del horizonte, la luz es amarilla o naranja, tonos que corresponden a los colores cálidos del espectro. El fuego o una vela producen una luz aún más cálida. A la sombra, en un día nublado o bajo un intenso cielo azul, la luz es fría o azulada.

Si el color de la luz no es el adecuado para la fotografía, habrá que ajustar en la cámara la temperatura de la luz, ya sea con los menús preestablecidos o seleccionando la temperatura exacta de la luz.

Color cálido

Una fotografía hecha al atardecer tendrá una tonalidad dominante anaranjada, quizás excesivamente cálida. Sin embargo, se puede afirmar generalmente que los tonos cálidos son ideales para fotografiar paisajes y arquitectura, aunque no existan reglas al respecto.

Fotografía tomada en un amanecer. Presenta una dominante fría debido a los tonos azulados del cielo.

▲ Fotografía tomada en un atardecer con tonos evidentemente cálidos, debidos a la cercanía del Sol con el horizonte.

▼ Fotografía tomada al mediodía. En ella se aprecia que el tono del cielo se acerca al blanco.

▲ Fotografía hecha con luz cálida del atardecer.

▼ Fotografía hecha con luz fría en las primeras horas del día, al amanecer.

Color frío

A ciertas horas del día, la luz se reproduce con una tonalidad ligeramente azulada o fría: antes de la salida del Sol, en un día muy nublado o cuando el objeto que se va a fotografiar se encuentra a la sombra. Esta luz vendrá bien si se quiere resaltar la frialdad de un día invernal o con nieve.

▲ Para esta fotografía no se utilizó flash.

▼ Actualmente las cámaras ofrecen una gran cantidad de balances predeterminados, pensados para distintas condiciones y características de luz, así como la posibilidad de ajustar manualmente la temperatura.

Balances predeterminados en una cámara

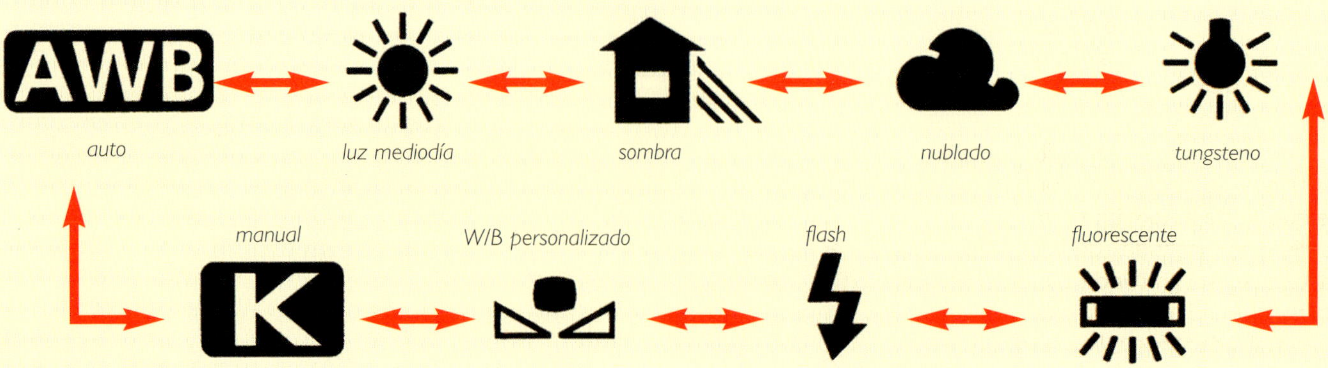

▲ En esta foto se utilizó flash. Gracias a ello, la imagen adquiere un mayor contraste y quedan mejor iluminados el caballo y la valla.

Flash

Un flash electrónico puede ser de gran utilidad cuando la iluminación sea insuficiente. Un flash potente en una fotografía de interior contribuirá a incrementar el brillo, ya que intensificará los colores, y a eliminar el ruido típico de las exposiciones de alta sensibilidad. También se puede utilizar en exteriores como iluminación complementaria para reducir el contraste.

Balance de color

Como ya se ha comentado, la luz blanca contiene diferentes proporciones de color, sin embargo, el cerebro humano compensa estas diferencias automáticamente, percibiendo sólo luz blanca.

Los sensores pueden ser calibrados para equilibrar luces de distintas temperaturas. Esto se consigue utilizando un sistema de balance que ajusta automática o manualmente la sensibilidad relativa a las distintas longitudes de los colores, para lograr el promedio de la luz que está grabando. De día o con luz solar se deberá mover la sensibilidad a más fría o azulada; y con luces incandescentes, a una sensibilidad más calida o rojiza.

Este balance se puede comprobar en la pantalla de la cámara.

AWB Auto

Esta opción es adecuada para una gran variedad de condiciones. La cámara ajusta automáticamente.

▲ ▶ En estas tres fotografías la cámara actuó automáticamente calibrando la temperatura de la luz.

W/B personalizado

Esta opción permite dirigir la cámara a algún objeto blanco, como una hoja de papel, realizar una toma y dar la orden a la cámara para que registre esos valores de blanco. La lectura de luz promedio se tomará de la visión real.

Si hay un desequilibrio cromático se puede compensar, lo que permitirá especificar cualquier superficie gris neutra de la vista como punto de referencia a partir del cual se medirá la temperatura de la luz.

En la fotografía de la izquierda se hizo la foto con el menú de luz de día. Como era una luz de última hora de la tarde, había dominantes cálidas. Para la foto de abajo, primero se hizo un balance de blancos, ajustando con un papel blanco, y después se efectuó la toma.

Luz de día *(daylight o sunny)*

Esta opción es adecuada para fotos de espacios abiertos o con una predominante luz solar. Suele ser la opción que las cámaras utilizan por defecto.

En estas fotografías de exteriores, aunque la luz no es muy parecida, se seleccionó la opción *luz de día*, ya que la luz se encontraba dentro de los parámetros de la temperatura de color que tenían una y otra escena.

Incandescente o tungsteno

Opción adecuada para fotografías de interiores con luz incandescente. La elección del ajuste de tungsteno aumenta el tiempo permitido para generar las cargas de los elementos azul y verde del CCD o las amplía después de la captura.

En la fotografía superior se utilizó la opción de *luz de día*, por lo que aparece una dominante amarilla característica de la luz de tungsteno. En la fotografía inferior se utilizó la opción de *luz de tungsteno*, por lo que la luz aparece corregida y sin la dominante amarilla.

Fluorescente

Para interiores o exteriores iluminados con luz fluorescente.

▸ En la imagen superior la cámara estaba programada con la opción de *luz de día;* de aquí que aparezca la dominante verdosa de la luz. En la fotografía inferior la cámara se colocó en la opción de *luz fluorescente*. La tonalidad de la luz es muy distinta.

Nublado

Opción adecuada para exteriores con cielos nublados muy grises y para puestas de sol.

▲ Con esta opción, por lo general se pueden conseguir buenos contrastes de escenas con cielos nublados. Esto se debe a que la temperatura a la que está programada esta función es de 6.000 °K, una temperatura algo cálida y por encima de la normal para la luz de día. Así, al fotografiar este tipo de paisajes, la imagen gana un poco más de contraste.

Las puestas de sol generalmente tienen una dominante cálida, por lo que, si se utiliza esta opción, que tiende hacia los cálidos, se obtendrán imágenes muy reales y vivas.

Flash

Para fotografías en las que la luz dominante o la única luz existente es la que se obtiene con el flash.

En esta fotografía, la única fuente de luz que incidía sobre las jóvenes era la del flash; gracias a ello y a la elección de la opción *flash*, los tonos de las pieles resultan naturales.

Sombra

Menú adecuado para fotografías en las que el motivo se encuentra a la sombra.

En esta fotografía, el tema se encontraba a la sombra y la elección de esta opción ayudó a que la imagen obtuviera mayor contraste y definición.

K Manual

Con esta opción, es posible graduar la temperatura de la luz en su punto exacto.

En esta fotografía se puso la temperatura de la luz a 3.500 °K, que era la temperatura que daban en el interior las bombillas de tungsteno. Por esta misma razón también se obtuvo el tono azulado en el exterior, donde todavía había una cierta cantidad de luz de día.

Fuentes de luz artificial

Entre las fuentes de luz artificial más utilizadas se incluyen la de estroboscopios o flashes, la de vapor metálico HMI, la fluorescente y las halógenas de tungsteno. La iluminación de tungsteno es amarillo-rojiza en comparación con la iluminación de flash, que se parece más a la luz de día.

Flash o luz estroboscópica

La descarga eléctrica de alto voltaje a través de gas xenón produce un destello intenso de luz, que puede durar de 1/1.000.000 a 1/250 de segundo y se parece a la luz natural (de 5.500 a 6.000 °K).

Esta fuente de luz es intensa y con escasa generación de calor, lo que es apropiado para las cámaras digitales debido a la tolerancia de la matriz sensible a temperaturas altas.

El rango es continuo en longitudes de onda, con lo que se obtiene una uniformidad en las tomas. Además permite capturar objetos en movimiento, congelando las imágenes en distintos tiempos.

Para el trabajo en el estudio se requiere una fuente de luz continua o de modelaje (tungsteno) que permita realizar los enfoques. La colocación de las luces debe hacerse en los lugares adecuados, puesto que la descarga de esta luz, como se apuntó, dura fracciones de segundo. También se pueden realizar tomas de medición, sacar fotos y analizarlas previamente a la realización de la toma definitiva (con la pantalla de la cámara).

Vapor metálico

Este tipo de luz se compone de metal vaporizado encerrado en cuarzo, que emite una descarga eléctrica. La elección de un determinado metal definirá las longitudes de onda de la luz emitida. Así, por ejemplo, las farolas de vapor de mercurio de la calle emiten longitudes de onda discontinuas de color verde azulado y ultravioleta. Las luces HMI (yoduro de longitud de arco medio de hidrargirum), en cambio, se encuentran en un espectro más equilibrado, muy adecuado para la fotografía.

Igual que sucede en la estroboscópica, estas luces tienen un gran parecido con la luz natural (5.200 °K). La fuente de luz con-

◂ Las numerosas prestaciones que ofrecen este tipo de flashes ha hecho que exista una gran demanda y que el mercado ofrezca unidades portátiles a un precio muy razonable.

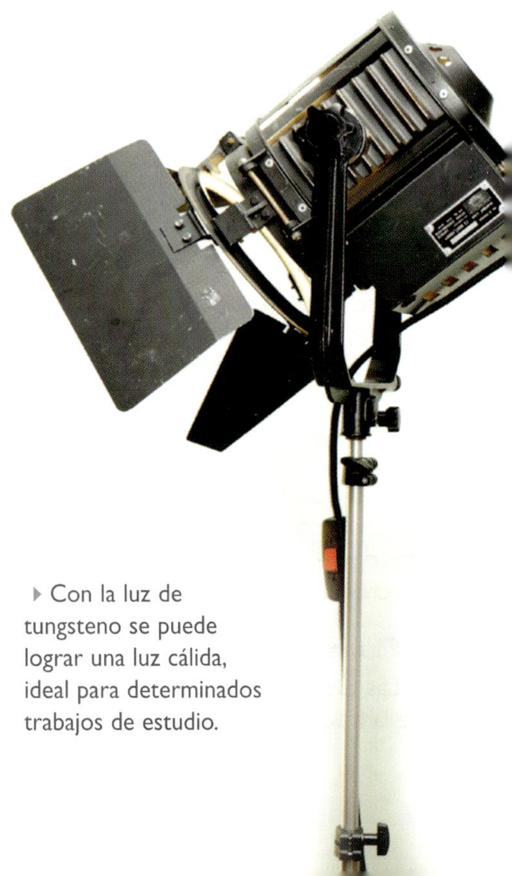

▸ Con la luz de tungsteno se puede lograr una luz cálida, ideal para determinados trabajos de estudio.

▲ Las luces HMI son las que más se parecen a la luz natural.

tinua es adecuada para sensores CCD móviles y también es más eficaz que las luces halógenas de tungsteno. El problema radica en que se requiere un tiempo de calentamiento previo a la toma y que las emisiones de calor son muy altas, lo cual puede afectar muy seriamente a los sensores.

El rango es discontinuo en las longitudes de onda, aunque puede compensarse mediante el sistema de gestión del color de la propia cámara o, posteriormente, con el *software* del ordenador.

Otro inconveniente es el precio, que resulta elevado en comparación con otras fuentes de luz artificial. Además, no debe olvidarse que existe el riesgo de que exploten si se utilizan durante mucho tiempo.

Fluorescente

Las luces fluorescentes de uso doméstico parpadean el doble de la frecuencia de voltaje de la corriente alterna principal, lo que ocasiona que se note en las imágenes captadas por sensores CCD móviles. Para este tipo de luz, la cámara requiere luces fluorescentes especiales de alta frecuencia (30 - 50 khz).

Las longitudes de onda discontinuas emitidas por la descarga eléctrica principal son predominantemente verdes. No obstante, estas luces tienen una pantalla de cristal fluorescente que las recubre y produce un rango de longitud de onda continuo y equilibrado que simula la luz natural.

El amplio rango de temperaturas del color (hasta los 6.500 °K) proporciona un efecto de día nublado, ideal para retratos o foto reportaje. También ofrece una gran variedad de alta frecuencia, muy adecuada para los sensores CCD móviles. Es muy eficaz, con escasa emisión de calor y tiene una vida útil muy larga. Sin embargo, requiere un tiempo de calentamiento previo a la toma, es relativamente costosa y poco cómoda de transportar.

Tungsteno

Los bulbos de luz estándar de filamento de tungsteno (3.400 °K) se saturan con la corriente para aumentar la intensidad a costa de la duración, que puede ser de unas 3 horas. La vida útil se prolonga considerablemente cuando el filamento de tungsteno se encuentra en un gas halógeno (por lo general, yoduro), encerrado en cuarzo.

Según el tipo de aleación, con el yoduro se pueden alcanzar temperaturas de color ligeramente más bajas (3.200 °K), con las que se pueden lograr unas condiciones de luz cálida.

Las mayores ventajas son el bajo coste de este tipo de luz, que es muy común en el mercado y que la salida de luz es amarillorojiza (3.200-3.400 °K).

Entre los problemas que presenta la luz de tungsteno están la baja eficacia y la alta emisión de calor, la poca facilidad de transporte y que su vida media es corta.

▼ Las luces fluorescentes simulan la luz natural y tienen una vida útil muy larga, pero son caras y difíciles de transportar.

Distancia focal y CCD

Los objetivos

El sistema réflex impulsó el desarrollo de lentes intercambiables con largas graduaciones milimétricas, a causa de la eliminación del paralaje, es decir, «lo que se ve es lo que se fotografía».

▸ Dos aspectos importantes que hay que tener en cuenta en las cámaras réflex digitales: la versatilidad para poder cambiar de objetivos de diferentes características y, por lo tanto, el punto de vista y la distancia focal, y que, en algunos casos, las ópticas de las cámaras réflex convencionales son compatibles con los nuevos modelos de réflex digitales.

Al ser éste un sistema muy interesante para las cámaras digitales, se ha intentado reproducir aplicando sistemas innovadores, como se explica en el capítulo sobre tipos de cámaras digitales. Existen cámaras profesionales que aceptan los objetivos tradicionales de las cámaras de película.

La importancia principal de los objetivos radica en sus amplias posibilidades cualitativas sobre las imágenes, debido a las distintas distancias focales que afectan al ángulo visual y a que pueden cambiar radicalmente la perspectiva y profundidad de campo del objeto que se va a fotografiar.

▾ Con el movimiento que efectúan los lentes del objetivo a la hora de enfocar, la diagonal del ángulo visual varía, hasta que la imagen queda definitivamente enfocada.

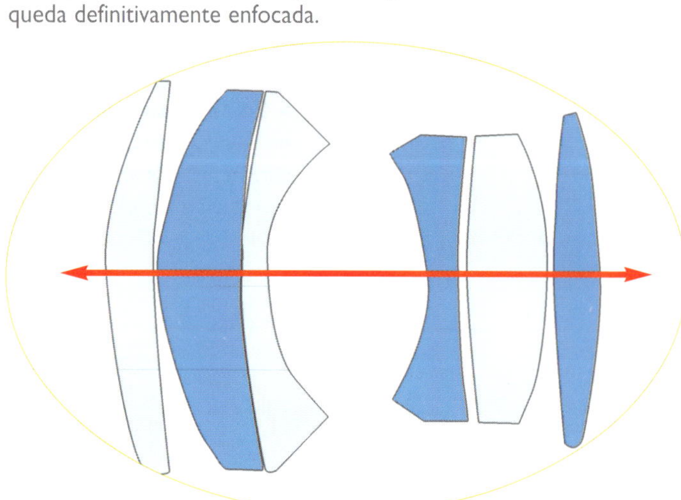

▴ La diagonal del ángulo visual de las cámaras está determinada por la diagonal de una fotografía de 35 mm o paso universal, cuyas medidas son de 24 x 35 mm. Cabe recordar que los lentes son circulares, que la toma que realiza la cámara es rectangular y que la diagonal del rectángulo corresponde al diámetro de la circunferencia.

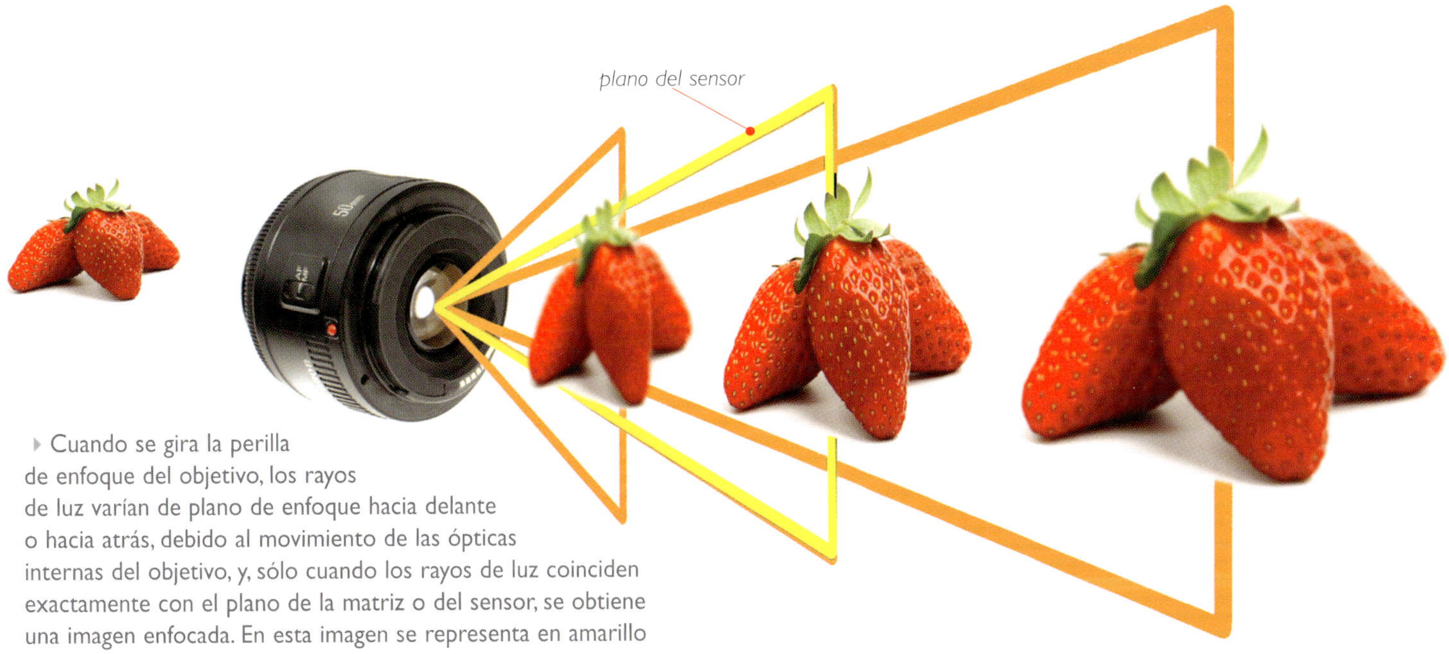

Cuando se gira la perilla de enfoque del objetivo, los rayos de luz varían de plano de enfoque hacia delante o hacia atrás, debido al movimiento de las ópticas internas del objetivo, y, sólo cuando los rayos de luz coinciden exactamente con el plano de la matriz o del sensor, se obtiene una imagen enfocada. En esta imagen se representa en amarillo el plano que corresponde al sensor o matriz fotosensible.

Ángulo visual

Cuando se habla de ángulo visual, nos referimos al ángulo que se captará en la diagonal de la película fotográfica o del sensor de la cámara de la escena que se esté observando. Se habla de la película, ya que las medidas de los objetivos están estandarizadas para las películas de 35 mm. El ojo humano tiene aproximadamente 60º de visión y las cámaras necesitan de los objetivos para determinar su ángulo de visión.

Los lentes en el interior del objetivo acercan y alejan la imagen, con lo que se reduce el ángulo de visión. Este acercamiento o alejamiento de los objetos depende de la óptica de los lentes y de la cantidad de lentes que tenga el objetivo. Gracias a este movimiento de los lentes en el interior de un objetivo, se enfoca o desenfoca una imagen.

Distancia focal

Hace referencia a la distancia a que los lentes enfocan el objeto o motivo en la película o en el sensor digital. Esta distancia está determinada por la distancia existente entre el último lente antes del sensor y el propio sensor. Cuando se mueven las perillas de enfoque del objetivo, se está ajustando la distancia focal.

Sin pretender desviarnos mucho del tema, ya que esto se verá más adelante, se entiende por *enfocar* el efecto de concentrar en un punto o puntos muy cercanos en la película o el sensor los rayos de luz rebotados del objeto fotografiado después de atravesar el lente. Si estos rayos se concentran adecuadamente, se dice que la imagen es nítida, no se aprecia nada borroso o fuera de foco, y cuando esta concentración se sitúa por detrás o por delante de la película, se dice que está fuera de foco y, en vez de te-

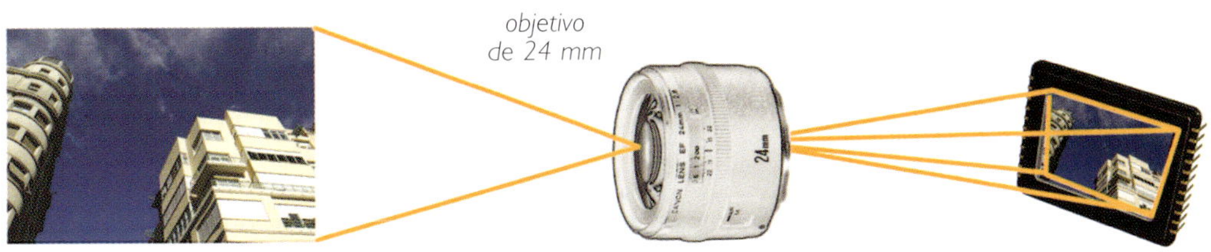

Como se puede observar en este esquema, al aumentar la distancia focal se reduce el ángulo visual.

ner un punto nítido, se aprecia un punto borroso o fuera de foco. (Como este punto se tratará en la sección de apertura, ahora sólo se hace una referencia general.)

En un objetivo fijo (no zoom), la distancia focal queda determinada por la distancia existente entre el plano de la película y el centro del objetivo, cuando se enfoca al infinito. Así, un objetivo de 15 mm concentra, a 15 mm del sensor o de la película, la luz procedente de un espacio abierto o infinito. Al acercarse al objeto, el objetivo tiene que alejarse del plano de la película para mantener la nitidez. En los lentes de pocos milímetros, este enfoque se produce a menor distancia y permite capturar la luz que procede de un ángulo visual mayor.

Existe una equivalencia entre la distancia focal y el ángulo visual que se fotografía, como se muestra en el ejemplo. El ángulo visual es de 180° usando un lente de 15 mm (ojo de pez), de 46° usando uno de 50 mm, de 34° para uno de 70 mm, de 24° con uno de 100 mm, de 12° con uno de 200 mm, de 8° con uno de 300 mm y hasta 2° con un teleobjetivo de 1.200 mm.

Multiplicación focal para corrección de objetivos

Los costes de producción y las actuales restricciones técnicas limitan el tamaño de la mayoría de los conjuntos de matriz a una menor longitud de la diagonal que en el formato de película de 35 mm. Por lo tanto, capturan sólo una parte de la imagen proyectada. A este hecho se le conoce como *ampliación de la distancia focal*.

La misma distancia focal para un objeto a una misma distancia del objetivo producirá el mismo tamaño en la película o CCD, sin importar si su diagonal es o no de 35 mm. Lo que cambia es el tamaño del cuadro con el que se está realizando la toma. De aquí deriva la expresión utilizada habitualmente de *ampliación de distancia focal* o *multiplicación de distancia focal*.

▾ Como se puede apreciar en este ejemplo, la diferencia de tamaños de los sensores afecta directamente al ángulo de visión de la imagen en relación con el objetivo utilizado. Aquí se ha delimitado en negro el encuadre que capta un sensor de 35,8 x 23,8 mm. En rojo, el encuadre que captará un sensor de 28,7 x 19,1 mm. Y en amarillo, el que captaría un sensor de 22,7 x 15,1 mm.

EQUIVALENCIAS ENTRE DISTANCIA FOCAL Y ÁNGULO VISUAL PARA OBJETIVOS

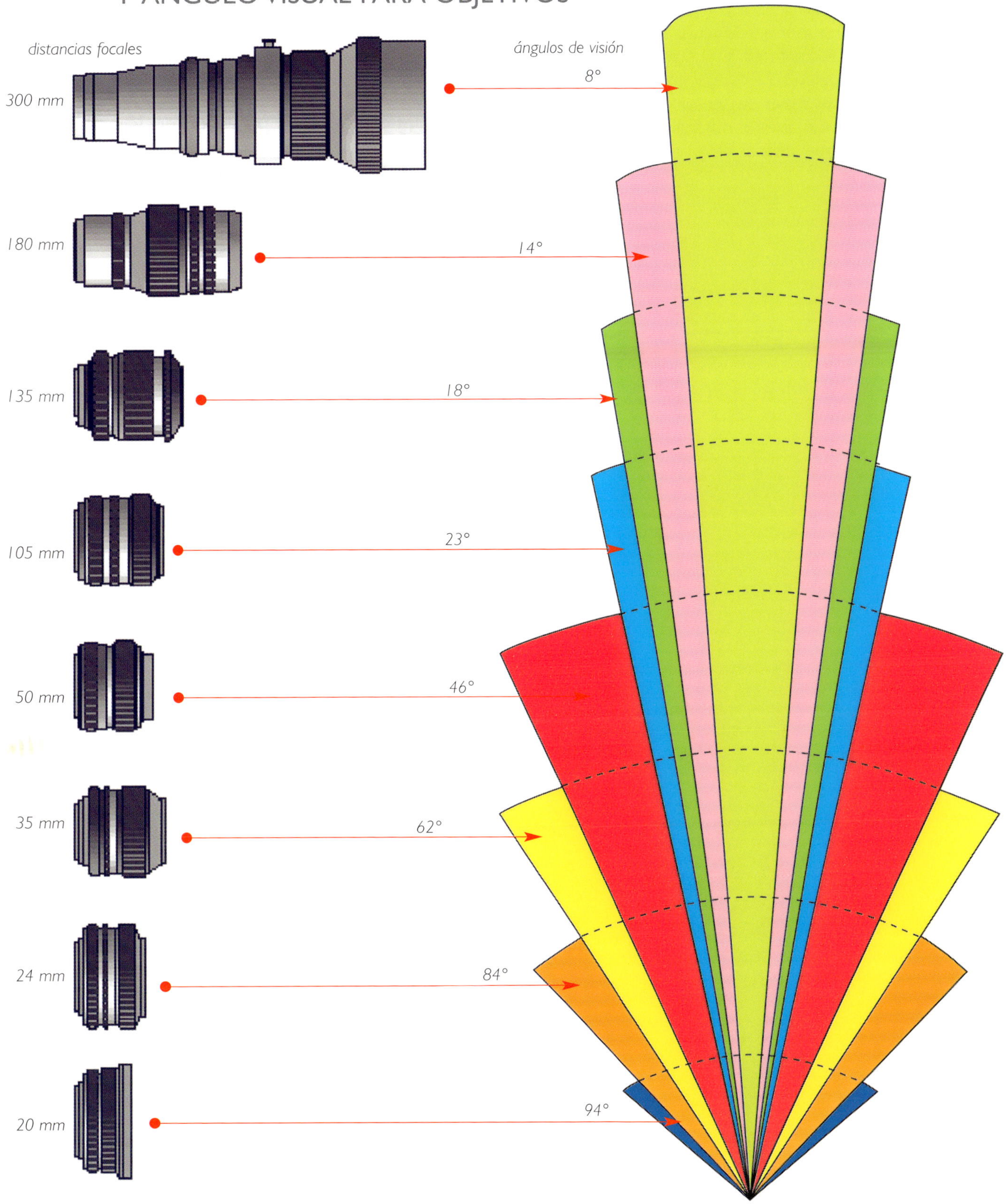

Un ejemplo de equivalencia de ángulo visual entre dos sensores de diferente tamaño sería de la siguiente manera:

Fotografía tomada por una cámara de sensor de 35,8 x 23,8 mm con una óptica de 25 mm.

Para poder obtener el mismo ángulo de visión con una cámara de sensor de tamaño 22,7 x 15,1 mm, se tendría que utilizar una óptica de 16 mm.

En realidad, es el ángulo de visión el que cambia y no la distancia focal. Por ser la matriz sensible más pequeña que la película, se capta un ángulo visual menor, necesitando de un factor de conversión o equivalencia entre la lectura que hacen los objetivos y la que realmente se capta.

Este hecho es relevante por las diferencias existentes en el tamaño de las matrices sensibles de las cámaras digitales y el cuadro de la película respecto al que están calibrados los objetivos en su ángulo visual. Hay que observar el tamaño de la diagonal de la matriz sensible y dividir los 35 mm de la estandarización por la diagonal de nuestra matriz para obtener el factor por el que hay que multiplicar la distancia focal que proporciona realmente el lente que se acopla. Vamos a explicarlo con dos ejemplos:

- ***Si la matriz tiene una diagonal de 16 mm***, al acoplar un lente con una distancia focal marcada de 50 mm, se estará captando un ángulo de imagen igual a un lente de 100 mm : 35/16 = 2 (factor de multiplicación focal), 50 mm x 2 = 100 mm. Una duplicación aparente de la distancia focal se indicaría como un índice de ampliación de 2:1, o, más sencillo, de coeficiente 2.

• *Si la matriz tiene una diagonal de 10 mm y se utiliza un objetivo de 20 mm*, el coeficiente será de 3,5, y en realidad se estará captando un ángulo de imagen igual al de un objetivo de 70 mm (35/10 = 3.5 y 3,5 × 20 = 70); a veces, se denomina *coeficiente de acoplamiento del objetivo*.

En este mismo sentido, el tamaño de la imagen es proporcional a la distancia focal. Si, cuando se toma una fotografía, se cambia el objetivo a uno del doble de la distancia focal, los objetos en la imagen inicial también duplicarán su tamaño. El área total que cubre el lente de mayor distancia focal será la mitad y el ángulo de cobertura será aproximadamente la mitad.

Algunos conjuntos de matriz se han producido con elementos CCD de tamaño superior a la media. Estos conjuntos prácticamente igualan el formato de cámara de 35 mm, que efectúan muy poca o ninguna ampliación de la distancia focal, factor de multiplicación = 0; con ello es posible utilizar objetivos de gran angular para exagerar la perspectiva y ampliar la cobertura de área, algo que en el formato estándar digital es imposible.

Este factor de multiplicación podría entenderse como una ventaja, puesto que con objetivos de gama estándar se pueden obtener resultados que normalmente se consiguen con teleobjetivos más caros.

Antes de continuar, es preciso tener en cuenta las distancias focales cuando se va a fotografiar algo, ya que, según sea esta distancia, será la imagen que se obtendrá. Así, a menor distancia focal, mayor espacio cubierto y más lejana la escena. Y a mayor distancia focal, más cercana la escena y menor el espacio cubierto.

Apertura

Otra característica de los objetivos es la apertura que permiten. Esta apertura se refiere al diámetro de intensidad de luz que se puede enfocar a través de los lentes. Este factor es muy importante, ya que permite controlar la intensidad de luz que se captará por la matriz sensible. Cuanto mayor sea el diámetro permitido por el lente, mayor será también la flexibilidad que se obtendrá en el momento de la toma, ya que se podrá elegir entre un mayor rango de aperturas.

Todos los diafragmas alcanzan aperturas tan pequeñas como se desee; el problema está en las aperturas máximas, ya que la óp-

▼ Las cámaras digitales más avanzadas cuentan ya con sensores con la misma proporción que la película de 35 mm o paso universal, por lo que los objetivos mantienen sus cualidades. Se trata de una característica, sobre todo cuando se quieren obtener fotografías con un ángulo de visión amplio, como, por ejemplo, con un objetivo de 20 mm, en las que, si el sensor no tiene esta proporción, no se logrará el efecto angular que se desee.

▸ En la serie de fotografías que figura en esta página y en la siguiente se muestran los diferentes ángulos de visión que tienen distintos objetivos en un mismo escenario.

20 mm

28 mm

35 mm

tica de los lentes debe poder captar todo el espectro lumínico del ángulo enfocado y concentrarlo con precisión en el sensor o matriz, sin enviarlo a una parte que no le corresponda, a través de toda la apertura, lo que es bastante complicado tecnológicamente.

No hay que olvidar que una menor apertura implica un mayor tiempo de exposición, por lo que, si se quieren congelar imágenes en movimiento, será necesaria una apertura mayor, para poder reducir los tiempos de la toma y obtener mejores captaciones congeladas.

La apertura es una medida entre la distancia focal y el diámetro de apertura. Así, un lente con distancia focal de 4 pulgadas y un diámetro de apertura de una pulgada tiene una apertura de 4/1 o f/4. Si el diámetro es de 0,5, la apertura será de 4/0,5 = 8 o f/8. Cualquier objetivo con un foco igual deja pasar la misma intensidad de luz. Cada factor deja pasar la mitad de luz que el factor adyacente siguiente.

Al disponer de una mayor apertura, una parte de la imagen quedará fuera de foco, alterando la interpretación de dicha imagen al alterarse la profundidad de campo.

Cuando la luz reflejada por un objeto se enfoca en el plano del CCD de una cámara, se forma una imagen invertida. A medida que se reduce la distancia entre la cámara y el objeto, es preciso alejar el lente del objetivo del plano de la película para mantener el enfoque nítido. Los rayos enfocados en un punto por delante o por detrás del plano de la película quedan borrosos en la matriz.

Profundidad de campo

Si los rayos de luz procedentes de un determinado objeto se enfocan exactamente en el plano del sensor, los rayos procedentes de un objeto más distante se enfocarán delante de él y los procedentes de un objeto más cercano, detrás. A la nitidez aceptable por delante y por detrás del objeto principal se le llama *profundidad de campo*. Cuanto mayor sea el valor de luminosidad, *f* (menor diámetro de apertura), mayor será la profundidad de campo.

En una cámara SLR, la manera más fácil de verificar la profundidad de campo es una comprobación a través del visor de la cámara accionando el botón de comprobación de la profundidad, aunque muchas cámaras sólo cierran la apertura hasta el valor de luminosidad seleccionado una vez que se aprieta el obturador.

Adicionalmente, una misma apertura puede proporcionar distintas profundidades de campo. Alejando el objeto, se incrementa,

50 mm

135 mm

80 mm

200 mm

100 mm

300 mm

Aperturas del diafragma

f/1,8 *f/2,8* *f/4* *f/5,6* *f/8* *f/16* *f/22*

y acercándolo, se reduce. Cuanto más alejado se encuentre un objeto de la cámara, mayor será la profundidad de campo.

Si se cambia la distancia focal, por ejemplo de un objetivo de 200 mm a uno de 50 mm, se aumentará la profundidad de campo, mientras que, si se aumenta la distancia focal, la profundidad se reducirá.

La distancia entre el objeto y el fondo también afecta a la profundidad de campo. Así, si para sacar una fotografía se adopta una apertura grande de un objetivo de amplio rango, 300 mm por ejemplo, el motivo que se encuentra aproximadamente a la misma distancia del fondo no se podrá fotografiar por falta de foco. Cuanto menor sea la distancia focal del objetivo (gran angular), mayor será la profundidad de campo.

▲ En esta imagen se representan los diafragmas con un degradado de grises que se va doblando de intensidad entre un diafragma y otro, para dejar claro que la luz que deja pasar el objetivo entre diafragma y diafragma es la mitad del factor adyacente siguiente.

f/8

▸ Como se puede apreciar en estas tres fotografías, cuanto más cerrado está el diafragma, más enfoque se puede obtener en los diferentes planos. A mayor diafragma se necesitará más exposición. En este caso se compensó la velocidad de exposición.

f/22

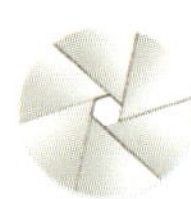

f/2,8

f/2,8

f/2,8

▲ En estas dos imágenes, la apertura de la toma fue de f/2,8. Como se puede apreciar, si se aleja la cámara del motivo, se gana profundidad de campo.

Las especificaciones de los objetivos intercambiables suelen estar anotadas alrededor del frontal. La información indica la distancia focal del objetivo y su apertura máxima. En este caso la distancia focal es de 50 mm y la apertura máxima del diafragma es de f/1,8.

Se utilizan objetivos de distinta distancia focal para cambiar el ángulo de visión de manera que se capturen las partes importantes del campo visual, o bien, para ampliar los objetos distantes. La experimentación con una profundidad de campo limitada o con perspectivas poco frecuentes, bien utilizada, añade impacto a las imágenes.

◄ ▲ En estas dos fotos con distintas distancias focales y la modelo a un mismo tamaño en ambas, la perspectiva cambia radicalmente. Para un objetivo de 20 mm y uno de 300 mm, en la de arriba da la impresión de que el fondo está muy alejado del motivo proncipal, mientras que en la de la izquierda la sensación es de cercanía. Según sea lo que se quiera expresar, deberá elegirse uno u otro objetivo. Para lograr un enfoque selectivo y cambiar la perspectiva o el tamaño relativo de los objetos que vemos, se debe alterar la profundidad de campo. Aunque está relacionada con esta última, hay que tener en cuenta la perspectiva, es decir, el efecto visual que determina la cercanía o lejanía a la que parece encontrarse el fondo del objeto fotografiado.

Tipos de objetivos

Las cámaras suelen suministrarse con objetivos de una distancia focal de alrededor de 50 mm, debido a que la perspectiva que se captura es similar a la percepción humana.

Objetivos estándar

A estos objetivos a los que nos referimos en el apartado anterior se les conoce como *objetivos estándar* (diagonal de 24 × 36 mm = 43 mm).

El objetivo estándar de una cámara de paso universal suele ser de 50 mm, pero se consideran objetivos estándar los que van desde los 35 mm hasta los 80 mm.

Estos objetivos permiten grandes aperturas, incluso las máximas por debajo de f/2. Algunas de estas ópticas incorporan el sistema macro para enfoques muy cercanos.

Esta gama de objetivos es la más difícil de usar para trabajos creativos, ya que, al dar un ángulo de visión similar al humano, el fotógrafo debe combinar adecuadamente las posibilidades de apertura, tiempo de exposición y de encuadre para lograr efectos que den originalidad y riqueza a la foto.

Fotografía tomada con un teleobjetivo de 300 mm.

Fotografía tomada con un objetivo normal de 50 mm.

Teleobjetivos

Los objetivos de distancia focal mayor que el objetivo estándar de una determinada cámara se conocen generalmente como *teleobjetivos*. Los teleobjetivos amplían un ángulo de captura estrecho hasta llenar la película o el CCD. Si la distancia de la cámara al objeto se aumenta y se utiliza un objetivo de distancia focal mayor para capturar la misma área de visión, la perspectiva se aplanará. Las distancias aparentes entre los objetos se reducen y su profundidad se comprime. Un objetivo de 100 mm en una cámara de pequeño formato es adecuado para hacer retratos, ya que, debido al aplanamiento del fondo, la atención se centra en el personaje.

Estos lentes pueden ser de gran utilidad para destacar las características o los objetos al detalle, pudiendo dejar fuera de foco el fondo. Es decir, permiten destacar la composición eliminando distracciones de fondos.

Objetivos de gran angular

Los objetivos con distancias focales más cortas son conocidos como *objetivos de gran angular*. Suelen utilizarse para fotografiar espacios interiores en edificios o vehículos. Los objetivos de ojo de pez tienen un ángulo de visión extremadamente ancho y crean distorsión o abombamiento de la imagen. Al acercarse más al objeto se exagera la perspectiva. La distancia entre los objetos parece mayor y se aumenta la profundidad aparente. Estos lentes normalmente dan un ángulo de visión superior a los 65° en el sensor y son muy útiles en fotografía de paisaje o de interiores. Se utilizan en situaciones en las que el espacio que se va a fotografiar es muy amplio, o cuando es pequeño pero hay que fotografiarlo todo.

La gama de estos objetivos comprende todos los que se encuentran por debajo de los 35 mm.

Objetivos con zoom

Proporcionan una gran flexibilidad a los usuarios, ya que su distancia focal varía con un solo objetivo, lo que permite acondicionar rápidamente el encuadre, sin tener que cambiar el objetivo o el punto de vista. Además, una vez desmontados, ocupan mucho menos espacio del que ocuparían los objetivos necesarios para cubrir esta gama focal.

Estos objetivos comprenden grandes gamas o pueden especializarse en alguna en particular, si lo que se requiere son grandes aperturas, pero también se quiere de vez en cuando cerrar la profundidad de campo, existen zooms que van desde los 16 mm hasta los 40 mm, ofreciendo las ventajas de un ojo de pez y el encuadre más bajo de los objetivos estándar, principalmente los que se utilizan en paisajes.

Fotografía tomada con un objetivo gran angular de 20 mm.

De la misma manera, hay zooms que abarcan desde los 90 hasta los 400 mm, con lo que las tomas a distancia (por ejemplo, de aves o deportes) pueden modificarse fácilmente acercándose o alejándose al motivo. El problema es que no llegan a dar la calidad que dan los lentes especializados para distancia focal y sus aperturas no son lo suficientemente amplias como lo son los objetivos especializados o de una sola gama.

Fotografía tomada con un objetivo de tipo zoom. Como se puede apreciar, con este tipo de objetivos se puede variar la distancia del ángulo visual sin movernos de posición.

Cámaras de ópticas descentrables

En éstas, el objetivo puede desplazarse horizontalmente (desplazamiento lateral) y verticalmente (ascenso y descenso). También puede girarse sobre los ejes horizontales (inclinación) y verticales (oscilación). Estos movimientos modifican la perspectiva, la composición de la imagen y la profundidad de campo, de manera que pueden obtenerse resultados óptimos desde cualquier posición de la cámara. Este tipo de objetivos proyectan un área de imagen mayor que la normal en el plano de la película, por lo que las esquinas de la imagen quedan expuestas correctamente cuando ésta se desplaza.

Al fotografiar un edificio alto desde algún punto de la calle inclinando la cámara hacia arriba, se capturan unas líneas verticales visualmente convergentes. Este efecto de perspectiva suele llamar la atención y puede ser molesto, si no es deseado, en una imagen bidimensional. La inclinación de la cámara introduce además la necesidad de profundidad de campo adicional para mantener enfocado todo el edificio.

Con una cámara con ópticas descentrables, el plano del objetivo puede elevarse al mismo tiempo que el plano del sensor se mantiene paralelo al objeto fotografiado. De esta manera la imagen invertida proyectada se desplaza hacia arriba con respecto al plano del sensor, lo que, en este caso, centra todo el edificio en la matriz evitando que las líneas verticales converjan.

Utilización de lentes complementarias

Existe una gran cantidad de filtros, difusores y convertidores para los lentes. Así, hay lentes adicionales para enfoques que difuminan la luz, suavizándola; lentes para hacer aproximaciones permitiendo enfocar sólo primeros planos; convertidores de teleobjetivo que se ponen delante del objetivo para que éste amplifique la distancia focal del lente; lentes oscuros o antibrillo que reducen la formación de destellos o flashes; otros que amplifican los contornos de los lentes reduciendo la distorsión de éstos con teleobjetivos, o simplemente filtros que reducen la fuerza de algunos colores o amplifican la de otros para trabajos de composición.

El problema más común con los lentes intercambiables es el polvo que entra en el momento de cambiarlos y que puede ensuciar una parte del lente o la misma matriz sensible. Por ello se recomienda tener mucho cuidado y evitar cambiar los objetivos de cara al viento.

◂ ▸ En la fotografía de la izquierda se hizo la toma sin descentrar la óptica, inclinando la cámara para captar todo el edificio. En la de la derecha se corrigió la perspectiva descentrando el objetivo, con lo que se consiguió una perspectiva sin fugas que distorsionaran la imagen.

ISO

Parámetros de sensibilidad

La sensibilidad de las cámaras digitales suele especificarse de la misma manera que la de la película, utilizando las escalas convencionales ASA, DIN o ISO.

La escala *ASA* es lineal. Si el índice se duplica, también se duplica la sensibilidad.

Los índices *DIN* siguen una progresión logarítmica, ya que se relacionan con la densidad de la película. Sumarle 3 al índice DIN indica una película con el doble de sensibilidad.

Los índices *ISO* expresan los índices ASA y DIN (ISO 100/21°).

Las películas convencionales se clasifican por grados de sensibilidad. Cuanto más sensible sea la película, mayor reacción tendrá ésta a la luz, también tendrá menos grano y éste será más grueso. Y cuanto más baja sea la sensibilidad de la película, al igual que la matriz sensible, mayor cantidad de grano tendrá y más fino, pero también necesitará de una mayor cantidad de luz para exponer correctamente una fotografía. El estándar de medición de esta sensibilidad viene dado por el formato ISO.

Un ISO de 100 es normal en la mayoría de las cámaras digitales, aunque algunas van desde 50 pasando por 100, 200, 400, 800 y hasta 3.200. Cuando se incrementa la sensibilidad de la matriz, ésta amplía sus rangos de lectura, con lo que se necesita menos luz para lograr una imagen. Y lo que en la fotografía tradicional es el grano, en la fotografía digital son los puntos de color distinto al que debería haber en ese lugar.

Se requiere una sensibilidad o una velocidad alta cuando los niveles de luz son bajos o cuando se necesitan velocidades de obturación altas y aberturas pequeñas. A medida que aumenta la sensibilidad, la resolución y calidad de la imagen descienden, debido al aumento de ruido en dicha imagen.

Cuando es necesario, las películas de diapositivas pueden forzar dos índices más altos que el especificado, causando una sub o una sobreexposición intencionada. El aumento del tiempo de revelado (proceso de forzado) produce una densidad aceptable, pero entre los posibles efectos que de ello derivan están la reducción de la gama tonal, el aumento del tamaño del grano y el desequilibrio cromático general.

La sensibilidad del CCD se relaciona con la cantidad de carga que se acumula en cada uno de los elementos o fotoceldas como respuesta a una determinada intensidad de la luz.

Puede que las fotoceldas más grandes tengan una mayor sensibilidad, pero las cámaras tienen una respuesta fija: el CCD no puede cambiarse como la película. Los índices ISO más altos se obtienen ampliando las señales más pequeñas de cada elemento, lo que en un sentido análogo quiere decir la película. Si la señal se amplía después de convertida a formato digital, se reducirá la gama tonal, como en la película. La pérdida de resolución debida al aumento de tamaño del grano no se produce en los

El ISO en las cámaras de película depende del tipo de película que se esté utilizando. Por el contrario, las cámaras digitales tienen unos valores ISO preestablecidos, que no se pueden modificar.

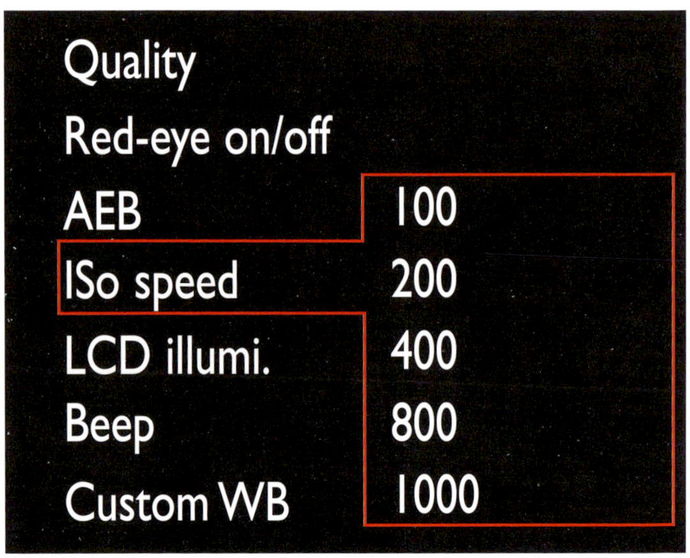

CCD; sus elementos tienen una separación constante. El equilibrio cromático general se mantiene porque las respuestas RGB permanecen lineales.

Las cámaras digitales permiten seleccionar, imagen por imagen, el ISO al que se quiere disparar, sin perjuicio del resto de las tomas que ya se hayan hecho o se vayan a hacer. Un sistema diferente al de las cámaras tradicionales, en las que el revelado de la película se debe realizar rollo por rollo y especificando el ISO en que se tomó, para establecer los tiempos de revelado y la cantidad de productos químicos necesarios.

De esta manera cada tipo de sensibilidad sirve para diferentes tipos de fotografía. Así, un ISO de 100 o menor será muy bueno para fotos en las que se quiera detallar la escena y el tiempo de exposición pueda ser largo (fotos estáticas y con mucha luz, por ejemplo, de paisaje), ya que se pueden hacer exposiciones largas logrando mejores resultados de los detalles. En cambio, las sensibilidades altas, de 400 o más, serán útiles cuando se disponga de poca luz o la escena esté en movimiento.

Al contrario de lo que sucede en la película, los sensores digitales no presentan una sensibilidad fija. Ésta se puede incrementar

En las cámaras digitales se puede variar el valor ISO de una toma a otra sin que quede afectado por ello el resultado de las tomas posteriores o anteriores, dando más flexibilidad al fotógrafo de elegir para cada toma el ISO que precise. En las cámaras de película, una vez que se empieza con un carrete de cierta sensibilidad, es necesario terminar dicho carrete antes de poder variar esta sensibilidad.

f/5,6 - 1/90 seg - ISO 100

para compensar niveles de luz deficientes. Sin embargo, al igual que con la película, el incremento de la sensibilidad reduce la calidad de la imagen. En películas de alta sensibilidad los efectos consisten en un aumento de grano y una menor densidad máxima (sombras más débiles). En el caso de los sensores, los efectos son un incremento de ruido (similar al grano) y desviaciones de color. Para facilitar las cosas, la sensibilidad de los sensores se mide en valores ISO.

La velocidad ISO afecta a la combinación del tiempo de exposición y a la apertura para obtener una correcta exposición de la imagen. En caso de que la cámara digital advierta que no hay suficiente luz para una correcta exposición de la escena que se quiere fotografiar, indicará la necesidad de flash, pero si ello no es posible (porque nos encontramos, por ejemplo, en un museo o en un concierto), se puede recurrir al cambio de sensibilidad ISO a uno superior, o ajustar en modo automático la sensibilidad de la cámara, para que ésta haga las equivalencias necesarias y ajuste la toma con el ISO adecuado.

Si la cámara está utilizando un tiempo de apertura muy alto (1/15 seg. o mayor), con el que se puede notar el movimiento de la mano, y no es posible usar el trípode y, además, no se puede abrir más el diafragma, en cuyo caso la imagen saldrá movida, o si se desea congelar el movimiento, también se debe aumentar la sensibilidad ISO de modo que se incremente la velocidad de obturación y se evite que la toma salga movida.

El problema con el incremento de la sensibilidad es que también se incrementa el ruido no deseado, parecido al granulado de la película, debido a la amplificación de las señales captadas. Si hubiera que buscar alguna analogía, tal vez no sería la fotografía tradicional sino el aumento de volumen de una radio de recepción

f/5,6 - 1/90 seg - ISO 200

limitada. Al aumentar su volumen, no sólo se aumentaría el sonido de la música o de la voz, sino que también aumentaría el de las interferencias.

Debido a esta situación de captura de ruido procedente del exterior o del interior, en comparación con la fotografía convencional, se produce un segundo fenómenoen la fotografía digital, además del propio ruido equivalente al granulado de la película en situaciones de alta sensibilidad: a mayor tiempo de exposición, mayor riesgo de ruido. Este efecto ocurre en menor medida con sensibilidades bajas, pero no es seguro que se elimine.

Aunque el ruido para cualquier situación se va reduciendo conforme la tecnología avanza y se mejoran las matrices sensibles, aún persiste y constituye un problema, puesto que está determinado por circunstancias que escapan al control del fotógrafo.

f/5,6 - 1/90 seg - ISO 400

❶

Como se muestra en estas dos imágenes, cuanto mayor sea la sensibilidad ISO con que se realizan las tomas, mayor será también el ruido, siendo claramente visible, sobre todo en el canal rojo del RGB. La imagen superior se tomó con una sensibilidad de 100 ISO y flash; por ello la flor del primer plano está bien iluminada, pero el fondo está completamente negro. En la inferior se ajustó la sensibilidad a 800 ISO, con lo que se ganó el tono azulado del fondo pero, debido al valor ISO elevado, el grano de la imagen es más visible.

❷

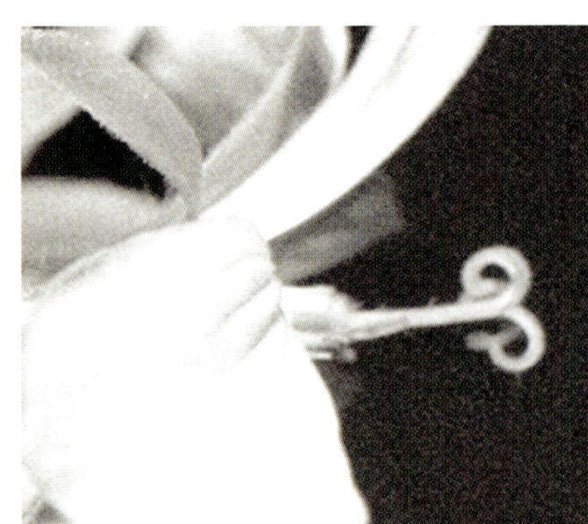

Ruido

El ruido se produce porque cada píxel dentro del sensor de la cámara contiene una o más fotoceldas sensibles que capturan la luz (fotones) y la convierten en una señal eléctrica que es procesada en valores de color, dependiendo del filtro que esté leyendo, para la imagen final. Si el píxel está expuesto muchas veces a la misma cantidad de luz, el valor del color resultante no será igual, sino que tendrá pequeñas variaciones estáticas denominadas *lecturas de ruido*.

Existen varios motivos por los que se produce el ruido. El primero y más común, y que además se relaciona directamente con el nivel de sensibilidad al que se está exponiendo, se debe a que el sensor interpreta señales que se encuentran en el medio como información luminosa, sin serlo, y que pueden provenir de aparatos eléctricos que se encuentren cerca o de ondas.

Conviene recordar también que el sensor de la cámara no deja de ser un componente analógico que produce su propio ruido y que éste puede llegar a ser capturado por el sensor.

El ruido en las imágenes digitales se percibe en las superficies uniformes (en un cielo azul y en sombras) como el grano en las películas (ruido luminoso) y/o en las ondas de colores (ruido de color).

El tamaño de la matriz sensible también aumenta la posibilidad de ruido, especialmente en las cámaras de gama baja. El ruido se incrementa conforme el tamaño del píxel decrece. Por eso las cámaras digitales de gama baja, compactas, generan más ruido que las digitales réflex profesionales. Las cámaras digitales de las gamas media y profesional con una mayor calidad en sus componentes y con procesadores más poderosos contienen además algoritmos más avanzados para eliminar el ruido. Prácticamente lo eliminan, sobre todo bajo sensibilidades muy bajas.

Esto que se acaba de apuntar ocurre debido a la forma en que las fotoceldas capturan la luz, como se explicó en el capítulo dedicado a los sensores. Al ser éstas más pequeñas, la captación de ruido puede llenar el píxel de información errónea, mientras que en una matriz mayor, con el mismo número de píxeles, la captación de luz es superior y equilibra las lecturas erróneas.

El aumento en el número de píxeles sensibles no resuelve el problema del ruido sino que lo amplifica, si el tamaño de la matriz es constante. Debido a que las fotoceldas disminuyen de tamaño, la carrera del número de píxeles en que se ha involucrado la industria no tiene límite. Al aumentar el número de píxeles, aunque éstos aparezcan, el problema es menos perceptible, puesto que el ruido se localizará en espacios más pequeños y sólo será visible al ampliar.

▸ Por lo general, las cámaras de gama baja suelen generar mayor cantidad de ruido en la imagen que las cámaras profesionales o de gama alta, debido principalmente al tamaño de sus sensores.

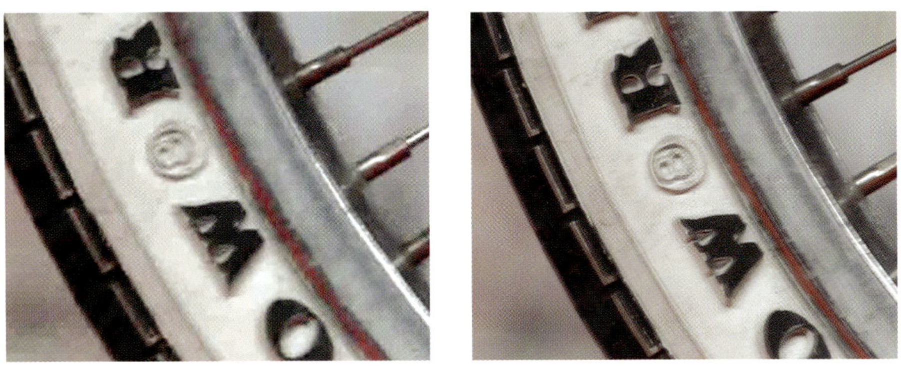

◂ Un cierto ruido puede ser generado por el tipo de archivo en que se guardan las fotografías. Los archivos de compresión con pérdida de información generan una especie de ruido que se puede llegar a confundir con el ruido propio de la sensibilidad alta. En este caso, la fotografía fue tomada en formato TIFF de no compresión y después fue guardada en formato JPEG de máxima compresión; por ello se aprecia el ruido.

Existe otro tipo de ruido formado por la luz en las exposiciones largas. Para este caso, el problema no se reduce a un píxel, sino que más bien se identifica por zonas, dejando ver problemas en los colores en áreas concretas. Cuanto mayores son los tiempos de exposición, mayor es el riesgo de tener problemas de ruido por calentamiento y que este calentamiento sea interpretado por el sensor como información externa.

Este efecto de una larga exposición puede reducirse haciendo la toma en modo de oscuridad y después substraerlo de la toma final, ya sea en *software* o en la misma cámara, si ésta lo permite. Este problema también puede deberse a matrices sensibles viejas, en las que las nuevas soluciones de los mismos fabricantes no estaban incluidas, o a problemas asociados al deterioro de los chips, que hacen que comience a aparecer el ruido.

También se puede tener ruido en el momento de comprimir las imágenes. El archivo JPEG produce ruido sobre todo cuando los niveles de compresión son muy altos y las resoluciones a las que se amplía son elevadas, haciendo que aparezca el ruido en los detalles. A esto se le denomina *baja definición*.

También el problema se puede deber al *software* con que se abren las imágenes, ya que éstas pueden interpretar diferentes lecturas y expresarlas en los detalles.

En esta fotografía se acentuó mucho más el ruido mediante un programa de retoque. La imagen ya tenía grano en la toma original, ya que fue tomada con una sensibilidad de 800 ISO. Para conseguir una estética más parecida a una fotografía tomada con película, se acentuó después de la toma.

▲ En esta fotografía se presenta un ejemplo de la utilización de los píxeles para resaltar el casco del piloto sobre el resto de la imagen, que queda sugerida gracias a la ampliación del píxel.

Para solucionar este problema, se puede cambiar el modo de captura a archivo RAW, o verificar que el *software* se adecue a los estándares de la cámara. Los programas más populares no presentan este inconveniente; sin embargo, hay que cerciorarse de que no se va a llegar a producir.

Por último, al igual que el grano en la fotografía convencional, el ruido puede ser utilizado con fines creativos para aportar algún sentido expresivo a la imagen. La aparición de ruido ayuda a que las imágenes adquieran el aspecto de antiguas o les imprime una textura que puede coincidir con los deseos del fotógrafo para determinadas imágenes.

Otra manera de utilizar los píxeles de una imagen es aumentando su tamaño mediante programas de retoque, con lo que se pueden conseguir efectos decorativos o prácticos, o bien resaltar la imagen.

◄ En esta fotografía, se pixeló la cara del mecánico para que no pudiera ser identificado, si bien manteniendo la estética original de la fotografía.

TIPOS DE FOTOGRAFÍA Y SUS USOS

El retrato

Con el formato digital el retrato ha dado, igual que en los otros tipos de fotografía, un salto cualitativo en cuanto a mejora de calidad. Actualmente, no hay excusas que valgan si un retrato de estudio no responde a la idea que se pretendía y no tiene la calidad que se precisaba, porque en el sistema digital se dispone de tiempo más que suficiente para ver y redefinir la imagen tantas veces cuanto sea necesario.

Por otro lado están los retratos de reportaje, que, aunque siguen requiriendo toda la sensibilidad, intuición y agilidad por parte del fotógrafo, gracias a su visualización inmediata, permiten a éste decidir con absoluta rapidez cuándo la foto que se ha realizado responde a aquello que con ella se pretendía.

Actualmente el retrato está teniendo un auge espectacular en todos los ámbitos de la fotografía, tanto a nivel de aficionado, como profesional. Los diferentes sectores de la publicidad, la moda o la prensa reclaman cada día mayor cantidad de retratos para llenar sus espacios. Espacios que, al no ser precisamente baratos, exigen ser rentabilizados al máximo mediante unas imágenes atractivas y modernas y que respondan perfectamente a las expectativas y exigencias del mercado.

Pero también, y casi más todavía que en el sector profesional, en el ámbito doméstico o en la foto de aficionado, día tras día están experimentando un auge increíble el número y el nivel de retratos que se obtienen en todo el mundo, ya que, si para algo está sirviendo toda la nueva revolución tecnológica, es para otorgar cada día más importancia a las imágenes. Imágenes que, gracias a la enorme cantidad de cámaras, ordenadores y sobre todo líneas ADSL que se están comprando a un gran ritmo en todo el mundo, se pueden enviar a cualquier lugar sin ninguna dificultad y en tiempo prácticamente real.

El tipo de imagen que más se transmite vía correo electrónico o por dispositivos, como teléfonos móviles es, sin duda, el retrato. En la actualidad, es fácil sentirse más cerca de las personas que se encuentran lejos gracias a la velocidad y sencillez, y casi sin coste alguno, con que se pueden enviar las imágenes deseadas.

Todo lo que aquí se está comentando lleva a concluir que el retrato se encuentra actualmente en el punto álgido de su popularidad desde la invención de la fotografía, a principios del siglo XIX, cuando, a pesar de disfrutar de un gran protagonismo, sólo unos pocos podían darse el lujo de ser retratados debido a lo costoso y complicado que era el proceso.

ISO	*100*
Tiempo de exposición	*1/3 seg*
Diafragma	*1:2,8*
Óptica	*50 mm*
Flash	*automático*
Menú de luz	*automático*

▲ El retrato de esta pareja, que bien podría servir como reclamo publicitario para un parque de atracciones, fue tomado con una cámara semiprofesional de óptica fija y una resolución de 5 millones de píxeles. Su tamaño máximo de ampliación podría ser, dependiendo del tipo de impresión de que se tratara, de una medida aproximada de 40 x 50 cm. Fue tomada al atardecer, cuando comenzaba a caer el Sol, para poder tener una exposición larga que hiciera que el carrusel sólo dibujara su forma, pero con el barrido típico del movimiento, logrando con ello dar a la imagen una mayor sensación de dinamismo. Evidentemente, la actuación de la pareja, que fue iluminada y fijada en la imagen con la luz del flash, fue decisiva para conseguir lo que se quería. El encuadre inclinado hacia la izquierda aporta a esta foto una mayor sensación de movimiento.

▸ En el retrato de este niño, hecho con una sencilla cámara de 3 millones de píxeles, se pretendía una imagen para mandar por correo electrónico a su abuela. Si bien la resolución en que fue tomada es más que suficiente, si se quisieran hacer ampliaciones de esta foto, el tamaño máximo que permitiría esta resolución sin comprometer la calidad de la copia no debería superar los 20 x 30 cm aproximadamente. Esta fotografía fue tomada en una habitación con dos grandes ventanas que ayudaron a conseguir una imagen bien compensada y correctamente expuesta. Al tratarse de un niño pequeño, fue necesario que su madre lo mantuviera distraído, para evitar que se agobiara con la cámara y así poder conseguir una expresión más natural. El encuadre se hizo bastante cerrado para evitar objetos que pudieran ensuciar la toma.

ISO ▸ *400*
Tiempo de exposición ▸ *1/30 seg*
Diafragma ▸ *1:2,5*
Óptica ▸ *50 mm*
Flash ▸ *no*
Menú de luz ▸ *luz de día*

ISO	*400*
Tiempo de exposición	*1/350 seg*
Diafragma	*1:5,6*
Óptica	*300 mm*
Flash	*no*
Menú de luz	*luz de día*

▲ Esta foto –no se trata de un posado– de un piloto de Fórmula 1 fue hecha durante una sesión de entrenamientos por encargo de una editorial especializada en el sector para la elaboración de un reportaje. El piloto se encontraba en los boxes, con lo que no había mucha luz, pero toda la luz frontal que entraba (el sol era rasante) lo hacía por las puertas de los boxes creando una atmósfera interesante, ya que el contraste de luz entre la que incidía sobre el coche y la que había en el ambiente de los boxes era muy grande. Con ello se consiguió un retrato bastante limpio gracias al fondo negro provocado por la diferencia de intensidades de luz. El momento de la toma era bueno, igual que la posición del coche, ya que parece que el Sol enfoca directamente al piloto. Como para el reportaje se necesitaba una ampliación máxima de 18 x 24 cm, esta imagen fue tomada con una cámara de 11 megapíxeles, con lo que se logró una resolución más que suficiente. El encuadre se hizo bastante cerrado para excluir de la imagen a los mecánicos que se encontraban en la escena; al no estar correctamente iluminados, hubieran hecho que esta foto perdiera la fuerza que ahora tiene.

▸ Este retrato fue hecho como prueba para una nueva marca de ropa joven. Por ello se eligió un decorado informal, acorde con la imagen que se deseaba transmitir de la marca. La imagen del modelo, desenfadada y espontánea, ayudó a conseguir una fotografía convincente y atractiva para el tipo de mercado al que iba dirigida la campaña. El encuadre inclinado acompaña a la pose del modelo y el que esté descentrado hacia la derecha equilibra el motivo principal con respecto a las chimeneas del fondo. Fue necesaria la utilización de un flash para aumentar el protagonismo del retratado y destacar más las prendas que viste. Esta fotografía fue tomada con una cámara de 11 megapíxeles, con la que se pudo obtener una resolución que permitiera imprimir unos pósters de tamaño 100 x 90 cm.

ISO ▸ *100*
Tiempo de exposición ▸ *1/125 seg*
Diafragma ▸ *1:5,6*
Óptica ▸ *80 mm*
Flash ▸ *sí (speed light, con una fuerza de 1/2)*
Menú de luz ▸ *manual a 4.900 ºK*

David Cubero

◂ Esta fotografía fue realizada para un catálogo de moda de la temporada de invierno. El propósito era destacar al máximo las prendas y su textura, por lo que se optó por situar la fuente de luz bastante rasante, que bajara del extremo superior derecho de la fotografía en diagonal hacia la parte inferior izquierda como luz principal. Se colocó también una luz con una pantalla difusora en el lado izquierdo para suavizar las sombras que generaba la luz principal y se colocó una luz que iluminara el fondo de manera uniforme. El encuadre es vertical, ya que el formato del catálogo así lo exigía, y la imagen carga hacia el lado izquierdo, ya que la fotografía iba a ser maquetada en una página izquierda del catálogo formando pareja con una fotografía similar pero inversa en la página derecha, buscando así un equilibrio en la abertura de la doble página de la publicación. Cuando se toman este tipo de fotografías se debe tener mucho cuidado con el maquillaje de la modelo, ya que, en caso de que éste sea muy recargado, puede adquirir demasiado protagonismo y evitar que destaque convenientemente la prenda que, al fin y al cabo, es lo que se intenta conseguir.

ISO ▸ *100*
Tiempo de exposición ▸ *1/125 seg*
Diafragma ▸ *1:5,6*
Óptica ▸ *80 mm*
Flash ▸ *sí (flashes de estudio)*
Menú de luz ▸ *manual a 4.900 ºK*

ISO	*100*
Tiempo de exposición	*1/350 seg*
Diafragma	*1:5,6*
Óptica	*20 mm*
Flash	*no*
Menú de luz	*luz de día*

No sólo se pueden retratar personas, sino también animales. Generalmente, toda persona que tiene una mascota suele hacerle fotografías. Pero la fotografía de animales también es muy frecuente debido a la gran demanda que hay de ella en el mercado y a la competencia que existe entre, por ejemplo, las casas que se dedican a la producción de alimentos para animales. En este caso, la foto de este caballo fue hecha por la «simpatía» que manifestó el animal por la cámara cuando el fotógrafo se encontraba haciendo un reportaje por encargo para una entidad hípica. En este tipo de situaciones el fotógrafo no debe dudar y tiene que decidir rápidamente, ya que los animales se mueven de repente, con lo que cambian de postura y pueden tirar al traste el buen encuadre de que se disponía. En este caso, el Sol se encontraba bastante alto y el animal se presentaba a contraluz, como se puede observar por los reflejos que producen los rayos al incidir sobre el objetivo. Unos reflejos que no molestan en la imagen, ya que lo interesante de esta foto era plasmar el carácter del caballo y la curiosidad que mostraba por la cámara. El encuadre en contrapicado ayudó a resaltar el tamaño del animal así como a conseguir una imagen más limpia. Esta foto fue tomada con una cámara de 6 millones de píxeles, una resolución que permite una ampliación aproximada de 40 x 50 cm.

ISO	*100*
Tiempo de exposición	*1/125 seg*
Diafragma	*1:8*
Óptica	*50 mm*
Flash	*no*
Menú de luz	*manual a 4.700 ºK*

▲ Este retrato fue realizado para la promoción del grupo de rock al que pertenecía esta joven, en un exterior y a la sombra. El día era bastante soleado y la luz rebotaba sobre el suelo en que se hizo la sesión. La selección tanto del fondo como del atuendo de la modelo fueron claves para conseguir una imagen equilibrada que reflejara su personalidad, lo que no era sencillo teniendo en cuenta el color dominante de su pelo. En este caso sólo se utilizó un disco reflector blanco colocado justo debajo del encuadre de la foto para conseguir una cara prácticamente limpia de sombras. La temperatura de color de la cámara se eligió más fría para compensar la dominante rojiza proveniente del pelo.

▲ Esta imagen fue tomada durante la celebración de los Campeonatos Mundiales de Natación de Barcelona por encargo de un periódico extranjero. Esta fotografía capta el momento en que una fan del equipo alemán es levantada en hombros para apoyar a sus nadadores que se encontraban concentrados al otro lado de la valla. En estos casos es importante tener en cuenta que una buena contextualización de la fotografía puede aportar un mayor dramatismo a la imagen. Aquí, el fotógrafo se encontraba en un punto de vista alto, por lo que bajó para poder encuadrar con la valla el primer plano, lo que hace más expresiva y espectacular la escena. Esta foto fue tomada únicamente con la luz de ambiente.

ISO	*100*
Tiempo de exposición	*1/250 seg*
Diafragma	*1:8*
Óptica	*200 mm*
Flash	*no*
Menú de luz	*luz de día*

ISO ▸ *100*
Tiempo de exposición ▸ *1/20 seg*
Diafragma ▸ *1:5,6*
Óptica ▸ *120 mm*
Flash ▸ *sí (*speed light, *con una fuerza de 1/4)*
Menú de luz ▸ *luz de día*

▲ Este retrato doble, realizado por encargo de estas modelos para su *book*, fue tomado desde un punto de vista cenital, que fue posible gracias a una pasarela superior que tenía el local. Además de la luz natural que entraba por una gran ventana situada en el lado derecho, se utilizó un pequeño flash en la cámara para matizar las sombras que generaba la luz natural. La idea era muy sencilla: resaltar las facciones de las modelos al natural y prácticamente sin maquillaje, pero logrando una fotografía estética, sencilla y espontánea. El encuadre, que carga a la derecha la imagen, deja respirar a la fotografía respetando la sensación de espacio abierto que genera la gran ventana.

Estas tres imágenes fueron encargadas para acompañar a una entrevista que se hizo al retratado. Las imágenes fueron tomadas en el domicilio del entrevistado, donde se colocó el fondo rojo detrás del sofá predilecto del personaje, un lugar al que se hace referencia en el texto, por lo que este mueble fue escogido expresamente como *atrezzo*. Para esta serie se colocaron dos flashes con ventanas difusoras, una al lado derecho y la otra al izquierdo, para disponer de una luz homogénea y libre de sombras marcadas. En este caso no se colocó ninguna luz en el fondo. Y se disparó a una velocidad de obturación baja para captar levemente las luces de tungsteno con que se encontraba ambientada la casa.

ISO ▸ *100*
Tiempo de exposición ▸ *1/15 seg*
Diafragma ▸ *1:5,6*
Óptica ▸ *80 mm*
Flash ▸ *sí (flashes de estudio)*
Menú de luz ▸ *manual a 4.900 °K*

◂ El retrato de esta bailarina fue hecho para documentar el carnaval que se estaba celebrando. En este caso la luz ambiente era nula, ya que la carroza pasaba en ese momento por una zona donde no había farolas. Por ello la única fuente de iluminación iba a ser el flash que se acopló a la cámara. Para conseguir el mismo punto de vista que la bailarina, como si el fotógrafo viajara en la carroza, se utilizó una escalera plegable, de gran utilidad en este tipo de eventos en los que es conveniente situarse no a la misma altura del público sino en un punto de vista más elevado.

ISO ▸ *100*
Tiempo de exposición ▸ *1/125 seg*
Diafragma ▸ *1:5,6*
Óptica ▸ *35 mm*
Flash ▸ *sí (speed light en automático)*
Menú de luz ▸ *luz de flash*

Tipos de fotografía y sus usos

El paisaje

Desde los inicios de la fotografía, el paisaje ha tenido una gran importancia, por cuanto ya desde el nacimiento de aquélla se utilizó como una buena alternativa a la pintura de paisaje.

En su primera etapa, hubo fotógrafos, como Ansel Adams o Edward Weston, que destacaron por utilizar una técnica impecable en la toma de la fotografía, aunque gran parte de su éxito se debía no sólo a la toma en sí misma, sino también al gran trabajo que realizaban en el cuarto oscuro. Quien no ha oído hablar de la técnica de revelado por zonas de Ansel Adams, con la que podía llegar a hacer todo tipo de reservas para trabajar individualmente cada parte de una misma fotografía con el fin de lograr el efecto y las densidades correctas para cada área de la imagen.

Más adelante, con la proliferación del mercado de la fotografía, progresivamente cada día más fotógrafos se fueron aventurando en el arte de plasmar un lugar determinado en un momento concreto, ya fuera por el simple hecho de documentar el lugar o bien para convertir esa instantánea en una obra de arte.

No se puede hablar de fotografía de paisaje sin pensar también en el formato panorámico u horizontal, en el que, cuanto más apaisado es dicho formato, más impactante resulta el paisaje fotografiado.

En la actualidad, la fotografía de paisaje cuenta con valiosas herramientas con las que se pueden lograr fotografías ciertamente espectaculares. Con el formato de película se contaba con cámaras panorámicas que tenían unas prestaciones interesantes, aunque siempre estaban limitadas a un formato determinado por el ángulo visual de los objetivos.

El formato digital y la creación de sofisticados *softwares* para la creación de panorámicas de hasta 360° con una cámara digital convencional abren unas posibilidades enormes para captar fotografías de paisaje.

Así como Ansel Adams o Edward Weston, que combinaban casi al 50% la toma de la fotografía y el trabajo de laboratorio para conseguir la imagen final, con el tipo de herramientas que ofrece la cámara digital hoy en día, se toma la fotografía por partes que posteriormente se trabajan en el ordenador para obtener la imagen definitiva.

Al igual que en el formato analógico o de película, existen cámaras panorámicas con las que se logran fotografías de 360° en una sola toma, aunque el inconveniente que tienen es su precio, sumamente elevado, y que sólo un fotógrafo especializado puede rentabilizar.

El hecho de conseguir un buen paisaje no depende únicamente de que la cámara sea o no panorámica, si bien es verdad que este tipo de cámaras son de gran ayuda en la foto de paisajes.

Los paisajes se pueden clasificar de distintas maneras: naturales, urbanos o industriales. Estos paisajes pueden incluir personajes o no, tener también un encuadre cerrado o un ángulo de visión muy amplio.

En la actualidad, se podría definir la fotografía de paisaje como aquella en la que se capta el medio que nos rodea.

ISO	*100*
Tiempo de exposición	*1/30 seg*
Diafragma	*1:2,8*
Óptica	*16 mm*
Flash	*no*
Menú de luz	*luz de día*

▲ Esta imagen es un claro ejemplo de que con un poco de imaginación se pueden lograr paisajes creativos. En ella se sacó de contexto la escala poniendo la cámara a ras de suelo, para conseguir un paisaje artificial. La luz del Sol llegaba lateralmente, lo que aportó más volumen.

▲ En la fotografía de este prado existe un contraluz, pero con un cielo bastante denso de nubes, lo que dio como resultado que la luz fuera difusa y envolvente y no concentrada. Gracias a este tipo de luz, se logra el efecto de espejo con el agua y sin un gran contraste en la imagen. En esta fotografía, tomada por encargo de una consultoría medioambiental para valorar el estado del terreno, se optó por la utilización de una óptica angular para poder tener a los caballos en un plano medio y que no tuvieran un protagonismo absoluto en la imagen, ya que lo que se pretendía sobre todo era ilustrar las condiciones del terreno.

ISO	*100*
Tiempo de exposición	*1/125 seg*
Diafragma	*1:11*
Óptica	*20 mm*
Flash	*no*
Menú de luz	*luz de día*

ISO	*100*
Tiempo de exposición	*1/15 seg*
Diafragma	*1:2,8*
Óptica	*20 mm*
Flash	*no*
Menú de luz	*luz de día*

Estas dos imágenes obtenidas en la ciudad de Londres para una revista de viajes son un buen ejemplo de que en un mismo escenario a veces se pueden encontrar imágenes completamente diferentes. Las dos fueron tomadas con unos pocos segundos de diferencia, pero con ópticas muy distintas. La fotografía general (sobre estas líneas) se tomó con un objetivo gran angular y una inclinación de la cámara hacia arriba para destacar las formas de las nubes y dejar el cielo asentado sobre la silueta oscura que forman el puente y los árboles. La fotografía de detalle (en la página siguiente) fue tomada con un teleobjetivo potente para centrar el tenue Sol de la escena, que en la fotografía anterior solamente da un cierto aire a la imagen, aunque sin robar protagonismo a las nubes. En este caso, gracias a la distancia focal utilizada, se logró una imagen con mucha fuerza y que a simple vista hubiera sido difícil de imaginar. Aquí la foto se compuso con la disposición en horizontal de la baranda del puente, que sirve de soporte a la imagen, y una línea en diagonal que dibujan los tensores del puente de izquierda a derecha. Se seleccionó una parte del puente con farolas y se esperó a que pasara gente para incorporar una escala a la fotografía que sirviera de referencia.

ISO	100
Tiempo de exposición	1/125 seg
Diafragma	1:2,8
Óptica	300 mm
Flash	no
Menú de luz	luz de día

ISO	*100*
Tiempo de exposición	*1/125 seg*
Diafragma	*1:8*
Óptica	*300 mm*
Flash	*no*
Menú de luz	*luz de día*

▲ La fotografía aérea es una parte importante del tema del paisaje, ya que la perspectiva que se obtiene con ella es inusual para la mayoría de las personas, igual que lo es coger un avión o un helicóptero para hacer una fotografía. Pero no siempre es necesaria la utilización de estos medios para conseguir imágenes que tengan una perspectiva aérea, como es el caso de esta fotografía, que fue tomada desde lo alto de una montaña con un teleobjetivo. En estas ocasiones, es preciso definir bien el encuadre y ordenar adecuadamente los elementos en escena. También es importante estudiar la luz, que en tomas como ésta suele comportarse mejor cuando el Sol se encuentra en una posición baja, ya que ello da mayor volumen a la imagen gracias al relieve que generan las sombras alargadas.

▸ Cuando se fotografía un paisaje urbano, muchas veces se necesita contextualizar las imágenes para lograr una atmósfera acorde con el lugar y evitar aislar el paisaje perdiendo con ello parte de su identidad. En esta foto, realizada para un reportaje sobre la ciudad de Miami, se tomó como fondo un emblemático hotel de la ciudad y se dio más ambientación a la imagen esperando a que pasara un coche deportivo, una característica típica del lugar. El fotógrafo tuvo suerte porque, además, justo en ese momento, cruzó un peatón, con lo que se consiguió una imagen con buena profundidad gracias a los tres planos que establecen respectivamente el transeúnte, el coche y el edificio.

ISO	*100*
Tiempo de exposición	*1/250 seg*
Diafragma	*1:8*
Óptica	*20 mm*
Flash	*no*
Menú de luz	*luz de día*

ISO	*100*
Tiempo de exposición	*1/60 seg*
Diafragma	*1:5,6*
Óptica	*20 mm*
Flash	*no*
Menú de luz	*luz de día*

▲ Como se aprecia, esta imagen está inclinada, para destacar la torre de fondo, y enmarcada por el arco de la plaza. Las dos columnas sirven para fragmentar la atención del espectador en la imagen; primeramente, la torre; después, el ventanal vertical del segundo arco y, por último, la entrada de luz en la tercera columna. El primer fragmento, que también es el más interesante, crea una línea formada por la sombra en la columna y después continuada por el arco, lo que dirige la mirada desde el primer plano hacia el último. Este contraste de luces en las columnas hace que los materiales de piedra resalten y acentúen su textura. Con la repetición de las columnas y ventanas se obtiene un efecto gracias a la luz intensa que incide, lo que da lugar a que sobresalgan las líneas verticales sobre las horizontales. Cabe destacar la gran profundidad de campo de la toma, ya que tanto la torre como la columna están enfocadas, por lo que se supone que esta foto fue tomada con un objetivo gran angular.

Esta fotografía constituye un ejemplo de la utilización de los elementos de composición fotográfica aplicada a la arquitectura. Por un lado está el uso de las líneas curvas, tanto de la estructura y de la barandilla, y por otro, la sombra, aspecto que el fotógrafo destacó de manera que se aportara dinamismo a la escena. En el caso de la barandilla, el hecho de que quede situada en la esquina inferior derecha equilibra la fotografía. Al incluir el ventanal del lado izquierdo, se obliga al espectador a valorar los materiales de un lado y del otro para obtener la sensación de una estructura sólida. La composición escalonada resalta la grandiosidad del complejo arquitectónico. Esta fotografía fue realizada para completar un reportaje del Museo Guggenheim de Bilbao. Pese a dar la sensación de haber utilizado una óptica gran angular, esta fotografía fue tomada con una óptica normal.

ISO ▸ *100*
Tiempo de exposición ▸ *1/125 seg*
Diafragma ▸ *1:11*
Óptica ▸ *50 mm*
Flash ▸ *no*
Menú de luz ▸ *luz de día*

ISO	*100*
Tiempo de exposición	*1/125 seg*
Diafragma	*1:8*
Óptica	*30 mm*
Flash	*no*
Menú de luz	*luz de día*

▲ Como se mencionó en la introducción de este apartado, actualmente se dispone de grandes herramientas de *software* para confeccionar fotografías panorámicas a partir de una secuencia de imágenes tomadas con un trípode especial. Esta fotografía es un buen ejemplo de la utilización de dicha técnica. Esta imagen fue construida a partir de una secuencia de doce fotografías tomadas en un recorrido horizontal y dejando margen suficiente para solaparlas entre sí sin dificultad. Cuando se obtienen este tipo de imágenes panorámicas, se debe tener en cuenta que, al tratarse de varias fotografías, es preciso que la exposición de la cámara no varíe entre toma y toma, ya que se notaría el cambio de densidades en la imagen final. Para esto se debe buscar un promedio general de la imagen y fijar la cámara en exposición manual con la exposición fija. Cuando se trata de paisajes urbanos, es preciso encontrar un lugar desde el que pueda divisarse el máximo campo de visión posible de la toma. En este caso, la fotografía se obtuvo desde un mirador bastante limpio en su ángulo de visión de la ciudad de Barcelona. Un factor fundamental fue la elección del día, en el que hacía un fuerte viento, que despejó las nubes y la polución de la ciudad, y dio una gran nitidez a la imagen. Fue necesario utilizar un trípode al que se adaptó un cabezal para graduar en ángulos el número de disparos que fueron necesarios.

▶ Esta imagen se obtuvo con la misma técnica de las dos anteriores, pero aquí se consiguió con la unión de seis fotografías de formato vertical. De ella cabe destacar la localización de un paisaje claramente pictórico y el momento en que fue captada, en el que la luz baja del Sol y las negras nubes que acompañan la escena aportan un dramatismo especial. Para esta toma fue necesario esperar un momento en que no hubiera viento, ya que de haber hecho las tomas con viento, las intersecciones entre foto y foto hubieran sido distintas y el *software* no las hubiera podido unir bien.

ISO	*100*
Tiempo de exposición	*1/60 seg*
Diafragma	*1:4,5*
Óptica	*20 mm*
Flash	*no*
Menú de luz	*luz de día*

◂ Esta imagen ilustra la buena utilización de las líneas reales e imaginarias horizontales, importantes aspectos que hay que tener en cuenta cuando se saca una fotografía de paisaje urbano. La conjugación de estas líneas guía al espectador a través de la foto por la línea imaginaria del tercio inferior y le ayuda a caminar por la calle. La luz dura que incide sobre el edificio marca claramente la esquina que se forma por el lado izquierdo y da volumen al conjunto. Esta sombra se compensa con la parte oscura del edificio del lado derecho. Para aportar un aire poético a la foto y añadirle una escala humana, algo importante cuando se fotografía arquitectura, la cálida y baja luz del atardecer hace resaltar el estilo clásico de la construcción gracias al relieve que muestran las estructuras arquitectónicas además de plasmar la idea de escalas. Esta fotografía fue tomada en la isla de Menorca, España, para la realización de un trabajo sobre la arquitectura mediterránea. Con ella se quiso destacar una de las características típicas de la zona, como son las estrechas calles por las que el Sol consigue entrar a duras penas en determinadas horas del día.

ISO	*200*
Tiempo de exposición	*1/60 seg*
Diafragma	*1:5,6*
Óptica	*30 mm*
Flash	*no*
Menú de luz	*luz de día*

▸ En esta foto, se observa la perfecta simetría de la toma y cómo la perspectiva se ha corregido gracias al uso de una óptica angular descentrable, lo que evita que el edificio parezca inclinado. La iluminación dura y cálida desde la parte inferior derecha resalta el volumen del edificio y hace que se perciban sus distintos planos. La toma en contrapicado da un aire de majestuosidad al edificio, aunque la corrección de perspectiva reduce este efecto en beneficio de la apreciación del conjunto y de su simetría. Para esta fotografía fue necesario el trípode, ya que se requería una exposición prolongada. Esta foto fue obtenida en la ciudad de Miami sin previo encargo, pero se utilizó posteriormente en un catálogo de moda, en el que se evocaba el estilo marcado de la década de 1950, acorde con la construcción fotografiada.

ISO	*100*
Tiempo de exposición	*1/0,4 seg*
Diafragma	*1:2,8*
Óptica	*24 mm (descentrable)*
Flash	*no*
Menú de luz	*automático*

Esta fotografía muestra el uso que se puede hacer de algunos elementos de la escena para aportar cierta información al espectador. Así, en este caso, gracias a la barca con que se encuadró la imagen, se explica que la construcción se encuentra en un pueblo marítimo. También se aprecia una luz baja lateral que proporciona largas sombras a las casas, oscureciendo la parte derecha de la estructura y destacando la zona con más ángulos y de mayor interés arquitectónico. Asimismo se marcan las tonalidades de la madera, aprovechando la intensidad de la luz y el predominio del blanco. Esta fotografía fue realizada para el mismo reportaje que la fotografía de la página 118 y, como se puede apreciar, por lo que respecta al estilo, las construcciones que se eligieron son bastante distintas, factor interesante cuando se trata de completar un reportaje tan grande y abierto como el de los tipos de construcción mediterránea. El uso de un gran angular facilitó el encuadre y permitió que la barca del primer plano se integrara de manera natural en el conjunto.

ISO	*200*
Tiempo de exposición	*1/250 seg*
Diafragma	*1:11*
Óptica	*20 mm*
Flash	*no*
Menú de luz	*luz de día*

TIPOS DE FOTOGRAFÍA Y SUS USOS

Acción

La fotografía de acción fue, en los inicios de la fotografía digital, la que mayores problemas encontró y actualmente, según la cámara digital que se utiliza, puede ocurrir que la respuesta del disparo no sea inmediata.

Las cámaras SLR o réflex no presentan este problema, pero la mayoría de las cámaras compactas tienen un pequeño desfase de tiempo entre el momento de apretar el disparador y aquel en que se realiza la captura de la foto.

Otro problema que pueden presentar las cámaras digitales es el tiempo de encendido, que puede llegar a ser de uno o incluso más segundos. Un tiempo precioso que puede representar la diferencia entre conseguir la foto o no conseguirla. Por ello es necesario asegurarse, antes de ir a disparar, de que la cámara no se encuentra en posición de apagada o dormida, que algunas de ellas adoptan para ahorrar batería.

Se puede afirmar que, actualmente, entre los profesionales que se dedican a la fotografía de acción, como los fotógrafos deportivos o de reportaje, más del 90% utiliza ya cámaras digitales réflex, que suelen ir acompañadas de tarjetas de memoria con una gran velocidad de grabación, así como una gran capacidad de memoria.

Cuando se fotografía una escena de acción a gran velocidad, es imprescindible realizar la mayor cantidad de disparos en el menor tiempo posible para poder congelar y captar una buena imagen. Pero la captura de la acción no siempre tiene que ser mediante su congelación. Existen distintas técnicas que pueden derivar en la obtención de diferentes efectos que denoten acción, como los barridos, las fotos movidas o congeladas. Generalmente, la congelación de la imagen es una técnica muy utilizada por los fotógrafos deportivos, ya que en muchas ocasiones ver una imagen congelada de una acción que sucede en milésimas de segundo puede resultar impactante.

La fotografía de la Naturaleza también suele precisar de la congelación de los elementos para su posterior investigación.

La fotografía de reportaje social o doméstico es la que suele permitir mayor cantidad de fotografías con barridos o movidas, que generan la sensación de movimiento en la imagen final.

Normalmente, la utilización de una u otra de las numerosas técnicas de captura de una acción responde al gusto personal del fotógrafo, ya que cualquiera de ellas puede aplicarse prácticamente a cualquier situación.

ISO	*100*
Tiempo de exposición	*1/250 seg*
Diafragma	*1:4*
Óptica	*30 mm*
Flash	*no*
Menú de luz	*luz de día*

▲ Esta fotografía ilustra el ejemplo más básico de la congelación de una acción cotidiana. Cuando se realizan fotografías de acción, es muy importante saber acertar en el punto de vista, ya que ello puede hacer que esa acción gane en movimiento y dramatismo. Para esta foto se eligió un punto de vista a ras de suelo con el objeto de obtener una perspectiva parecida a la que tiene un perro. Si la acción se hubiera fotografiado a la altura de una persona, estos cachorros se hubieran mostrado desde arriba, con lo que la imagen habría perdido dinamismo y acción. Como se puede apreciar, el cachorro de la izquierda aparece un poco movido; esto se debe a que se encuentra mucho más cerca del objetivo.

ISO ▸ *800*
Tiempo de exposición ▸ *1/1500 seg*
Diafragma ▸ *1:5,6*
Óptica ▸ *150 mm*
Flash ▸ *no*
Menú de luz ▸ *manual 4.500 ºK*

▲ Para la obtención de esta fotografía, realizada por encargo durante los entrenamientos para el Campeonato Mundial de Fórmula 1 para ilustrar un artículo especializado en el tema, el objetivo era conseguir fotografías de los nuevos prototipos en acción, imágenes más o menos congeladas para posteriormente poderlas analizar y comentar en el artículo de referencia. La técnica que se utiliza en estos casos no es fácil, ya que exige bastante precisión para poder sincronizar el movimiento de la cámara con el del coche, al tiempo que se efectúan los disparos. Por ello la buena colocación y habilidad del fotógrafo juegan un papel fundamental en la obtención de una buena imagen de este tipo. En ésta, como era al atardecer y el Sol se encontraba en una posición bastante baja, la luz tenía una dominante amarillenta que distorsionaba el color rojo de este monoplaza. Por ello fue preciso ajustar manualmente la temperatura de color en la cámara para enfriarla un poco y lograr el rojo intenso real. También fue necesaria la utilización de un ISO elevado, para conseguir unos valores de obturación que permitieran congelar la imagen.

◂ Como se apuntó anteriormente, la fotografía digital hoy en día se utiliza mucho en el tema de los deportes, en el que muchas veces la rápida visualización de la imagen puede llegar a ser definitiva a la hora de decidir el resultado de la competición. Todo el mundo ha escuchado la frase de un final de fotografía o *photo-finish*. Cada día un mayor número de competiciones terminan con este sistema de control debido al alto rendimiento de los atletas y a lo ajustado de las diferencias en las marcas que consiguen. Por ello la fotografía digital ha agilizado el proceso de la visualización del famoso *photo-finish* que anteriormente se hacía con película y que, para decidir el veredicto final, exigía esperar a que hubiera concluido el revelado. Hoy en día, estas fotografías se suelen sacar con cámaras automáticas colocadas en la línea de llegada. La imagen de esta página podría pasar perfectamente por una de las que toman estas cámaras. En este caso, el fotógrafo se encontraba bien ubicado, pero aun así, para obtenerla realizó una secuencia de cinco tomas. En ella se puede ver claramente que el nadador que se encuentra en el centro es el ganador de la prueba.

ISO	*400*
Tiempo de exposición	*1/500 seg*
Diafragma	*1:5,6*
Óptica	*180 mm*
Flash	*no*
Menú de luz	*luz de día*

ISO	*100*
Tiempo de exposición	*1/80 seg*
Diafragma	*1:2,8*
Óptica	*30 mm*
Flash	*no*
Menú de luz	*luz de día*

En esta fotografía se unieron varios factores importantes. Lo primero fue que la foto se tomó bajo el agua con un *case* o estuche especial para la cámara. Esta circunstancia restaba luminosidad a la escena, ya que, aunque el día era bastante soleado y la profundidad a la que se tomó la foto era mínima, el agua se encontraba algo revuelta y eso obligó a utilizar un ISO 400 para asegurar la toma. Por otro lado, la dominante azul del mar hizo que en esta imagen, que se obtuvo con el menú de luz de día, las personas salieran con un color cian bastante intenso, lo que se tuvo que corregir posteriormente en el ordenador. El tercer punto importante fue la intuición del fotógrafo para ajustar el encuadre, ya que él ya se encontraba bajo el agua cuando estas personas todavía no habían saltado.

ISO	*100*
Tiempo de exposición	*1/500 seg*
Diafragma	*1:5,6*
Óptica	*80 mm*
Flash	*no*
Menú de luz	*luz de día*

▲ Esta imagen, obtenida durante los juegos europeos de deportes extremos por encargo de una revista especializada en el mundo del ciclismo, tiene como aspecto más importante la altura a la que se elevan los competidores. Para conseguirla, el fotógrafo optó por colocarse en un punto de vista bajo para obtener un contrapicado que permitiera aislar al competidor de turno y situarlo sobre el fondo azul del cielo. En este tipo de competiciones, es muy importante la altura que llegan a alcanzar los participantes, y ese aspecto no se habría apreciado convenientemente si la fotografía se hubiera tomado desde un punto de vista más elevado.

Con estas tres imágenes se intenta dejar claros algunos factores básicos que hacen que las fotografías de deportes y, en general, de acciones rápidas resulten buenas o no. Así, es conveniente recordar que el encuadre de este tipo de fotografías se debe elegir antes de que los individuos que se intentan captar en la foto aparezcan en él. Por ello hay que saber acertar previamente por dónde se va a desarrollar la acción para poder elegir el encuadre más idóneo. Es en este punto donde se suelen establecer las diferencias entre un fotógrafo de acción bueno, regular y malo, ya que se trata de un aspecto de la fotografía que no depende tanto de la técnica como de la apreciación o incluso de la intuición. Un segundo punto sería la habilidad para decidir el momento en el que se empieza a disparar, una vez que los individuos entran en el encuadre, ya que el hecho de empezar una milésima de segundo antes o después puede dar como resultado una secuencia totalmente diferente. En tercer lugar, un buen conocimiento técnico para elegir la cámara o el objetivo más adecuados para el tipo de tomas que se van a realizar y/o saber cuál es el mejor programa al que se debe ajustar dicha cámara. Por último, tal vez menos importante, aunque siempre decisivo, es la necesidad de un poco de suerte. En esta secuencia, el fotógrafo eligió un encuadre con más aire por el lado derecho, ya que intuía que la jugada se desarrollaría hacia ese lado y, efectivamente, así sucedió, por suerte para él; de haberse desarrollado la acción hacia el otro lado, hubiera cortado a los jugadores. No siempre este tipo de situaciones quedan a merced de la buena suerte. También cuentan el conocimiento y la especialización del fotógrafo en el tema. Por ello es fácil distinguir a un buen fotógrafo de fútbol, por ejemplo, de uno malo, ya que, aunque los malos puedan tener un excelente manejo de la técnica, si no conocen el tema, poco podrán competir en el mercado. Para darse cuenta de ello sólo hay que acudir a un campo de fútbol o a una piscina de waterpolo, por ejemplo, y observar dónde se han ubicado los fotógrafos. Generalmente todos ellos se sitúan en los mismos sitios y, a veces, en un determinado momento, se desplazan hacia otro lugar, ya que creen que la acción se va a desarrollar en esa otra zona. Aunque en muchas ocasiones las previsiones pueden fallar, cuando se acierta, la calidad de la foto resultante suele ser manifiesta.

ISO	*400*
Tiempo de exposición	*1/2000 seg*
Diafragma	*1:5,6*
Óptica	*300 mm*
Flash	*no*
Menú de luz	*luz de día*

ISO	*100*
Tiempo de exposición	*1 seg*
Diafragma	*1:1,8*
Óptica	*50 mm*
Flash	*no*
Menú de luz	*luz fluorescente*

▲ En esta imagen, la teoría es parecida a la anterior, pero con la diferencia de que el contraste de movimiento entre el individuo y el fondo es muy significativo. Esta fotografía ejemplifica la obtención de una imagen que genera una gran sensación de movimiento por varias razones. La primera y más obvia es que prácticamente todo el mundo ha visto alguna vez en su vida una escena parecida a ésta: la entrada de un tren en la estación. Se intuye, por la dirección de las líneas que forman el barrido del tren, que el movimiento se produce de un lado a otro. Y la actitud del individuo, que refleja claramente la espera, termina por completar la imagen. Aunque en realidad la velocidad del tren no era tan acelerada como aparenta esta imagen a simple vista, el efecto se logró gracias a una exposición larga que permitió captar un mayor recorrido del tren y, por lo tanto, una mayor sensación de movimiento.

ISO ▸ *800*
Tiempo de exposición ▸ *1/60 seg*
Diafragma ▸ *1:2,8*
Óptica ▸ *50 mm*
Flash ▸ *sí*
Menú de luz ▸ *automático*

▲ La acción de esta imagen tenía lugar en un concierto, en el que, por el ritmo de las canciones, los músicos se movían con cierta velocidad. Para la toma, fue determinante la utilización de un ISO elevado. A pesar de que las luces del escenario eran bastante potentes, el acelerado ritmo de los movimientos de los músicos obligó a sacar la foto con un ISO 800 para poder congelar la imagen. Esta fotografía, realizada para una página cultural sobre el concierto, se obtuvo con una óptica de 50 mm, aparentemente muy limitada para este tipo de situaciones. Sin embargo, el fotógrafo se encontraba a pocos metros del escenario y con una cámara que tenía un factor de multiplicación focal de 1,6, por lo que la óptica de 50 mm capturó la imagen como si se hubiera utilizado una de 80 mm. También se empleó un potente destello de flash para fijar la imagen en el caso de que el tema presentara un cambio repentino de posición.

ISO	*800*
Tiempo de exposición	*1/2 seg*
Diafragma	*1:2,8*
Óptica	*20 mm macro*
Flash	*sí*
Menú de luz	*luz de día*

▲ Esta fotografía es un buen ejemplo de cómo crear una sensación de movimiento mediante una exposición larga. En este caso, se pretendía una imagen que reflejara el ambiente del carnaval y en la que quedaran integrados tanto el público como los bailarines. Si la misma fotografía se hubiese tomado con una exposición corta y flash, las personas que bailan y, sobre todo, la chica de primer plano, hubieran salido congeladas y bien iluminadas, pero el resto hubiera quedado totalmente negro, ya que el flash no tenía capacidad suficiente para iluminar toda esta escena. Así que se optó por un ISO elevado, para evitar que la imagen, que se quería movida, no lo estuviera excesivamente y se perdiera totalmente la identidad de las personas. También se utilizó un pequeño destello de flash para ayudar a rellenar algo más la iluminación de la escena.

ISO	*100*
Tiempo de exposición	*1/1000 seg*
Diafragma	*1:5,6*
Óptica	*300 mm*
Flash	*no*
Menú de luz	*luz de día*

▲ En las fotografías de la Naturaleza las escenas suelen desarrollarse a gran velocidad y en ellas es imprescindible estar preparado para el momento preciso de la acción, que probablemente se desarrollará en un período de tiempo muy corto. En esta imagen del apareamiento de dos cigüeñas, lo que primó fue la paciencia necesaria para obtenerla: ¡tres días enteros! ¡Como para no estar preparado en el momento crucial! Una cualidad importante para muchos tipos de fotografía, sobre todo de Naturaleza, es la enorme paciencia que se debe poner en juego. En este caso, la cámara estaba fijada a un trípode y armada con un zoom que permitía abrir o cerrar rápidamente el encuadre. Se tuvo que estar muy pendiente de que, a la llegada del macho, la cámara se encontrara activada y lista para disparar. Una vez que el macho entró en escena, ésta duró aproximadamente unos 10 segundos, en los que se hicieron 40 tomas de las cuales sólo pudo aprovecharse ésta como ilustrativa del texto que se había escrito.

Tipos de fotografía y sus usos

Bodegón y producto

La fotografía de bodegón o de producto está estrechamente ligada a la fotografía comercial o publicitaria, ya que es en estos ámbitos donde encuentra su mayor mercado.

Lo que en los inicios de la fotografía, y prácticamente hasta hace algunos años, se conseguía mediante largas sesiones en las que no se podía dejar ni un solo detalle sin resolver en el momento de la toma (como la calidad del producto, la iluminación, posición, etc.), hoy ha pasado a un segundo plano o, mejor dicho, en muchos casos, forma parte de una segunda etapa del proceso. En esta fase, denominada *de postproducción*, se realiza el retoque digital como el sistema básico de toda fotografía de bodegón publicitario.

Con la fotografía analógica, antes de que se utilizara el retoque digital, los fotógrafos necesitaban tener en su estudio grandes cantidades de un mismo producto, del que debían hacer una minuciosa selección para elegir los elementos que mejor sirvieran a los intereses estéticos de la fotografía. Hoy, gracias al retoque digital, ya no es necesario recibir una gran cantidad de producto y seleccionar entre muchos aquel que no tiene ni un solo defecto, sino que con una pieza mínimamente aceptable es suficiente. De esta manera, un trabajo que antes requería grandes costes e incómodos traslados de piezas hoy ha quedado reducido a la mínima expresión.

Otro punto que ha cambiado sustancialmente en la obtención de determinadas fotografías es el tipo de iluminación que se utiliza para bodegones o fotos de producto. Durante muchos años, estas fotografías estuvieron supeditadas a unas pautas muy estrictas en cuanto a iluminación en el estudio. Así, se necesitaba generalmente una luz principal, o sol, y se utilizaban otras luces, normalmente laterales, para ayudar a suavizar la principal.

Actualmente, la imagen que tienen que reflejar este tipo de fotografías, debido a las modas o tendencias marcadas por las grandes agencias de publicidad, exige una iluminación más impactante, envolvente y, en muchos casos, incluso irreal.

El hecho de que este tipo de trabajo se realice en dos etapas, fotografía y retoque, amplía los límites marcados por la necesidad de captarlo todo en un solo disparo.

En la foto de bodegón, la mayoría de los profesionales suelen optar por fotografiar separadamente los elementos que intervienen en él y luego componerlos en el ordenador. Este método permite trabajar en cada caso la iluminación y sacar el mayor partido posible de ella. Esto supone una limitación cuando se necesita una determinada luz para un mismo bodegón, ya que una iluminación que pudiera resultar adecuada para un cierto objeto probablemente no sea la más conveniente para otro.

Si bien es verdad que, en los bodegones, la iluminación no siempre es real, éste es un aspecto que actualmente ya no importa tanto, ya que el producto puede llamar la atención del espectador gracias a estos efectos irreales de iluminación, que generan escenas limpias, directas y de un gran impacto visual.

Así como las técnicas de iluminación y producción han evolucionado, las tendencias estéticas dentro de esta rama de la fotografía también han progresado bastante, fruto de la nueva manera de trabajar. No obstante, aunque se siguen haciendo bodegones que exigen una técnica rigurosa, una gran parte del sector se ha decantado por una fotografía más conceptual, en la que lo que importa no es ya solamente impactar mediante determinados efectos de iluminación o postproducción, sino transmitir clara y eficazmente una idea.

Uno de los ámbitos que demandan la utilización constante de fotografía de bodegones es el de la restauración. Se caracteriza por ser uno de los sectores más especializados dentro de la fotografía, ya que requiere la combinación de una gran técnica de iluminación, junto con un buen estilismo y, en muchos casos, un buen trabajo de postproducción (retoque digital). En esta fotografía, realizada para un libro especializado en tapas, se pretendía que el objeto central destacara sobre las salsas y su acompañamiento, y lograr un concepto estilístico uniforme para todas las recetas del libro, que contaban prácticamente con un mismo tipo y número de elementos por fotografía. Así que se optó por un encuadre horizontal en el que el elemento principal quedara situado entre el primer y el segundo tercio de la imagen, y de abajo hacia arriba, lo que suele ser un buen recurso fotográfico para captar la atención del espectador. Se utilizó un fondo blanco para resaltar cada elemento por separado, pero dentro de una misma combinación. Para destacar todavía más la importancia del elemento principal, se jugó con los planos y el desenfoque, dejando así el plato principal bien enfocado y el acompañamiento en un segundo plano, y con un ligero desenfoque conseguido gracias a la utilización de una óptica de aproximación o macro. En este caso, la iluminación no era especialmente complicada, ya que constaba de una fuente principal desde el lado derecho y en picado para marcar las sombras, que dan volumen, y dos fuentes de luz, una desde el lado izquierdo para suavizar las sombras generadas por la luz principal, y otra desde arriba, sobre todo para ayudar a crear reflejos en las salsas.

ISO	*100*
Tiempo de exposición	*1/125 seg*
Diafragma	*1:16*
Óptica	*50 mm macro*
Flash	*3 flashes de estudio*
Menú de luz	*manual a 4.900 °K*

ISO ▸ *50*
Tiempo de exposición ▸ *1/125 seg*
Diafragma ▸ *1:11*
Óptica ▸ *50 mm*
Flash ▸ *3 flashes de estudio*
Menú de luz ▸ *manual a 4.500 °K*

▾ En esta fotografía, dar volumen y profundidad a los lentes no era nada fácil, pero con experiencia, un poco de ingenio y una buena iluminación se consiguió. En este caso la base es un metacrilato transparente suspendido unos centímetros sobre el fondo blanco para separar ligeramente la sombra de los lentes y crear la sensación de que están flotando. En cuanto a la iluminación, se utilizó una fuente de luz principal en formato de *spot* o luz concentrada de la parte posterior, bastante elevada y en picado, para que las sombras no destacaran excesivamente y dieran lugar a un volumen compensado con la imagen. A esta luz principal se le puso un filtro de gelatina azul por delante, para destacar la perspectiva, y se colocó una fuente de luz en el lado izquierdo, para iluminar la escena, aunque evitando que saliera reflejada en las ópticas. Por último, se colocó otra fuente pequeña en la parte superior y transversalmente, de modo que se lograra el contraste necesario para aportar más volumen a la foto. También se dio a la cámara una temperatura de color más baja que la luz de día, para acentuar el azul del filtro y obtener una imagen fría. Esta fotografía iba destinada a ilustrar el catálogo de una óptica.

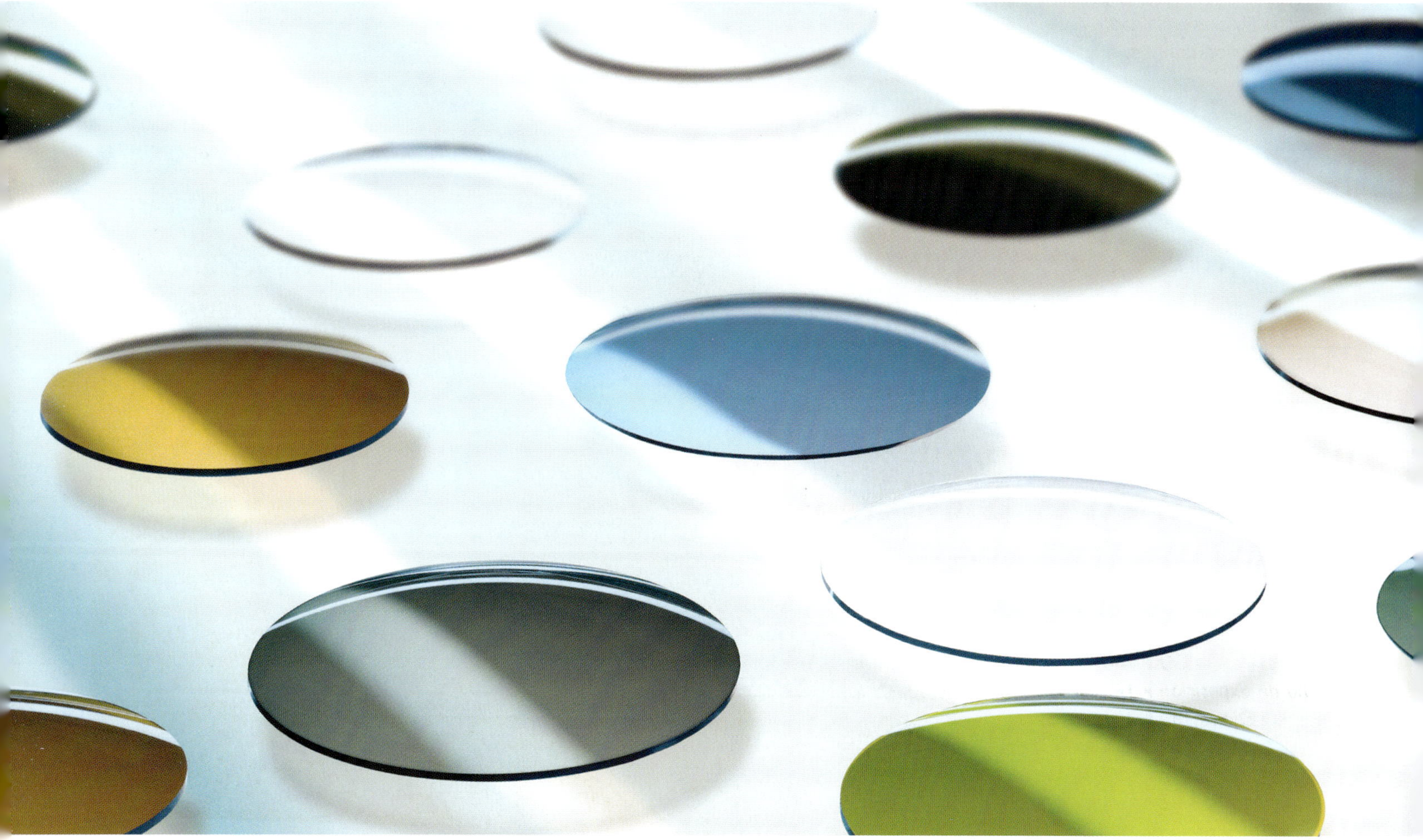

▸ Este bodegón es un claro ejemplo de fotografía de ambiente bien lograda. Sólo se utilizó un flash anular, o *ring flash,* para suavizar las sombras de la iluminación natural, sin generar otras sombras ajenas a la escena. Se disparó a una velocidad baja, con la ayuda de un trípode, para poder captar adecuadamente la llama de la vela así como su reflejo cálido acentuado, sobre todo, en el cuenco de arroz. Se hizo con una apertura de diafragma pequeña para desenfocar el plato. El encuadre inclinado aportó dinamismo a la foto y compensó la imagen gracias al triángulo que forman el plato, la vela y el grabado del mantel. Esta fotografía fue realizada para ilustrar un libro especializado en la elaboración de velas.

ISO ▸	*100*
Tiempo de exposición ▸	*1/4 seg*
Diafragma ▸	*1:4*
Óptica ▸	*50 mm*
Flash ▸	*sí (ring flash)*
Menú de luz ▸	*luz de día*

▲ Esta fotografía es un buen ejemplo de un bodegón partiendo de una serie de tomas, en las que, como se apuntó anteriormente con respecto a las luces a veces irreales, se generan imágenes impactantes. Se fotografiaron las frutas por separado para sacar de cada una de ellas el mayor partido posible. Así, la luz principal de la manzana verde del centro proviene del lado derecho, mientras que, en el melocotón de la parte inferior izquierda, la fuente de luz principal proviene del lado izquierdo. En este caso, los puritanistas de la fotografía podrían afirmar que la luz es irreal y, por lo tanto, se trata de una imagen incorrecta. Pero, como se puede constatar después de la excelente integración y limpieza de las frutas obtenidas mediante el retoque digital, se logró presentar unas frutas ciertamente apetecibles para cualquier consumidor que se fije no en la luz sino en el impacto publicitario final.

ISO ▸ *100*
Tiempo de exposición ▸ *1/125 seg*
Diafragma ▸ *1:8*
Óptica ▸ *50 mm*
Flash ▸ *3 flashes de estudio*
Menú de luz ▸ *luz de día*

▸ Este bodegón es un buen ejemplo de postproducción digital. Conviene destacar la importancia que tiene una buena captura de la imagen de cara a sacar el mayor partido de la postproducción, aunque también es cierto que este tipo de bodegón se ha simplificado y ha mejorado su calidad gracias a la captura y el retoque digitales. Si no se tiene clara la idea de lo que se va a hacer, lo más probable es que las imágenes que se obtengan separadamente del fondo y del producto no consigan una buena integración. En esta ocasión se fotografiaron las gafas por separado, aunque empleando una misma luz. La iluminación de estas gafas se planteó mediante una fuente proveniente de atrás, para lograr la transparencia del cristal y otra fuente lateral frontal y elevada, para resaltar la montura. El fondo se seleccionó bastante neutro, pero con los toques justos de movimiento del agua para facilitar la captación del mensaje publicitario por parte del espectador. Se logró una buena fusión gracias al agua en movimiento que aparece a través de los cristales de las gafas.

ISO	*100*
Tiempo de exposición	*1/125 seg*
Diafragma	*1:8*
Óptica	*50 mm*
Flash	*2 flashes de estudio*
Menú de luz	*luz de día*

◂ Debido a los cambios de moda y a la demanda de imágenes, los fotógrafos tienen que utilizar todo tipo de recursos si quieren obtener una imagen buena y capaz de satisfacer las expectativas.
Esta fotografía es un buen ejemplo, ya que el fotógrafo empleó el tipo de luz con que habitualmente se ilumina el atrezo. El resultado de la imagen es bueno y estético. Esta fotografía, que fue utilizada para una revista del sector del automóvil, aunque no sería buena para un catálogo del fabricante, en cambio es capaz de crear imagen y servir al diseño y a la finalidad de la página que se confeccionó para esta ocasión. En ella, la única iluminación empleada fue una lámpara HMI grande, que se colocó estratégicamente en el lado izquierdo, y la luz de las lámparas de modelaje de los flashes del fondo, que se utilizaron únicamente con finalidad decorativa.

ISO	*100*
Tiempo de exposición	*1/60 seg*
Diafragma	*1:2,8*
Óptica	*20 mm*
Flash	*no*
Menú de luz	*automático*

ISO	*100*
Tiempo de exposición	*1/30 seg*
Diafragma	*1:4*
Óptica	*30 mm*
Flash	*no*
Menú de luz	*automático*

Un aspecto interesante de la fotografía de bodegones es que con ella se adquiere una sensibilidad y una habilidad notables para el montaje de este tipo de temas. Se trata de un aspecto importante, ya que una buena imagen de bodegón debe tener armonía y equilibrio para impactar fácil y efectivamente en el espectador. Esta foto fue tomada durante la realización de un reportaje de la ciudad de Londres, cuyas imágenes iban a ser publicadas en un tamaño muy reducido. Por ello, las características de esta fotografía, con un concepto claro y directo, así como una buena compensación de elementos y de color, parecieron idóneas al editor para abrir el apartado dedicado a bares y restaurantes.

ISO	*100*
Tiempo de exposición	*1/45 seg*
Diafragma	*1:2,5*
Óptica	*50 mm macro*
Flash	*sí*
Menú de luz	*automático*

▲ Existe un mercado de consumo de fotografías que prefiere unas imágenes que vayan más directamente «al grano». Y en este caso, hablamos de granos de café, ya que esta foto fue ideada para la decoración de una cafetería e ilustra el concepto de una fotografía sencilla pero muy directa, en la que, mediante el juego de la distancia focal y la corta profundidad de campo de la imagen, se ha obtenido una foto impactante visualmente. Aquí predomina claramente el concepto sobre otros aspectos, como el tipo de iluminación, ya que esta imagen se consiguió exclusivamente con iluminación natural y un pequeño golpe del flash que llevaba incorporado la cámara que se utilizó para esta toma.

▲ Éste es un bodegón natural. En este tipo de bodegones, el fotógrafo debe tomar decisiones generalmente relacionadas con el encuadre, ya que el bodegón en cuestión está ya preparado. Aunque existen diferentes opiniones sobre si en este tipo de imágenes el fotógrafo debe o no intervenir en la colocación de los elementos, lo cierto es que, según el uso que se vaya a dar a la fotografía, el hecho de tocar o no los elementos que intervienen en ella puede tener su importancia. Por lo general, este tipo de fotografías va destinado a galerías en las que es posible que se cuestione la naturalidad o no del bodegón. Pero esto no deja de ser un arma de doble filo. Cuando se montan bodegones artísticos, una posibilidad interesante es la utilización del blanco y negro para la imagen definitiva. Algunas cámaras, sobre todo las compactas, incorporan en su menú la modalidad de disparar directamente en blanco y negro, lo que permite decidir el momento y lugar de la toma de manera que el bodegón adquiera un mayor atractivo, ya sea en blanco y negro, ya en color. Generalmente, las cámaras réflex digitales no disponen de este menú, ya que, al parecer, los fabricantes dan por sentado que quien utiliza dichas cámaras sabe ya convertir la imagen a blanco y negro en la postproducción digital. Y, aunque es cierto que el proceso para la conversión no es complicado, también lo es que la posibilidad de capturar la imagen directamente en blanco y negro nunca viene mal. Esta fotografía fue tomada para una exposición de bodegones naturales. Antes de su impresión se consideró la opción de convertirla a blanco y negro –que, por cierto, no quedaba nada mal–, pero finalmente se optó por la impresión en color, ya que combinaba mejor con el resto de las fotografías que se exponían de la misma serie.

ISO	*100*
Tiempo de exposición	*1/45 seg*
Diafragma	*1:11*
Óptica	*50 mm macro*
Flash	*no*
Menú de luz	*luz de día*

TIPOS DE FOTOGRAFÍA Y SUS USOS

Interiores

A lo largo de la historia de la fotografía los interiores han tenido una gran importancia como documento de registro de espacios así como para reflejar tendencias, características y formas de vida de las sociedades de todos los tiempos.

Con la llegada de la fotografía digital no sucede de otra manera en cuanto a conceptos y formas, pero sí, en cambio, en cuanto a técnicas de captura, ya que, además del formato clásico de la fotografía, la era digital trajo consigo nuevas maneras de plasmar e interpretar espacios cerrados.

En concreto, se hace referencia a las fotografías de 360°, en las que se pueden plasmar dos conceptos o presentaciones de una misma fotografía. Por un lado, está la fotografía de 360° en formato impreso, en la que, si no se tiene un ojo educado o no se conoce previamente el funcionamiento, es probable que no se entienda la imagen. Por otro lado, el formato de presentación interactivo, en el que esta misma fotografía se introduce dentro de un visualizador navegable a través de la pantalla del ordenador, como se mostró anteriormente en el capítulo que habla de la toma de este tipo de fotografías.

Otro factor que ha ayudado a mejorar la calidad de las imágenes de interior es la flexibilidad que se tiene con las cámaras digitales para modificar de forma sencilla los modos de luz. Quizás sea este punto el más importante de todos y aquél en el que radica el máximo perfeccionamiento de este tipo de imágenes.

Hace años se requería un determinado tipo de película o filtro para cada tipo de luz, pero no siempre coincidían exactamente los filtros con las luces, ya que existe una gran cantidad de fabricantes y fuentes artificiales de iluminación, lo que hace imposible pensar en un filtro para cada una de ellas y que, además, éste sea compatible con el tipo de película que se quiera utilizar. Por esta razón, la flexibilidad que proporciona el poder modificar la luz a voluntad en la cámara, ha hecho que los fotógrafos especializados en interiorismo se pasen al trabajo digital.

Un conocido fotógrafo de interiores comentó que, desde que trabajaba con cámara digital, sus dolores de espalda se habían solucionado. Cuando se le preguntó por qué precisamente los dolores de espalda, contestó que, desde que trabajaba con digital, no tenía que cargar la gran cantidad de focos que antes eran indispensables para iluminar con el mismo tipo de luz los lugares que fotografiaba. Y es verdad. Actualmente con un equipo de pequeños flashes, si se saben utilizar, debidamente combinados con los modos de luz de la cámara, no es necesario cargar con un gran equipo de focos.

En esta fotografía se observa el manejo de la temperatura de la luz de la cámara para conseguir una escena exenta de colores dominantes no deseados. En este caso la iluminación predominante en la sala era la del neón de los tubos colgados en el techo, que provoca dominantes verdosas en la imagen. Pero con la opción del menú de luz manual se fue modificando la temperatura de la luz mediante pruebas, hasta conseguir la que reproducía fielmente la escena que se estaba contemplando. Por la iluminación del escenario no había que preocuparse mucho a la hora de modificar la temperatura, ya que el fondo rojo iluminado con luz de tungsteno creaba una dominante cálida difícil de modificar.

ISO	*100*
Tiempo de exposición	*1/15 seg*
Diafragma	*1:2,8*
Óptica	*20 mm*
Flash	*no*
Menú de luz	*manual a 6.500 °K*

◂ Éste es el caso de un encuadre típico en fotografía de interiorismo, en la que todas las líneas aparecen perfectamente corregidas gracias a la utilización de dos pequeñas herramientas básicas. La más importante es el cristal del visor cuadriculado, para ajustar fácil y exactamente en el encuadre las líneas que marcan la estructura de la casa. Algunas cámaras compactas incorporan en la pantalla, o *display*, la posibilidad de superponer esta cuadrícula. La segunda herramienta que suele utilizarse es un pequeño nivel de burbuja, que sirve para poner la cámara en posición cero. Para esta toma se utilizaron además dos pequeños flashes que rellenaban la escena, ya que, como se puede constatar, este ambiente era ya luminoso en sí mismo. Los flashes se colocaron uno encima de la cámara y rebotado en el techo, y el otro, activado en forma de esclavo dentro de la caja de la escalera. Gracias a la exposición prolongada con que se programó la cámara, se pudo colocar a un figurante que aparece movido para crear una sensación de movimiento e incorporar una escala humana a la imagen. Esta fotografía forma parte de un reportaje sobre esta vivienda, que ha aparecido en diferentes publicaciones especializadas en arquitectura e interiorismo.

ISO ▸	*100*
Tiempo de exposición ▸	*1 seg*
Diafragma ▸	*1:8*
Óptica ▸	*20 mm*
Flash ▸	*sí*
Menú de luz ▸	*luz de día*

La fotografía de interiores es una variante de la fotografía de arquitectura. Esta imagen ayuda a ejemplificar cómo se emplean algunas herramientas de composición, que hacen posible crear atmósferas dentro de los espacios. Aunque existe algo extraño en la perspectiva vertical, debido a la corrección de paralelas en la toma y a la falta de líneas verticales claramente marcadas, por la iluminación uniforme y casi sin sombras de los objetos se puede adivinar la altura del lugar. Esta iluminación uniforme destaca la textura de la madera, tanto de la mesa y de las sillas como de la baranda superior, y permite apreciar el decorado del espacio y la distribución del mobiliario. Utilizando los elementos antes expuestos y su composición arquitectónica, se advierte que el espacio está pensado para una pareja o una persona sola. Aunque no era éste el tema que trataba este libro, la relación entre psicología y lenguaje visual es evidente, y por esta razón se menciona en este ejemplo. Esto se confirma con la carencia de elementos relacionados con niños, la atmósfera cálida que aporta la madera y la mezcla de materiales, que lleva a pensar que es una pareja la que ocupa esta vivienda. Destaca también el diseño del mobiliario y la forma del espacio, que sugieren un contexto urbano. Esta fotografía fue tomada con una óptica descentrable en tres partes: la parte superior, el centro y la parte inferior, que, posteriormente se juntaron por ordenador. La razón de esta opción fue el reducido espacio de que se disponía desde el punto donde se ubicaron la cámara y el mobiliario. De esta manera, con la óptica descentrable de 24 mm, se logró un ángulo vertical de visión mayor. Además se colocaron dos flashes, uno a cada lado de la cámara, y se rebotaron en el techo para obtener una iluminación más uniforme y compensar la abundante luz que entraba por un ventanal grande ubicado justo detrás de la cámara. Esta fotografía fue tomada para un libro de arquitectura e interiorismo sobre pequeños apartamentos.

ISO	*100*
Tiempo de exposición	*1/15 seg*
Diafragma	*f:8*
Óptica	*24 mm (descentrable)*
Flash	*sí (dos flashes portátiles)*
Menú de luz	*luz de día*

En la fotografía de interiores hay tomas que rara vez se utilizan, pero que en determinados casos pueden ayudar a obtener una imagen interesante. Ésta es un claro ejemplo, ya que el punto de vista en picado no suele utilizarse porque distorsiona la perspectiva real del lugar, pero aquí, al tratarse de una habitación pequeña en la que destaca la intensidad del colorido, la toma vertical y en picado funcionó; de haber hecho una toma clásica con las líneas corregidas, se hubieran obtenido en el encuadre más paredes que elementos de la habitación. Para esta toma se utilizó únicamente un flash rebotado en el techo, que era blanco, para suavizar las sombras que marcaba la luz principal proveniente de una gran ventana que aquí no aparece, pero que había en la parte inferior izquierda.

ISO	*100*
Tiempo de exposición	*1/15 seg*
Diafragma	*1:5,6*
Óptica	*20 mm*
Flash	*sí*
Menú de luz	*luz de día*

▸ Esta fotografía, que tiene las líneas bien corregidas, fue tomada desde una posición elevada, lo que añadió a la escena un punto de vista diferente del que se obtiene cuando se está a nivel del suelo. Con la colocación de la cámara en este punto la distribución de las esculturas da lugar a una imagen limpia ya que no se superponen unas con otras, lo que habría sido inevitable si la cámara se hubiera situado a ras del suelo. Por otro lado, la altura también permite un encuadre que incluye una gran parte de la bóveda de la galería, lo que enriquece la fotografía. De nuevo, esto no hubiera sido posible con un punto de vista bajo.

ISO ▸ *100*
Tiempo de exposición ▸ *1/20 seg*
Diafragma ▸ *1:5,6*
Óptica ▸ *20 mm*
Flash ▸ *no*
Menú de luz ▸ *luz de día*

Un punto de vista poco usual en la fotografía de interiores, pero que puede resultar muy atractivo según de qué tipo de fotos se trate, se consigue colocando la cámara en el suelo. Generalmente esta toma es más interesante si se combina con una óptica gran angular. Esta posición de la cámara es interesante puesto que permite que ciertos objetos, como en este caso las sillas, que generalmente se observan desde un punto de vista alto, adquieran un mayor protagonismo. Esta fotografía destaca el diseño de las sillas así como su distribución, ya que quedan en la zona central de la imagen, además de lograr una sensación de gran amplitud que genera el suelo de madera gracias al punto de vista bajo y al ventanal del fondo que favorece la sensación de vacío.

Cuando se realiza una fotografía panorámica de 360° de un interior, se deben tener en cuenta las distorsiones que se generan en la imagen. Cuando la foto se prepara para una página web, no se notan, pero si se va a imprimir en papel se harán evidentes. Esta fotografía es de 360° y se ha obtenido a partir de 20 tomas verticales de un espacio rectangular, en el que se puede apreciar, de izquierda a derecha de la imagen, el fondo de la galería, una pared, la puerta de entrada y la pared contraria. Las dos paredes muestran una gran deformación debido a la cercanía de la óptica con la pared, que, por ejemplo, ni en el fondo ni en la entrada se manifiesta, porque la distancia es mayor. Esta fotografía fue realizada para la página web de la galería con el objeto de poder visitarla virtualmente. En dicha página aparece esta fotografía tal como se muestra aquí, pero, cuando se hace «clic» sobre ella, se abre una pantalla con la panorámica montada cilíndricamente para navegar. En la zona de la entrada de la galería se retocó el color de la luz, ya que, al tomarse la imagen con el menú de luz de tungsteno, esta zona salió con una dominante bastante azulada.

ISO	*100*
Tiempo de exposición	*1/15 seg*
Diafragma	*1:4,5*
Óptica	*20 mm*
Flash	*no*
Menú de luz	*luz de tungsteno*

ISO	*100*
Tiempo de exposición	*1/250 seg*
Diafragma	*1:2,8*
Óptica	*20 mm*
Flash	*no*
Menú de luz	*automático*

◂ Esta imagen ilustra el empleo de una toma en contrapicado para resaltar la parte frontal del Mini Cooper y, al mismo tiempo, contextualizarlo. Este encuadre permitió que los arcos del fondo pudieran salir en la fotografía, con lo que se daba a la imagen un aspecto más interesante. Aunque las columnas laterales presentan una pequeña inclinación hacia atrás debida al encuadre en picado, el coche hace que la imagen se compense en sentido contrario, ya que, mientras las columnas caen en una dirección, el coche lo hace en la otra. Para esta toma no fue necesario el flash debido a la luz que entraba justo por detrás de la posición de la cámara, así como a las luces cálidas que iluminaban la escalera y a la utilización de una exposición lenta. Esta imagen, tomada en una prestigiosa galería de la capital londinense, fue utilizada para ilustrar una crítica de arte.

ISO ▸ *100*
Tiempo de exposición ▸ *1/20 seg*
Diafragma ▸ *1:4*
Óptica ▸ *20 mm*
Flash ▸ *no*
Menú de luz ▸ *luz de día*

▲ En la fotografía de interiores es importante a veces hacer hincapié en los detalles que merecen la pena e intentar que se integren con su entorno y el encuadre. En esta imagen, utilizada para acompañar una reseña arquitectónica, se destacó el decorado del vestíbulo de un museo. Pero de nada hubiera servido aislar una de las esferas negras o cerrar más el encuadre, puesto que lo que se intentaba era mostrar el protagonismo de las esferas y su integración en el vestíbulo. Para esta toma se utilizó únicamente la luz natural y de ambiente del museo, y la cámara se apoyó en una barandilla para evitar que la imagen saliera movida, ya que se necesitaba una exposición larga.

ISO	*100*
Tiempo de exposición	*1/4 seg*
Diafragma	*1:2,8*
Óptica	*20 mm*
Flash	*no*
Menú de luz	*luz de día*

LA TOMA DE LA FOTOGRAFÍA

ISO	*100*
Tiempo de exposición	*1/60 seg*
Diafragma	*1:4*
Óptica	*20 mm*
Flash	*no*
Menú de luz	*luz de día*

No hay que olvidar que la fotografía de interiores está constituida por líneas y formas de todo tipo, por lo que siempre es recomendable estudiar bien el espacio antes de hacer la toma, decidir cuál es el mejor punto de vista y, si existen varios puntos buenos para dicha toma, aprovecharlos si se dispone de tiempo y posibilidades. En cuanto a este grupo de tres fotografías, el editor del artículo sólo había pedido una perspectiva de esta escalera para ilustrar el texto, pero, al ver el atractivo de las tres visiones isométricas juntas, decidió publicarlas a manera de tríptico. El esfuerzo para la toma de las dos imágenes siguientes fue mínimo, ya que, una vez colocado el trípode y hechos los ajustes pertinentes en la cámara, sólo fue necesario buscar ángulos distintos para destacar la espectacularidad de la estructura.

ISO	*100*
Tiempo de exposición	*1/6 seg*
Diafragma	*1:2,8*
Óptica	*30 mm*
Flash	*no*
Menú de luz	*automático*

▲ Un factor que hay que tener en cuenta en la fotografía de interiores es que este interior pertenece a una construcción y, a su vez, esta construcción está rodeada por un entorno, por lo que siempre es importante estudiar las tomas que se pueden conseguir mirando por las ventanas y comprobar si la vista se presta o no para incluirla. En esta fotografía se utilizó la ventana como fondo protagonista y en el primer plano se dejaron los elementos necesarios para hacer llegar de forma clara y simple al espectador que lo que intentaba la imagen era mostrar las vistas que tiene el restaurante. Aquí se pone de manifiesto la facilidad que brindan las cámaras digitales para resolver la iluminación. Pese a la mezcla de luces que presentaba el restaurante, sólo fue necesario poner la cámara en automático. El resultado obtenido es bueno. Para la toma no se utilizaron flashes pero sí un trípode.

TIPOS DE FOTOGRAFÍA Y SUS USOS

Macro y primeros planos

La fotografía de aproximación tiene dos vertientes técnicas: la que se consigue mediante la utilización de ópticas especiales o macros y la que se obtiene con teleobjetivo.

Aunque es verdad que en muchos casos la diferencia entre el tipo de óptica utilizada es imperceptible, es necesario distinguirlas, ya que se trata de técnicas muy diferentes entre sí.

Mientras que con las ópticas macro la aproximación hacia el motivo fotografiado es inapreciable, con todo lo que ello conlleva, con los teleobjetivos se puede dejar una distancia razonable y en muchos casos vital para conseguir la imagen que se desea. Así, es importante saber diferenciar aquellas situaciones en las que se debe hacer la aproximación con una óptica macro o con un teleobjetivo. Actualmente este tipo de fotografía tiene muchas aplicaciones, desde la foto de Naturaleza hasta la científica y de medicina, pasando por la doméstica.

Este campo de la fotografía ha progresado considerablemente con la aparición del formato digital, ya que los resultados que se consiguen son ciertamente espectaculares, debido a las rápidas y variadas decisiones que se pueden tomar de forma instantánea con el uso de la pantalla (o *display*). Prácticamente todas las cámaras digitales, tanto de gama baja como de gama alta, cuentan en sus menús con la opción de aproximación, que se suele indicar con el icono de una flor.

Saber obtener una buena fotografía de aproximación no depende únicamente del hecho de programar de manera adecuada la cámara para esta función. En general, cuando se realizan este tipo de fotografías, lo más importante es la toma rápida de decisiones, como la utilización de una óptica macro o un teleobjetivo, o si se va a utilizar luz natural o si ésta se deberá reforzar con el flash. Y la sensibilidad del fotógrafo en cuanto al encuadre que hay que hacer, y los elementos que se van a dejar enfocados, y los que no, juegan un papel muy importante.

Generalmente, si se utiliza una óptica macro y se acerca mucho el motivo, debido a la corta distancia focal, aunque se utilice una apertura de diafragma muy cerrada, como sería, por ejemplo, un *f/22*, lo más probable es que una gran parte del motivo quede fuera de foco. Así, es preciso decidir cuándo se toman motivos con volumen y con una óptica macro y procurar que la parte que queda enfocada sea la más conveniente para la obtención de una buena imagen.

Por el contrario, cuando se utiliza un teleobjetivo para este tipo de fotografías, por el hecho de encontrarse la cámara a una mayor distancia del motivo, es mucho más fácil que la imagen salga completamente enfocada, a pesar de que se utilice una apertura de diafragma muy abierta, como puede ser un *f/4* o menor.

También las técnicas de iluminación varían, ya que en muchos casos, debido a su tamaño, no es posible incorporar en la escena luces o flashes. Para ello existen flashes especiales que suelen colocarse sobre la óptica en forma de aro rodeándola, o también se puede trabajar con dos pequeños flashes, uno a cada lado de dicha óptica.

Una buena herramienta de trabajo para estos casos es la utilización de los *speed lights* (flashes que se incorporan a la cámara por separado con un cable largo que permite mantener el flash en una mano o en un trípode). En muchos casos, si se deja el flash incorporado en la zapata de la cámara, en el caso de fotografías con mucha aproximación, la misma óptica podría crear una sombra no deseada.

ISO	*100*
Tiempo de exposición	*1/250 seg*
Diafragma	*1:5,6*
Óptica	*400 mm*
Flash	*no*
Menú de luz	*automático*

▲ En esta imagen se aprecia una de las cualidades más típicas de la fotografía de aproximación, tanto con un teleobjetivo como con un macro: la limpieza de la imagen en cuanto a la poca intervención de elementos que puedan distraer al espectador del objeto central. Esta cualidad se puede lograr de dos maneras: mediante una gran diferencia de foco entre el fondo y el motivo, más común en la fotografía con macro, o a través de un encuadre selectivo, en el que el motivo aparece sobre un fondo limpio, como en este caso. En fotografía de aproximación, con pequeños movimientos de cámara se pueden lograr efectos muy distintos en lo que se refiere al fondo. Esta fotografía pertenece a un tendedero de ropa que se encontraba a dos pisos de altura, lo que hacía imposible utilizar una óptica macro; por ello se empleó un teleobjetivo. El encuadre, un poco abierto para lo que suele considerarse una fotografía de aproximación, se dejó así para permitir que la pinza respirara un poco y así también conjugara bien con la barra blanca, cosa que probablemente no se hubiera logrado si el encuadre hubiera sido más cerrado.

▲ La fotografía de este gato se obtuvo con una óptica macro de 50 mm y una luz potente generada por los flashes de estudio. Esta imagen se utilizó posteriormente para la ilustración de un folleto informativo de un fabricante de comida para gatos. La posición del gato se logró gracias a la curiosidad que le provocaba el disparo del flash. La iluminación constaba de dos cabezas de flashes que tenían puestos unos paraguas difusores para generar una luz rebotada y suave. Se trata de una imagen de una gran nitidez en las partes enfocadas, lo que en buena medida se debe a la excelente calidad de la óptica utilizada.

ISO	*100*
Tiempo de exposición	*1/60 seg*
Diafragma	*1:5,6*
Óptica	*50 mm macro*
Flash	*sí (dos flashes de estudio con paraguas difusores)*
Menú de luz	*flash*

ISO	*100*
Tiempo de exposición	*1 seg*
Diafragma	*1:2,8*
Óptica	*50 mm*
Flash	*sí*
Menú de luz	*luz de día*

▲ Esta imagen, que en principio hubiera podido requerir un gran trabajo de postproducción, fue conseguida exclusivamente con una toma directa y sin la ayuda de retoque, gracias a la buena y elaborada utilización del flash. Para ello, se empleó una óptica macro de 50 mm y se hizo la foto unos minutos después de la puesta del Sol, con una exposición larga y un destello de flash bastante potente, con lo que se fijó la imagen de la rosa; gracias a la prolongada exposición, se consiguió el azul denso del cielo que a simple vista era completamente negro. Lo que parece la sombra de la rosa en realidad no lo es. Es la misma rosa expuesta después del disparo del flash, que quedó fijada en otro plano debido a un ligero movimiento de la cámara durante la exposición.

▲ En esta fotografía el factor principal que se quería destacar era la textura del papel una vez pintado. Al tratarse de un detalle muy pequeño, se optó por una óptica macro que pudiera captar la ondulación del soporte. El resultado es bueno, ya que se consiguió una foto con un detalle bastante claro, en la que se aprecian incluso las marcas de las huellas dactilares. Pero de nada hubiera servido la utilización de la óptica sin una buena iluminación, conseguida con una sola luz de tungsteno en el lado izquierdo y bastante rasante, lo que hace que la foto tenga el volumen necesario para reflejar la textura del papel. Esta foto fue realizada para un libro especializado en dibujo y pintura.

ISO	*100*
Tiempo de exposición	*1/125 seg*
Diafragma	*1:11*
Óptica	*100 mm macro*
Flash	*no*
Menú de luz	*luz de tungsteno*

▲ Esta fotografía se realizó para ilustrar el apartado de servicios de una guía turística de la ciudad de Londres. Fue tomada con una óptica macro de 50 mm, sobre una mesa de luz calibrada, como las que se utilizan para ver diapositivas, pero con la temperatura a 5.000 °K. Con ello se logró una imagen perfectamente recortada sobre el fondo sin que apareciera visible ninguna sombra generada por el sobre. También se utilizó un flash rebotado en un techo blanco de poca altura, bajo el cual se encontraba la mesa de luz. Gracias a ello se obtuvo una iluminación uniforme que ayudó a destacar el concepto que se buscaba. El encuadre vertical se eligió para dejar en el primer tercio inferior de la foto el texto de *Royal Mail* como soporte de la estampilla típica, que posteriormente fue desenfocada ligeramente con retoque digital, para que no tuviera más protagonismo que el texto, que era lo más importante.

ISO	*100*
Tiempo de exposición	*1/60 seg*
Diafragma	*1:8*
Óptica	*50 mm*
Flash	*sí (speed light rebotado al techo)*
Menú de luz	*luz de día*

ISO	*100*
Tiempo de exposición	*1/60 seg*
Diafragma	*1:5.6*
Óptica	*300 mm*
Flash	*no*
Menú de luz	*automático*

▲ Esta imagen, tomada en el sur de México y realizada para el catálogo de una exposición de historia del arte de la zona, es un ejemplo de la utilización de un teleobjetivo para conseguir un primer plano. Estas figuras labradas en la parte superior de la fachada de una iglesia se encontraban a muchos metros de altura y el texto que tenía que acompañar a la imagen hablaba precisamente de la importancia simbólica de la altura a la que estaban colocadas dichas figuras. Ello llevó a realizar la toma desde un punto de vista bajo y en contrapicado para destacar la sensación de altura. El encuadre se centró sobre la figura principal del frontis, pero sin cerrar excesivamente el ángulo para no descontextualizarla.

Esta fotografía es un buen ejemplo de la utilización de un flash especial para ópticas macro. En este caso se empleó una óptica de 50 mm con un flash anular, o *ring flash,* acoplado. La luz que emite este tipo de flash, reflejada en el iris por la disposición que tiene, iluminó uniformemente toda la superficie fotografiada evitando las sombras que pudieran ensuciar la imagen. Ésta se utilizó para un artículo sobre el carnaval. El reflejo del flash en el iris se eliminó después por ordenador para que no se viera, ya que se trataba de un reflejo poco común, que podía distraer al espectador. Otro aspecto importante fue el uso de la pantalla de la cámara, para mostrar a la modelo el tipo de fotografía que se buscaba y así conseguir que posara de forma adecuada. Esta toma es bastante impactante porque la cámara se colocó a pocos centímetros del ojo.

ISO	*100*
Tiempo de exposición	*1/125 seg*
Diafragma	*1:8,5*
Óptica	*50 mm macro*
Flash	*sí (anular con potencia de 1/8)*
Menú de luz	*flash*

ISO	*100*
Tiempo de exposición	*2 seg*
Diafragma	*1:5,6*
Óptica	*180 mm*
Flash	*no*
Menú de luz	*luz de día*

▲ Para esta fotografía se utilizó un teleobjetivo de 180 mm. La iluminación que había en la habitación era bastante escasa, ya que sólo provenía de una pequeña ventana ubicada en el lado derecho del interruptor. Para una perfecta iluminación, se colocó la cámara en un trípode y se hizo una exposición larga. La ubicación de la ventana hizo que resaltaran las sombras y, por lo tanto, la textura de la pared. Esta foto fue tomada en una casa abandonada y a punto de derribar. Posteriormente, la imagen se vendió en una galería, impresa a 1 m x 1,5 m, y a un precio considerable.

▲ De todas las fotografías presentadas en este apartado quizás sea ésta la más representativa, ya que fue tomada con una óptica macro a la que se añadió un tubo de extensión. Casualmente la mosca permaneció inmóvil sobre el cristal de una ventana durante un largo rato y, pese a la cercanía de la cámara y a la luz del flash anular, no se movió. El enfoque de la imagen cuando se utiliza un tubo de extensión suele ser bastante complicado, por lo que se recomienda utilizar trípode, ya que el más ligero movimiento hace que la imagen pierda totalmente el foco. En este caso, no había tiempo de poner un trípode, ya que en cualquier momento la mosca podía levantar el vuelo, por lo que se hicieron una cantidad considerable de disparos de entre los que se seleccionó posteriormente esta imagen. El ángulo de la toma es importante en este caso, ya que, si la fotografía se hubiera hecho frontalmente, habría aparecido reflejada la luz del flash en el cristal.

ISO	*100*
Tiempo de exposición	*1/90 seg*
Diafragma	*1:2,5*
Óptica	*50 mm macro más tubo de extensión*
Flash	*sí (anular con potencia de 1/16)*
Menú de luz	*luz de día*

ISO	*100*
Tiempo de exposición	*1/250 seg*
Diafragma	*1:8*
Óptica	*400 mm*
Flash	*no*
Menú de luz	*luz de día*

▲ Esta imagen fue obtenida con un teleobjetivo durante la celebración de la fiesta nacional de Cataluña, que tuvo lugar en una plaza en la que se reunió una gran multitud de público, lo que hizo muy difícil acercarse más. Por ello se optó por un teleobjetivo de 400 mm con el que se logró este encuadre. En su momento, la fotografía se utilizó para un reportaje de la fiesta. Después, se vendió como imagen de archivo para una campaña en la que se quería remarcar el trabajo en equipo, para lo que fueron retocados los logotipos de las muñequeras.

TIPOS DE FOTOGRAFÍA Y SUS USOS

Fotografía creativa

Generalmente, en fotografía, la parte creativa siempre ha dependido de la capacidad e interpretación del fotógrafo que, en combinación con la técnica y las herramientas, puede aplicar sobre el concepto de una imagen.

Si bien es cierto que actualmente la fotografía digital se relaciona de manera directa con la creatividad, a causa de que, en su fase de postproducción, las posibilidades de experimentar y modificar una imagen son infinitas, también lo es que estas posibilidades en el momento de realizar la toma con una cámara digital han abierto nuevos horizontes.

Igual que ocurre en los tipos de fotografía comentados en los apartados precedentes, también en la fotografía creativa la base fundamental es la inmediatez con que pueden visualizarse las imágenes. Sin embargo, ello no impide pensar en la intervención de otros muchos factores, que van desde el diseño y la ergonomía de las cámaras, hasta la posibilidad de variar la temperatura de color entre una foto y otra.

Es cierto que muchos efectos creativos que se han popularizado con la fotografía digital se podían conseguir también con el sistema analógico. Pero la seguridad que dan tanto la rápida visualización de la imagen como el no tener que hacer frente a costes de película, revelado y copias, han sido factores absolutamente determinantes para que tanto los fotógrafos aficionados como los profesionales se interesen cada día más por este tipo de fotografía.

Aunque una imagen creativa siempre será producto de la habilidad del fotógrafo, los medios que ofrecen las cámaras digitales facilitan muchísimo el trabajo que requiere esta modalidad.

Un claro ejemplo de cuándo el diseño de la cámara se pone al servicio de la creatividad y comodidad del fotógrafo son las cámaras semiprofesionales que tienen la pantalla (o *display*) giratoria, lo que permite que determinadas posiciones incómodas o especialmente difíciles sean más fáciles de conseguir. En esta imagen, el fotógrafo aparece en ella (en el ángulo inferior izquierdo); este encuadre se consiguió gracias a que la pantalla giratoria se encontraba mirando de frente, y así se pudo encontrar el encuadre deseado y disparar sin tener que situarse detrás de la cámara y mirar a través del visor.

ISO	*100*
Tiempo de exposición	*1/3 seg*
Diafragma	*1:2,8*
Óptica	*20 mm*
Flash	*no*
Menú de luz	*automático*

ISO	*100*
Tiempo de exposición	*1/60 seg*
Diafragma	*1:5,6*
Óptica	*35 mm*
Flash	*no*
Menú de luz	*automático*

▲ Uno de los efectos que incorporan un gran número de cámaras digitales compactas y semiprofesionales es el de secuencias de imágenes acopladas a un mismo fotograma. En este caso, antes del disparo, la cámara realizó un promedio de exposición y comenzó con la captura de 16 imágenes que posteriormente acopló en un documento de un tamaño que, generalmente, suele ser el máximo que permite la resolución de dicha cámara. Así, si la imagen capturada es de 2.048 x 1.360 píxeles, el resultado de la imagen que se haya tomado con esta modalidad será de 16 imágenes de 512 x 340 píxeles, acoplada en un documento de 2.048 x 1.360 píxeles. En esta fotografía se utilizó este recurso para lograr la repetición del público que estaba sentado presenciando un espectáculo, con lo que se logró que aparecieran 15 veces más espectadores que si se hubiese hecho una foto sencilla. No es preciso observar la imagen detenidamente para ver las personas repetidas y las intersecciones de las fotos. Según el uso que se le vaya a dar, este factor tendrá importancia o no. Lo cierto es que el efecto es sencillo pero muy vistoso.

▲ ▶ Estas dos fotografías constituyen un ejemplo de la utilización del mismo menú de repetición, pero, a diferencia de la foto anterior, en la que la escena era estática, en ésta se capturaron 16 fotogramas de una escena en movimiento, lo que dio como resultado una postal con el desarrollo de una escena. Como se apuntó anteriormente, antes del disparo y captura de la secuencia de imágenes, la cámara calculó un promedio de la exposición que se necesitaba, según el cual, a mayor luz en la escena, mayor velocidad en las 16 capturas. Si se elige este modo en escenas poco luminosas de motivos en movimiento, lo más seguro es que dichos motivos salgan movidos. Otro factor importante es que la utilización del flash en este modo, siempre dependiendo del modelo de cámara con que se realicen las tomas, queda bloqueado porque el tiempo entre toma y toma es demasiado corto para que el flash tenga tiempo de cargarse.

ISO	*100*
Tiempo de exposición	*1 seg*
Diafragma	*1:3,5*
Óptica	*30 mm*
Flash	*no*
Menú de luz	*automático*

ISO	*100*
Tiempo de exposición	*1/125 seg*
Diafragma	*1:3,5*
Óptica	*55 mm*
Flash	*no*
Menú de luz	*automático*

ISO	*100*
Tiempo de exposición	*2 seg*
Diafragma	*1:2,5*
Óptica	*50 mm*
Flash	*no*
Menú de luz	*luz de día*

▲ Esta fotografía se obtuvo gracias a una exposición larga en la que, mientras el obturador se encontraba abierto, el fotógrafo cambió la cámara de posición. Así, se puede apreciar claramente la trayectoria de la cámara reflejada en la señal de tráfico.

Una cámara con pantalla giratoria puede ganar una gran altura en cierto tipo de tomas en las que es imprescindible levantar la cámara lo más alto posible y disparar. Ésta es una técnica bastante utilizada por los fotógrafos desde hace ya mucho tiempo; sin embargo, en la actualidad, se dispone de la ventaja y la comodidad de poder ver aquello que están fotografiando y disponer de un encuadre más adecuado.

ISO	*100*
Tiempo de exposición	*1/250 seg*
Diafragma	*1:8*
Óptica	*20 mm*
Flash	*no*
Menú de luz	*luz de día*

▲ ▶ Como se apuntó anteriormente, uno de los factores determinantes de la fotografía digital creativa es la posibilidad de modificar la temperatura de la luz a voluntad y/o conveniencia, con lo que se pueden lograr sencilla y cómodamente efectos espectaculares. En estas dos imágenes de la misma escena tomadas con pocos segundos de diferencia, se varió la temperatura de la luz para conseguir que un cielo tormentoso y con luz cálida de tarde se convirtiera en un cielo de mediodía, también tormentoso. Si se analizan las dos imágenes (la de esta página y la de la siguiente) por separado, será imposible detectar cuál de las dos fue obtenida con la temperatura de luz correcta para la escena. La imagen cálida se sacó con la opción de *luz de día,* y la imagen fría lo fue con la de *luz de tungsteno.* Ello llevó a la cámara a interpretar los colores como aquí se muestra.

ISO	*100*
Tiempo de exposición	*1/180 seg*
Diafragma	*1:6,7*
Óptica	*50 mm*
Flash	*no*
Menú de luz	*luz de día*

ISO	*100*
Tiempo de exposición	*1/180 seg*
Diafragma	*1:6,7*
Óptica	*50 mm*
Flash	*no*
Menú de luz	*luz de tungsteno*

ISO	*100*
Tiempo de exposición	*1/15 seg*
Diafragma	*1:2,8*
Óptica	*20 mm*
Flash	*no*
Menú de luz	*luz de tungsteno*

◂ ▸ Como se puede apreciar en estas tres fotografías capturadas de la pantalla de la visita virtual, las perspectivas distorsionadas de la imagen impresa fueron corregidas. Esto se debe al *software* con que se obtienen este tipo de imágenes, donde se acoplan en una especie de torno giratorio virtual.

Además de los ejemplos presentados anteriormente, en los que se muestran imágenes conseguidas gracias a elementos tecnológicos introducidos en la fotografía digital, existe un gran número de imágenes creativas que se podrían conseguir ya con procesos analógicos y que el proceso digital ha ayudado a simplificar.

▲ ▶ Estas dos imágenes fueron obtenidas en la misma escena con unos pocos segundos de diferencia. En ellas, lo que se quería ejemplificar era la utilización del desenfoque para lograr unas imágenes abstractas que produjeran un efecto visual agradable y pudieran ser utilizadas en postproducción como fondos de escenas. La primera tiene un ligero desenfoque, pero permite distinguir perfectamente la escena, mientras que la segunda tiene un desenfoque total, lo que hace imposible adivinar el motivo.

ISO	*100*
Tiempo de exposición	*1/2 seg*
Diafragma	*1:2,8*
Óptica	*50 mm*
Flash	*no*
Menú de luz	*luz de día*

ISO	*100*
Tiempo de exposición	*1/4 seg*
Diafragma	*1:5,6*
Óptica	*28 - 80 mm (zoom)*
Flash	*no*
Menú de luz	*luz de día*

▲ ▶ Estas dos imágenes fueron conseguidas mediante el empleo de una misma técnica, utilizando ópticas de tipo zoom, a las que se les varió el ángulo de visión mientras se estaba exponiendo para obtener la toma. En las dos imágenes fue necesaria la utilización de un trípode, para que el único movimiento que quedara plasmado en la escena fuera éste y no el pulso del fotógrafo. En la primera imagen se puede apreciar el juego de planos irreales creados con este efecto sencillo, que dan como resultado una imagen bastante estética. En la segunda, se puede ver el efecto que producen las luces.

ISO	*200*
Tiempo de exposición	*2 seg*
Diafragma	*1:2,8*
Óptica	*75 - 300 mm (zoom)*
Flash	*no*
Menú de luz	*luz de día*

ISO	*200*
Tiempo de exposición	*1 seg*
Diafragma	*1:2,8*
Óptica	*50 mm*
Flash	*no*
Menú de luz	*luz de día*

▲ Esta imagen fue obtenida desde el asiento del copiloto de un coche que circulaba por una autopista. Al ser de noche, la medición de la cámara requería una exposición larga que, combinada con el movimiento del coche, permitiera ver una escena de autopista, aunque con el dinamismo que marcan las trayectorias de las luces.

Problemas y soluciones

Subexposición y sobreexposición

La obtención de una buena fotografía no consiste sólo en enfocar y disparar. Es imprescindible también saber qué es la exposición. Si se deja que la cámara calibre los tiempos y las aperturas para realizar la toma de la imagen, se obtendrán buenas fotografías, pero también conviene saber que es posible incrementar el número de imágenes técnicamente correctas de manera que aquello que se quiera plasmar o que se intente transmitir sea mejor. Para ello, hay que conocer los problemas que se presentan en la exposición para convertirlos, si se desea, incluso en recursos.

Para obtener una imagen clara y bien dotada de matices tonales, la exposición tiene que ser correcta, es decir, la matriz sensible debe recibir la cantidad exacta de luz. Para ello hay que tener en cuenta la sensibilidad ISO que tenga la matriz, como se expuso en el capítulo correspondiente, además de otros dos factores: primero, la velocidad de obturación, que controla el tiempo de exposición de la matriz sensible, y después, la abertura del diafragma (números f), que regula la cantidad de luz que pasa a través del objetivo.

La cámara controla uno de los dos factores si opera semiautomáticamente, o bien ambos a la vez, si lo hace en el modo automático. El fotógrafo puede realizar todos los ajustes modificando los controles del obturador, sensibilidad y diafragma en el modo manual, lo que proporciona una gran flexibilidad.

Todas las cámaras digitales de paso universal y de gama baja disponen de un exposímetro incorporado. En las cámaras que lo permiten, se puede ajustar la sensibilidad (números ISO) y dirigir el objetivo hacia el motivo que se va a fotografiar. El exposímetro, por su parte, se encarga de hacer una lectura del nivel de brillo de la escena.

Los exposímetros incorporados en las cámaras miden la intensidad de la luz reflejada por el motivo con el fin de determinar la velocidad y abertura necesarias para una exposición correcta y bien calibrada de brillos de intensidad media.

Sin embargo, este sistema no siempre es fiable. Si predomina un color muy claro o muy oscuro, el exposímetro tenderá a sobreexponer o subexponer, a no ser que se compense o recalibren los sensores. Así, si la matriz sensible interpreta un amarillo predominante como blanco, la gama de colores se verá afectada oscureciendo toda la escena o alterando los colores.

La explicación anterior es más sencilla vista en blanco y negro. Si se trata de un sistema de 10 intensidades de gris, contando el blanco y el negro, y en la imagen predomina un gris muy suave, de intensidad 2, por ejemplo, los grises muy fuertes, aunque no lleguen al negro, serán interpretados por la matriz como negros, ya que los fotosensores se ajustarán a un gris intermedio, equivalente a la intensidad 5 por ejemplo, y la cámara leerá el gris de intensidad 2 como gris intermedio y oscurecerá la imagen: las mediciones de tiempo y apertura quedan subestimadas, subexponiéndose la toma, y al revés: si predominan los grises más intensos, la

◂ Para obtener una imagen clara y rica en tonalidades y matices, la exposición tiene que ser correcta, es decir, la matriz sensible debe recibir la cantidad exacta de luz.

Imagen sobreexpuesta con excesiva luz y poco detalle en las sombras.

Exposición equilibrada. Rango correcto de medios junto con áreas de luces y sombras.

Imagen subexpuesta con exceso de sombras y poco detalle de luces.

▸ Como demuestran los ejemplos que aquí se aportan, es posible rescatar una fotografía, mediante un programa de retoque, con una exposición mala, si ésta está subexpuesta en su exposición general, ya que los píxeles sobreexpuestos que se queman, por decirlo de alguna manera, no tienen valores que se puedan variar, quedando las zonas claras sin detalle alguno.

toma se sobreexpone. Las indicaciones de la cámara se pueden aceptar o ignorar. Los sistemas de medición incorporados son exposímetros que leen la luz reflejada, es decir, calculan la cantidad de luz que reflejan los objetos que se fotografían.

No existe una definición sencilla de lo que significa «exposición correcta». Así, unos fotógrafos prefieren imágenes más claras y otros, más oscuras; unos, más suaves y otros, más duras. Hay quien considera que una imagen está bien expuesta si el motivo de la foto y su entorno se ven con nitidez. En principio, una buena exposición debe mostrar los detalles que aprecia el ojo, como las líneas de las hojas, los tallos de hierba o el pelo de un animal. Los detalles y la textura deberían ser visibles en la mayor parte de la foto. Así, por ejemplo, si la nieve o un cielo con nubes es gris, es que la toma ha sido incorrecta.

De los dos errores, el más problemático es el de la subexposición. Ésta se debe a que la matriz sensible no ha logrado captar información en ciertas zonas de la escena, por lo que existe una falta de datos para trabajar, sin embargo, en la sobreexposición hay un exceso, lo que origina otro problema: la pérdida de resolución o el incremento en el ruido, a consecuencia del cual se pierde detalle en las zonas iluminadas.

Con la sobreexposición se pierde detalle en la banda de valores lumínicos altos. Esto equivale a la pérdida de detalle en las sombras en el caso de la subexposición.

Si existe una toma subexpuesta, al intentar manejarla mediante algún sistema de *software,* no se podrán alcanzar niveles de detalle altos en las sombras, ya que la cámara nunca los habrá captado, mientras que, en el caso de una sobreexposición, se podrán reproducir los detalles, ya que la información habrá sido capturada, aunque se hayan saturado los píxeles.

▸ El uso del *bracketing* es muy útil en situaciones en las que no se tiene seguridad sobre el resultado que se va a obtener. Consiste en realizar tres tomas con diferentes exposiciones y decidir después cuál es la buena. Existen cámaras que hacen el *bracketing* automáticamente, si se programan de manera adecuada.

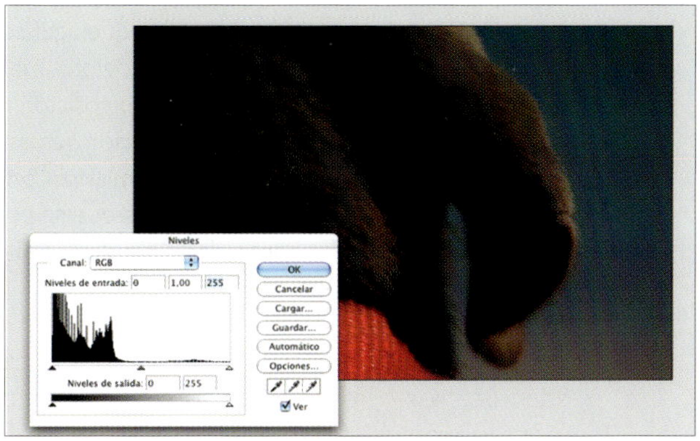

Imagen subexpuesta.

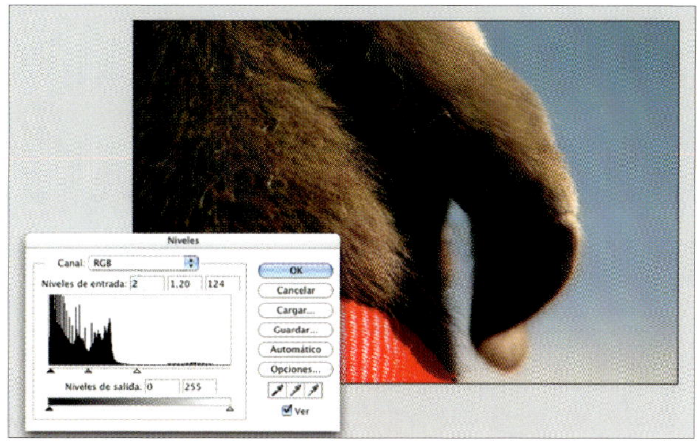

Imagen subexpuesta con niveles retocados.

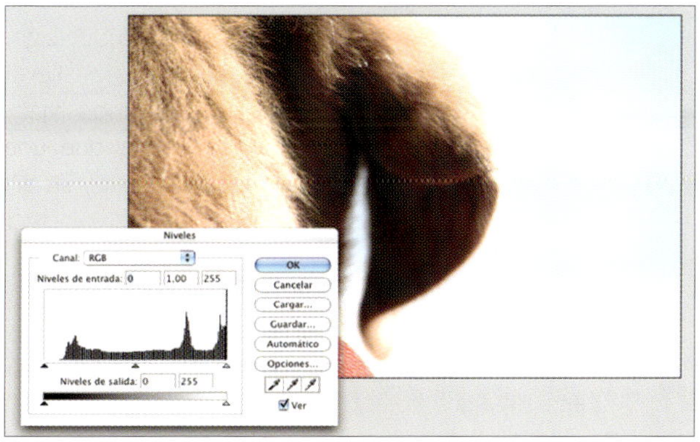

Imagen sobreexpuesta.

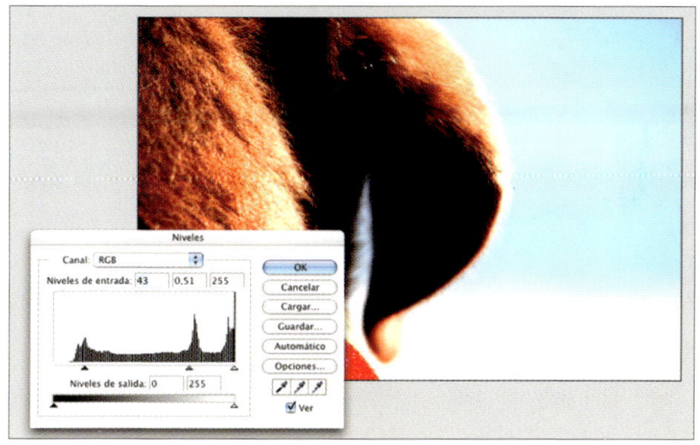

Imagen sobreexpuesta con niveles retocados.

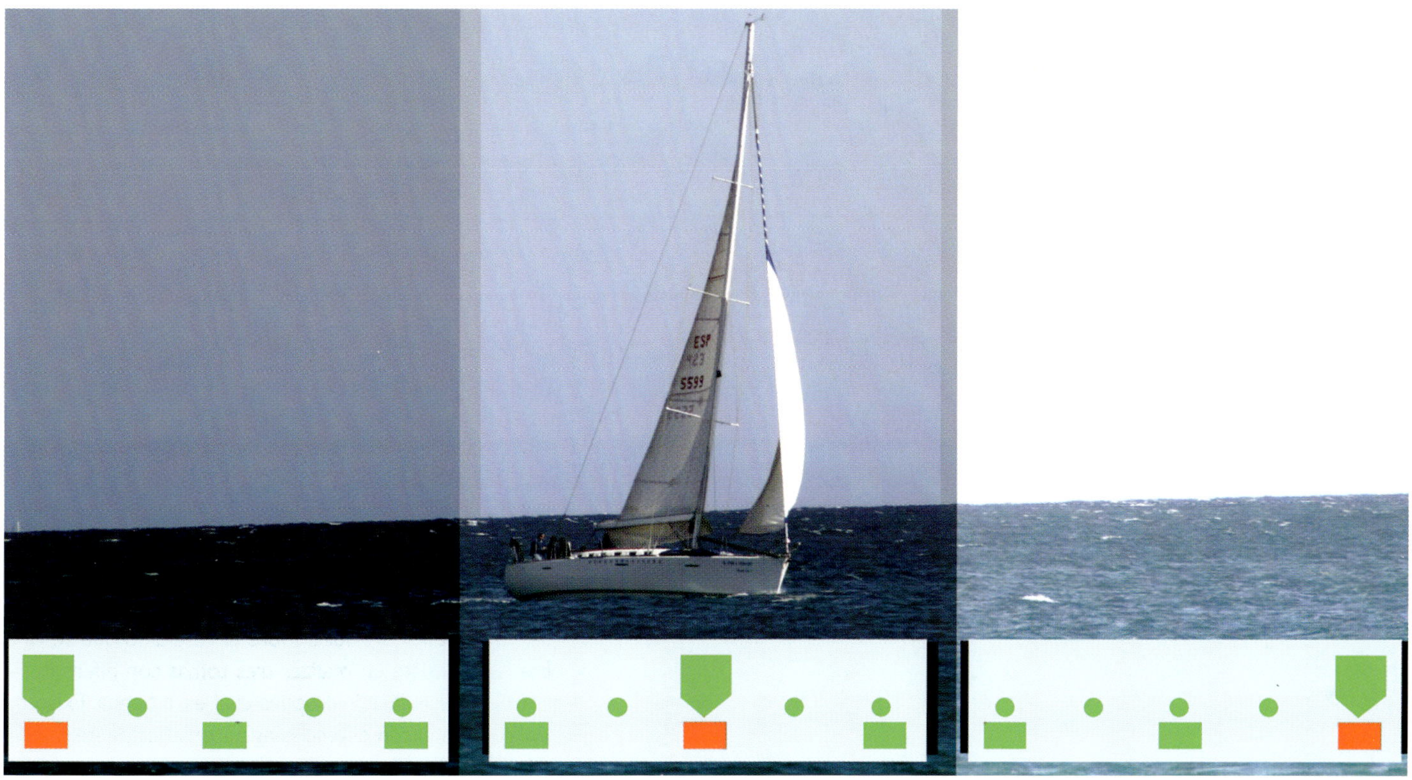

Modo promedio o evaluativo

Modo parcial

Modo centro

◂ La mayoría de las cámaras réflex digitales cuentan con diferentes modos del exposímetro que permiten una medición de la luz más exacta para cada toma.

Una recomendación o solución a este problema sería intentar encontrar el error de sobreexposición sobre el de subexposición, si no se está seguro de la toma, o simplemente hacer un *bracketing* (hacer tres tomas con diferentes exposiciones) y elegir la que más interese. Conviene recordar que, aunque el visor de la cámara permita seleccionar adecuadamente las tomas, el tamaño de éste puede ocultar detalles que podrían ser útiles.

Otra solución sería calibrar la cámara sobre aquello que para el fotógrafo constituye el punto gris intermedio, aunque en algunas cámaras digitales el calibrado se realiza sobre el blanco para también calibrar la gama cromática, como se explica en el capítulo correspondiente. Por lo que se refiere a este punto, se aconseja consultar el manual de la cámara para ver de qué manera lo realiza ésta automáticamente y cómo funciona.

Generalmente, se presentan tres modos distintos para medir la luminosidad en el motivo que se va a fotografiar. De acuerdo con las características de la toma, habrá que seleccionar el que corresponda:

Promedio o ***evaluativo***. Este modo es el más utilizado. El visor de la cámara se divide proporcionalmente en zonas que están vinculadas entre sí con los puntos de enfoque. La cámara ajusta la exposición una vez que ha detectado el motivo principal, los brillos y las condiciones de iluminación de primeros planos y del fondo.

Parcial. Cuando el fondo es mucho más luminoso que el motivo, debido a la iluminación a contraluz, se evalúa sólo una parte de la toma y sobre ésta se realizan las mediciones. Generalmente, la medición en este modo, dependiendo del tipo de cámara que se utilice, tiende a concentrarse en el centro, ocupando una zona del visor de aproximadamente el 10%.

Centro. Este modo se sitúa en el centro del visor y realiza un promedio del resto de la escena. Es útil para hacer mediciones muy puntuales.

Cuando el sistema de exposición trabaja bien, la mayoría de las fotografías tienen un gris intermedio, algunas escenas reflejan el 90% de la luz y otras, el 5%, se dice que el reflejo promedio correcto de las escenas debe ser de un 18%, que es el que correspondería al gris intermedio.

La cámara está programada para tomar la luminosidad de las imágenes en un gris intermedio, pero, cuando se van a tomar imágenes muy brillantes, como la nieve o una escena predominantemente blanca, habrá que modificar la exposición para captar el brillo, pero sin perder detalle; si no, se obtendrán tomas muy brillantes o sobreexpuestas.

▲ ▼ Si no se toman las precauciones necesarias en fotografías de ambientes con grandes contrastes e intensidades de luz, como en el caso de una escena de nieve o de playa, es muy fácil que se pierdan los detalles, como, por ejemplo, las nubes o la textura de la nieve.

Movimiento

El movimiento de los motivos en una toma obliga a ciertas consideraciones sobre el manejo de la imagen para lograr mejores resultados. El problema de los objetos en movimiento radica en que la cámara captura los movimientos de manera que el ojo no puede percibirlos, congelando el movimiento en una fracción de segundo, o permitiendo el efecto de acumulación de movimiento en el lapso de tiempo de una sola imagen. Se trata de algo totalmente distinto a lo que se puede experimentar con el ojo. En cualquier caso, es posible aprender a anticipar el efecto de ciertas situaciones e imaginar cuál va a ser el resultado capturado.

Varios factores se conjugan para lograr el efecto visual de barrido, que se produce con el movimiento:

Distancia entre la cámara y el motivo

A mayor distancia, menor posibilidad de barrido. Por ejemplo, un avión sobrevolando a 500 km/h puede ser capturado en una toma de 1/250 sin rastro de movimiento, mientras que una bicicleta a 5 metros tomada a la misma velocidad de obturación saldrá claramente barrida. Lo que quiere decir que una primera manera de evitar los barridos es alejarse del motivo. El elemento importante para determinar cuánto barrido aparecerá en la toma no es la velocidad del motivo en sí misma, sino la velocidad que éste lleva al cruzar el plano de la matriz sensible. Al alejarse del motivo, se reduce la velocidad en el plano de la matriz. Cuando se utilizan lentes de menor distancia focal, también se reduce el efecto de barrido, ya que se amplía el plano reduciendo la velocidad del motivo a través de dicho plano.

Tamaño de impresión de la imagen

En tamaños pequeños las imágenes pueden parecer correctas y sin rastro de movimiento, pero, conforme se van ampliando, aparecerán detalles que evidenciarán el movimiento.

Velocidad de obturación

Si el tiempo de obturación es muy largo, de 1 segundo por ejemplo, se podrá incluso capturar el movimiento de una persona caminando. Muy relacionado con esto está el diafragma con el que se está tomando la imagen, ya que la profundidad de campo que da una apertura grande sacará de foco y barrerá con más facilidad las imágenes. La norma es que, si se quiere congelar el movimiento, hay que disparar a la mayor velocidad posible y con la mayor profundidad de campo. La naturaleza de las cámaras digi-

▾ Directamente relacionada con el movimiento del motivo está la dirección en la que éste se está moviendo. Si se desplaza hacia la cámara o se aleja de ella, se podrán utilizar velocidades de obturación más altas que si el motivo atraviesa el plano de la matriz sensible.

tales con sus pequeños sensores reduce el problema. Al ser más pequeño, da una mejor profundidad de campo.

Simplificando lo que se acaba de comentar, en el momento de realizar la toma, se debe tener en cuenta la velocidad y dirección del movimiento que se vaya a captar, la distancia entre la cámara y el motivo, y la distancia focal de los lentes con que se esté fotografiando en ese momento.

Para poder trabajar con estas velocidades, se necesitan lentes con grandes aperturas que capturen toda la luz de la escena. Hay que tener en cuenta que, si se trabaja con estas velocidades y aperturas, se perderá profundidad de campo.

Otro tipo de movimiento que puede comportar problemas es el de las manos. Para evitarlo, es necesario no hacer tomas a menos de 1/125 segundos, en caso de que no se tenga buen pulso.

Antes de aportar más ejemplos, hay que aclarar que no debe considerarse un error cualquier movimiento que aparezca en la fotografía. Los barridos pueden expresar efectos que interese representar, como velocidad o dirección de movimiento, persecución, etc.

Otra situación de movimiento es aquélla en la que el objeto y la cámara están en movimiento. En este caso, el elemento que se quiera fotografiar se congelará, si bien su entorno o el fondo quedarán barridos.

Otra especificación habitual de movimiento es aquélla, dentro de un espacio público, en la que se desea eliminar elementos que aparecen en la escena moviéndose y que no son de interés para la fotografía final. En este caso, la velocidad de obturación debe ser muy lenta, por ejemplo de 5 segundos, y la toma debe estar hecha sobre un trípode, además de cerrar el diafragma, por ejemplo a un f/22.

Actualmente los programas de tratamiento de imágenes permiten eliminar o rectificar hasta cierto punto estas interferencias, pero siempre es preferible realizar las tomas lo más cerca posible de aquello que se desea fotografiar para ahorrarse un trabajo posterior.

▾ Velocidades de 1/500 y 1/2.000 seg permiten obtener unas tomas congeladas por encima de la percepción del ojo humano.

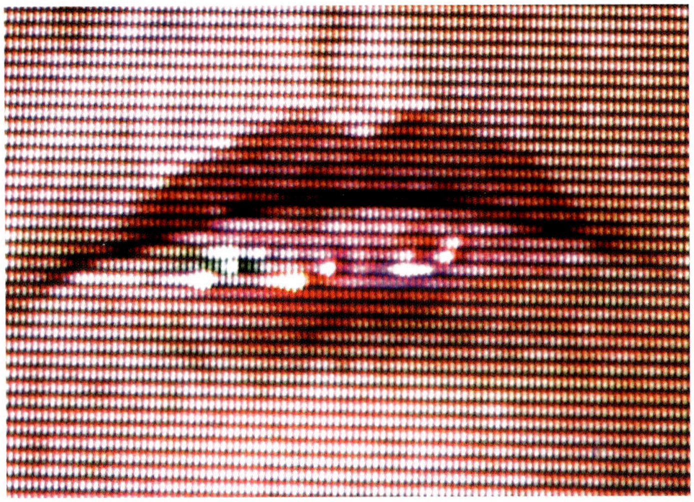

▲ Fotografía tomada de un monitor de televisión sin haber congelado antes la imagen.

▼ Los elementos u objetos que se cuelen no aparecerán en la imagen, ya que ninguno de ellos llegará a permanecer el tiempo suficiente en la toma como para que pueda ser captado por la cámara.

Una última situación de movimiento es la que se presenta cuando se quiere fotografiar una pantalla de televisión o un monitor. En este caso, habrá que ajustar la velocidad de obturación a la que corresponda al movimiento con que aparecen las imágenes. En casi todo el mundo esta velocidad es de 1/30 (con excepción de Inglaterra, donde es de 1/259). Teniendo en cuenta esta referencia, se puede congelar la imagen.

Recomendación

Tal vez alguien piense que se pierden imágenes de elementos en movimiento interesantes por culpa del tiempo que tarda la cámara en prepararse para realizar tomas seguidas. Aunque el número de imágenes que pueden tomarse por segundo en el modo de fotos continuas es fijo, si se baja la calidad del archivo en que se guardan las imágenes, se podrá ganar un poco de velocidad entre toma y toma.

Fuera de foco

El «fuera de foco» corresponde a un efecto óptico que se produce por la refracción de los lentes u objetivos que se utilizan.

Este efecto puede ser muy útil para cierto tipo de fotografías, como, por ejemplo, si se quiere destacar alguna zona específica del encuadre o reducir su importancia.

Utilizando grandes aperturas de diafragma, se desenfocan los objetos más alejados reduciendo la profundidad de campo, pero resaltando el motivo fotografiado.

Aunque este problema puede ser utilizado como recurso para un trabajo creativo, es posible corregir el fuera de foco, por ejemplo en paisajes, reduciendo la apertura del diafragma y aumentando los tiempos de exposición. Con ello se obtendrán imágenes nítidas y bien definidas, como se muestra en el ejemplo siguiente con aperturas y tiempos diferentes.

De momento, y siguiendo la norma de acercarnos lo más posible a nuestra imagen ideal desde la toma para reducir los tiempos de trabajo, es conveniente realizar antes los ajustes correspondientes, ya sea un fuera de foco o un plano enfocado, de manera que puedan manipularse posteriormente, si es necesario. Esto es muy importante si no se tienen claros los efectos que pueden ser de utilidad, ya que una imagen fuera de foco es más difícil de redefinir posteriormente que sacar de foco una imagen bien definida.

A través de los programas de manipulación de imágenes se pueden sacar de foco zonas u objetos que se encuentren en las imágenes, como se explica en el apartado de retoque de imagen.

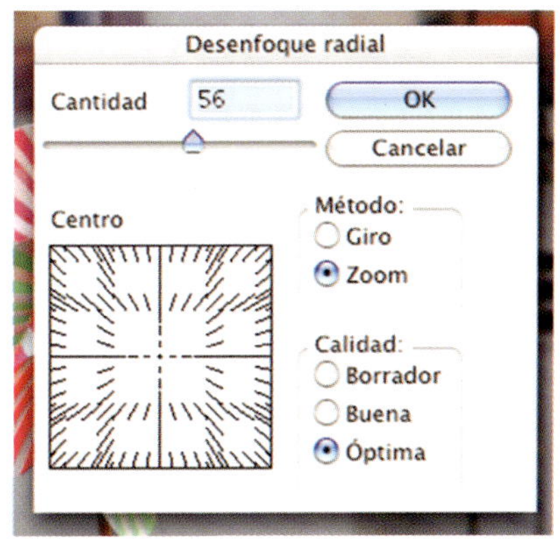

▲ ▼ Si se comparan estas dos imágenes, de las cuales una se encuentra fuera de foco y en la otra no se aprecia dicho fuera de foco, se advertirá que este «problema» puede resultar muy útil para crear una atmósfera plástica o de ilusión óptica. Nótese también cómo los contornos de los objetos se redondean produciendo un efecto de ligereza o delgadez.

TRABAJAR LA IMAGEN

Softwares o programas de tratamiento de imágenes

Tipos de programas

La fotografía digital no puede concebirse sin la existencia de diversos programas de ordenador que intervienen a lo largo del proceso de captura, procesamiento y archivo de una imagen.

En este capítulo se presentan diferentes tipos de programas de tratamiento de imágenes y las etapas de que consta cada uno, desde la toma hasta el archivo de la imagen.

El primer *software* utilizado dentro del proceso de la fotografía digital se puede decir que es el que interviene en el proceso de conversión analógico-digital, cuando los fotones golpean en la matriz o sensor digital y son interpretados y convertidos en información. Esta imagen muestra una representación de los valores asignados por este *software* tras la conversión analógico-digital.

Todas las cámaras tienen un *software* o programa interno destinado a la conversión de la imagen del formato analógico (cuando golpean los fotones en el CCD) al digital (cuando la intensidad con que golpearon estos fotones en el CCD se traduce a información digital –números de color–). Este programa es imposible de modificar por parte del usuario. Cada marca de cámaras utiliza programas propios con diferentes especificaciones y calidades, que se reflejan principalmente en la velocidad de transmisión de la imagen.

El segundo *software* que interviene en el proceso es el de navegación y mandos de la cámara: las funciones y preferencias preestablecidas de cada cámara.

Este tipo de programa suele estar diseñado con una interfase que favorece un rápido y fá-

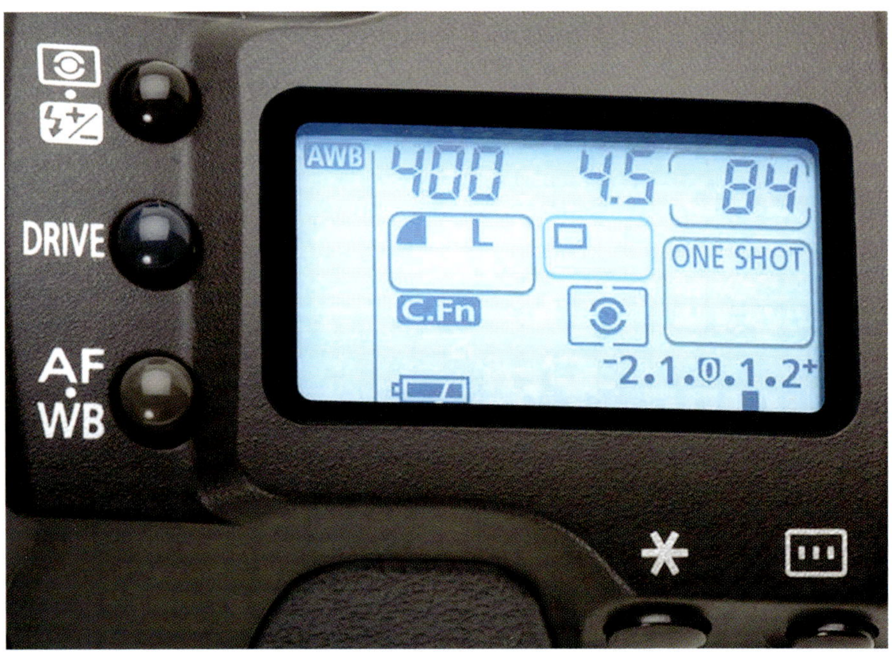

Las cámaras digitales son como pequeños ordenadores que precisan de un programa que actúe como sistema operativo para poder controlar todas sus funciones.

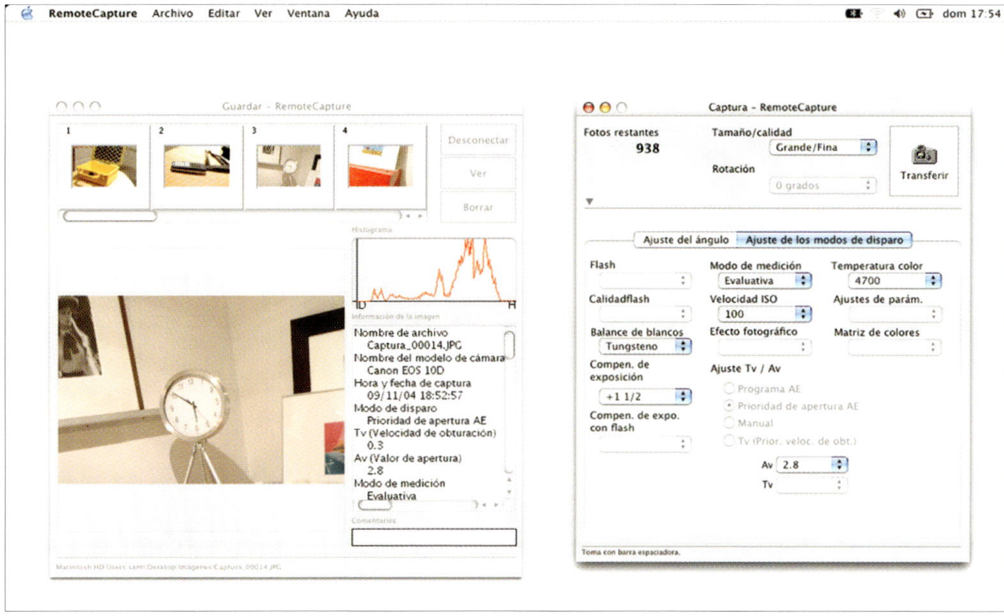

Esta imagen muestra el cuadro de mandos de la cámara desde el ordenador. En la ventana del lado derecho aparecen los controles de la cámara que, aunque no permiten regular absolutamente todos los menús de la cámara, posibilitan el dominio de los más importantes. En la ventana del lado izquierdo aparece un visualizador de las imágenes que se captan con toda la información relacionada con la toma.

cil manejo de la cámara. Permite controlar ésta con diferentes menús que van desde las funciones más básicas de la cámara, como el manejo del diafragma y la obturación, hasta funciones más avanzadas y personalizadas, como la incrustación de perfiles determinados de color, la reproducción de la imagen, la calidad y el tipo de archivo o la selección del tipo de luz que se desee.

Algunas cámaras, sobre todo las más avanzadas, ofrecen la posibilidad de hacer capturas desde el ordenador, con lo que el *software* propio de cada cámara puede controlarse con otro instalado en el ordenador. Este *software,* aunque permite controlar la cámara, no deja acceder a todas las funciones propias del *software* de ésta, sino sólo a algunas básicas, como el disparo, la orientación de la imagen o el formato y tipo de archivo. Al adquirir la cámara, suele suministrarse junto a ésta.

El *software* de manejo de la cámara desde el ordenador es una herramienta bastante útil para trabajar en estudio, sobre todo en la fotografía de bodegones, en la que la cámara está fija y permite ir haciendo disparos desde el ordenador conforme se hacen los ajustes de luces y de posición de los componentes del bodegón en cuestión. Con ello se evita el riesgo de que la cámara

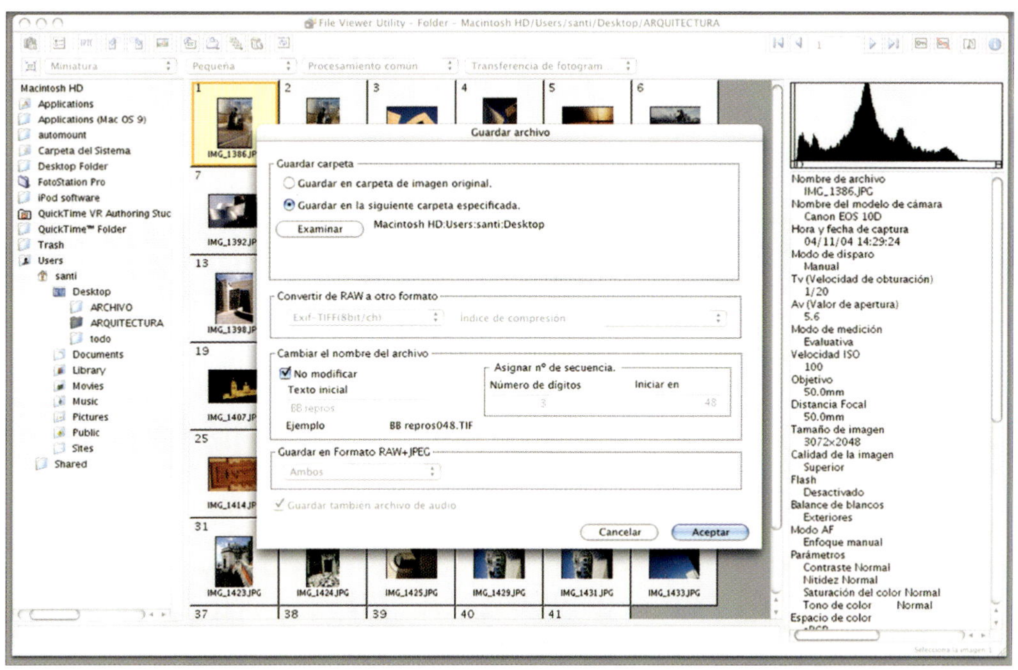

Con los *softwares* de gestión y administración de imágenes que se incluyen en la compra de la cámara se puede visualizar la imagen, procesarla en el caso de que se trate de archivos RAW y visualizar toda la información de la toma como histograma, velocidad de obturación y diafragma, entre otras cosas.

▲ Como muestran estas tres imágenes, la integración del diseño y la fotografía se puede hacer de manera sencilla. En este caso se unieron una ilustración y una foto fuera de foco de una calle por la noche. El resultado es muy atractivo. Esta imagen fue utilizada para la decoración de un salón de baile.

pueda moverse accidentalmente. Además, en el caso de que se tenga que hacer una exposición larga, al disparar desde un punto remoto, se elimina el riesgo de que la imagen salga movida debido a la acción de apretar el disparador.

Una gran ventaja de este *software* es que utiliza la memoria del disco duro del ordenador, con lo que se amplía sustancialmente el número de fotografías que se pueden hacer. Sin embargo, tiene un inconveniente: el cable que conecta la cámara con el ordenador, que da menos libertad al fotógrafo en caso de querer moverse, y que, a veces, dependiendo del tipo que se utilice, puede no tener una capacidad de transmisión rápida de datos.

Existen también programas de gestión y administración de imágenes, que, una vez enviadas las fotografías al ordenador, sirven

▼ Éste es un ejemplo claro de cómo el retoque digital puede ser mal utilizado para alterar la información que transmiten las imágenes. En esta foto de la adjudicación de premios de un concurso canino se retocó el podium de ganadores y, con ello, la información relativa al lugar del premiado.

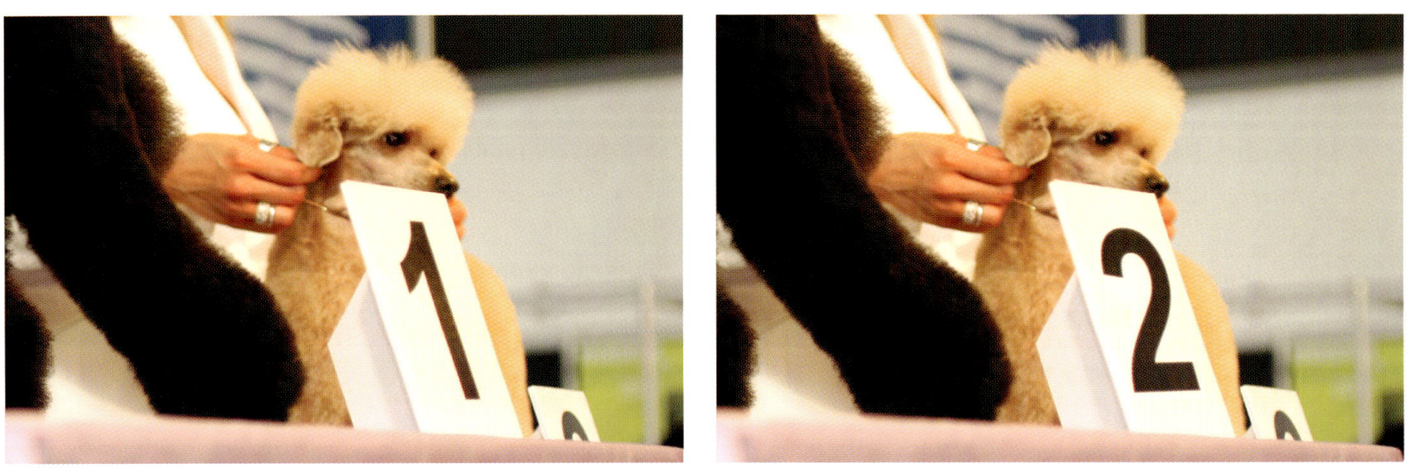

para visualizar la foto y la información relativa a ella como histograma, ISO utilizado, diafragma y obturación, entre otros. Algunos de estos programas, que también suelen incluirse en el equipo de la cámara, permiten renumerar y procesar las imágenes tomadas en el formato RAW.

Una vez visualizadas y procesadas las imágenes, se puede proceder a la utilización de los programas de tratamiento y retoque de éstas. Entre los existentes, el más conocido, versátil y utilizado tanto por profesionales como por aficionados es el Photoshop. Por esta razón será el programa empleado más adelante en este libro para ejemplificar e ilustrar las posibilidades que ofrece actualmente el retoque digital.

La gama de posibilidades que ofrecen los programas de retoque digital para el enriquecimiento y manipulación de la fotografía es inagotable, y todas ellas son aplicables a todo tipo de fotografías, lo que convierte a estos programas en una herramienta imprescindible para cualquier fotógrafo y diseñador gráfico.

Con los programas de retoque se pueden manipular las imágenes a un nivel tal que, en algunos campos de la fotografía, como el fotoperiodismo, se han generado una gran cantidad de debates y controversias de ética profesional sobre su utilización. Y es que, de forma relativamente sencilla, con ellos es posible distorsionar los contenidos de una imagen sacándola de su contexto original y manipulándola en el receptor de la imagen. En la actualidad, son pocos los casos, aunque muy sonados, sobre este mal uso de los programas de retoque digital.

Sin embargo, así como en el campo del fotoperiodismo la utilización del retoque queda sólo limitada a la corrección de color o densidades de la imagen, en otros, como el de la fotografía de moda, de producto o de publicidad en general, es prácticamente impensable concebir una imagen final sin la utilización del retoque. Para limar o matizar defectos de la piel o del producto, o para la confección totalmente digital de una fotografía a partir de muchas otras: por ejemplo, tomando un paisaje como fondo, una modelo fotografiada en un plató y una buena integración digital, se pueden generar imágenes que, de no saberlo, se daría por hecho que fueron obtenidas en una sola toma.

He aquí una fotografía en formato Quick Time, que permite moverse hacia los lados y apreciar la fotografía como si el espectador se encontrara en el centro.

Fotografía panorámica de 360°, creada con Quick Time VR Authoring Studio de Apple, a partir de 20 fotografías, y preparada para impresión.

Presentación multimedia de estas mismas panorámicas montadas en formato navegable.

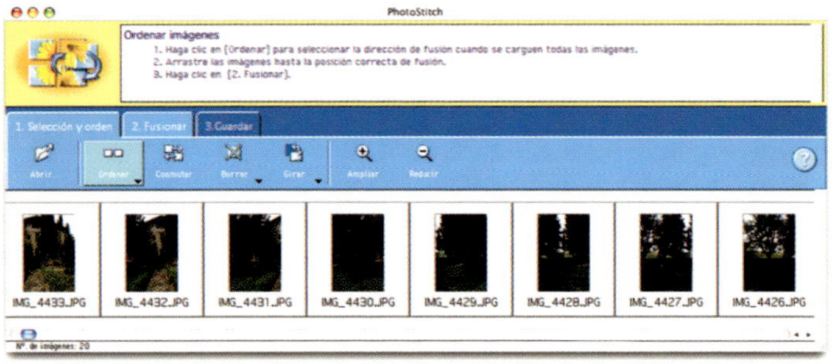

Algunos fabricantes de cámaras digitales incorporan versiones bastante básicas, y con ciertas limitaciones, de este tipo de programas, como, por ejemplo, el Photostich Launcher, que incorpora Canon.

Rótula para trípode de la marca Manfrotto, especial para la toma de fotografías panorámicas de 360°.

Por ello, el trabajo del retocador digital, hasta hace unos pocos años inexistente, ha adquirido en la actualidad un gran valor en los diferentes ámbitos de la fotografía. Es fundamental entender que la fotografía digital tiene un gran aliado en la postproducción, y que el hecho de conocer las posibilidades que ofrece el retoque digital es de gran ayuda para conseguir tanto mejores fotografías como una mayor eficacia a la hora de la toma.

Hoy en día, no hay que pasar horas y horas intentando conseguir una iluminación y una composición perfecta para un bodegón en el que intervengan muchos elementos, ya que, si se tiene claro el concepto, es mucho más fácil fotografiar por separado los elementos y luego montar el bodegón con la ayuda de los programas de retoque, lo que permite crear la composición que se desee y aportar incluso complicados efectos de iluminación.

Entre los programas de retoque, se pueden encontrar algunos con aplicaciones diversas y más especializadas, como la de generar imágenes panorámicas.

Este tipo de programa, aunque todavía desconocido por muchos, es una herramienta potente para lograr, partiendo de una serie de imágenes, una sola de hasta 360°. Estas imágenes suelen tener un gran efecto visual una vez impresas, pero además el programa permite llevar la fotografía panorámica a una presentación multimedia en formato navegable, como si de una visita virtual al escenario de la fotografía se tratara, e incluso hay algunos que forman panoramas cúbicos, en los que no sólo se puede navegar de derecha a izquierda o de izquierda a derecha sino también de arriba abajo.

Entre los programas más destacados para la creación de panorámicas se encuentran el VR Scene Works, de VR Toolbox; el Stitcher, de Realviz y, uno de los pioneros en este tipo de soluciones, el Quick Time VR Authoring Studio, de Apple.

Como se ha mencionado anteriormente, este tipo de programa es una herramienta muy interesante, sobre todo en páginas web del sector inmobiliario, por ejemplo, que permiten a una persona hacer una visita virtual desde el ordenador para decidir si éste es el apartamento que está buscando o no. O en el sector de la automoción, en el que se puede ver, con todo lujo de detalles y desde el ordenador particular, el interior del coche que uno tiene intención de comprar.

Estos programas también pueden generar fotografías de objetos: se parte de una serie de imágenes del motivo tomadas con la cámara fija, girando dicho motivo algunos grados entre toma y toma. Después, ya en el ordenador y con el programa de de retoque, se juntan hasta lograr una imagen de dicho motivo que puede contemplarse desde todos sus lados. Este tipo de fotografía es utilizada generalmente para la venta de productos a través de internet o de catálogos multimedia en CD o DVD.

Gracias a la modalidad que tienen algunos programas para generar fotografías panorámicas, juntar varias imágenes de un motivo tomadas con la cámara fija y rotado algunos grados entre toma y toma, es posible obtener una visión virtual del objeto sin perder ningún detalle.

▸ Gracias a los programas especializados en el archivo y clasificación de fotografías, se pueden realizar visualizaciones rápidas de grandes grupos de fotografías así como búsquedas específicas, entre muchas otras funciones. En esta imagen se detallan algunas de las que presenta el programa Fotostation Pro:

1 Creación de proyectos por carpetas, lo que permite organizarlos, si se desea, por temas o criterios.

2 Dentro de la pantalla, con las vistas previas, selección de grupos de imágenes para ser visualizadas por separado.

3 Búsqueda por número o nombre de la imagen, o por los campos de texto que se hayan editado.

4 Pases de fotografías seleccionadas, por ejemplo, para presentaciones.

5 Archivo automático de toda la información relativa a la toma de la foto.

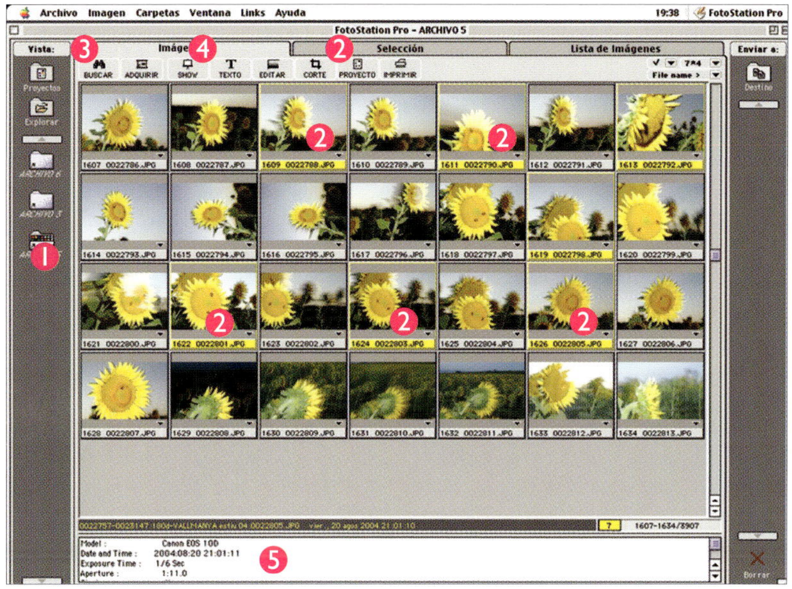

Otro tipo de acción puede ser crear automáticamente supercompresiones de las imágenes que permitan una visualización más rápida y liberar memoria del ordenador, grabando los archivos originales en CD, DVD o discos duros externos.

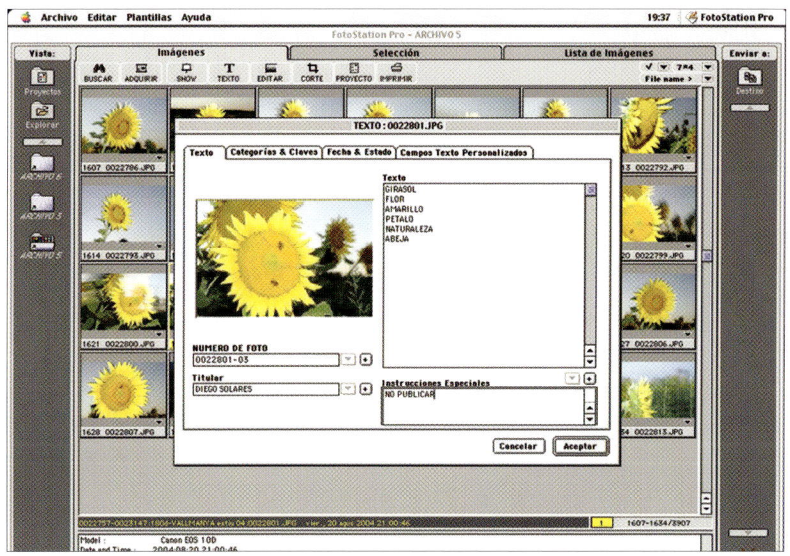

▸ La gran ventaja de los programas especializados es que permiten al usuario definir sus propios campos de búsqueda logrando con ello una mayor personalización de los criterios de cada fotógrafo.

Para la correcta utilización de estos programas, es necesario que la toma sea perfecta, por lo que existe una amplia gama de rótulas para los trípodes en los que se coloca la cámara en vertical y ésta se va girando circularmente deteniéndose en los grados que tiene marcada la rótula; el número de fotografías o grados de dicha rótula dependerá de la óptica que se quiera utilizar. Cuanto más largo sea el objetivo, más cantidad de fotos se deberán hacer.

Hay que recordar también los programas de archivo de fotografías, que sirven para generar un banco de imágenes perfectamente clasificado y de rápida consulta.

Este tipo de programa desempeña en la fotografía digital la función que, en la analógica, tenían una serie de elementos físicos, como las para archivar negativos, los álbumes, las hojas de contacto y las listas para apuntar la información de las fotografías.

Especificaciones de los programas de archivo y clasificación de fotografías

- Creación de un criterio propio de clasificación y búsqueda de las imágenes.
- Conservación y almacenamiento de la información que genera la cámara de cada imagen.
- Creación de vistas previas de cada imagen, que tienen mucho menor peso que las imágenes originales, agilizando de esta manera el manejo del banco de imágenes.
- Renombrar, renumerar y clasificar las imágenes de forma individual y por grupos.
- Añadir texto y campos de búsqueda.

Como se puede apreciar en estas dos imágenes, la cantidad de posibilidades de postproducción que ofrecen los programas de retoque es enorme.

Gracias al origen digital de las imágenes, estos programas permiten manejar de forma sencilla y práctica un inmenso banco de imágenes.

La fotografía digital ha potenciado y multiplicado sustancialmente el número de fotografías que se hacen día a día en el mundo, tanto a nivel de usuario como a nivel profesional. Por ello es muy importante tener un buen control y archivo de estas imágenes, lo que sólo es posible mediante la utilización de un programa de archivo y clasificación de imágenes digitales.

Estos programas son imprescindibles para toda persona que se mueva con fotografías digitales, ya que, si no se tiene el hábito de archivar las imágenes, una vez que se han bajado al ordenador, tarde o temprano acabará produciéndose un caos de carpetas e imágenes sueltas en el escritorio del ordenador.

Cuando se adquiere una cámara digital, ésta suele ir acompañada de un pequeño administrador, que a nivel de usuario puede ser más que suficiente. Pero, si se maneja un gran volumen de fotografías, como es el caso de los fotógrafos profesionales, se recomienda adquirir un programa especializado, como el Cumulus o el Fotostation Pro.

INTERPOLACIÓN DE LA IMAGEN

Interpolación en la cámara

La resolución que presenta una fotografía digital no es absolutamente perfecta, por cuanto los elementos o píxeles fotosensibles del CCD más comunes, como se vio en el capítulo dedicado a los sensores digitales, de una toma están en su mayoría recubiertos con pequeños filtros de color rojo, verde o azul. Los vacíos existentes entre estos elementos del mismo color se llenan mediante métodos de interpolación que se tratarán más adelante.

Como muestra este ejemplo, la obtención del color final de un píxel es el resultado del promedio del brillo con un determinado filtro (R, G o B) mediante la interpolación del color de dicho píxel con sus píxeles vecinos. Por ello, después del promedio, el píxel indicado en la imagen quedará con unos valores finales de R: 255% (100 + 155 de rojo), G: 153% (153 de verde) y B: 0%.

Mientras que, en la película, la gama cromática completa de una imagen se obtiene mediante una superposición de capas en las que las diferentes frecuencias de la luz quedan registradas en cada capa de la emulsión sensible a dicha frecuencia, en la matriz digital, la gama cromática completa resulta del promedio de los píxeles que están situados uno al lado del otro, donde cada píxel tiene un filtro individual y no uno encima del otro, como en el caso de la película.

Al estar recubiertos los píxeles por filtros de distintos colores, la matriz sensible captura sólo una parte del color proveniente del objeto por cada píxel. Así los que tienen filtro verde capturan la intensidad del verde; los que tienen filtro rojo, la intensidad del rojo, y los que tienen azul, la intensidad del azul. Al mezclarse, se obtiene la gama completa de colores, pero se pierde la información de dos de éstos por píxel. Así, por ejemplo, si el filtro del píxel es azul, se pierde la información del rojo y del verde.

La interpolación aparece como solución para llenar esta pérdida de datos. Aunque no se disponga de la información del verde

Gama cromática en la película

Gama cromática en los CCD

Aunque cada día los algoritmos de interpolación, tanto de los ordenadores como de las cámaras, son más eficaces, si se hace una interpolación muy grande, se corre el riesgo de que aparezcan iridiscencias, como muestra el contorno del texto de esta imagen, en el que se aprecia una especie de halo blanco.

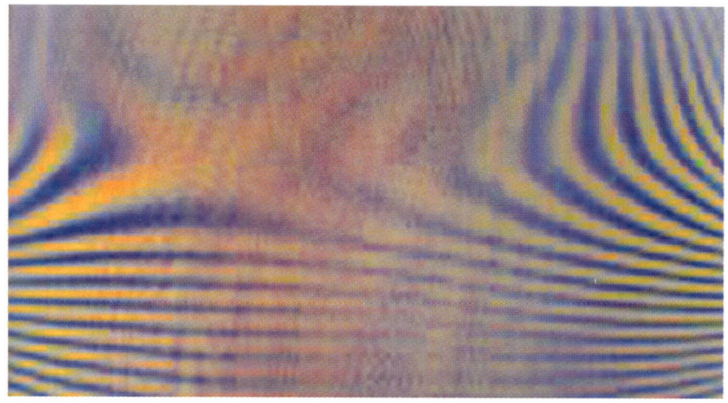

Esta imagen muestra con detalle un ejemplo del efecto *moiré* que se produce bajo ciertas situaciones en las cámaras digitales.

en los cuadros rojos o azules, la separación entre los distintos píxeles verdes podrá promediarse, o utilizar un algoritmo matemático, denominado *de interpolación,* para rellenar los espacios intermedios que perdieron parte de la lectura lumínica.

Este sistema o algoritmo matemático intenta recrear lo que en la fotografía tradicional ocurre normalmente. En ella, los haluros de plata, al recibir plenamente el haz lumínico, absorben de forma química esta información y proporcionan imágenes que, en principio, no tienen pérdidas, aunque es preciso recordar que las distintas capas de la emulsión reaccionan de manera diferente a las ondas cromáticas; por esto, se ven películas que parecen tener las mismas características aunque con resultado cromático distinto. Lo mismo ocurre en la fotografía digital, en la que las matrices sensibles de los distintos productores ofrecen diferentes tonalidades de color.

En el capítulo siguiente se profundizará en este tema. Por ahora nos quedamos con la afirmación de que la inteligencia o la complejidad matemática del algoritmo programado para el proceso de interpolación en la cámara determina la calidad de los resultados y que el CCD ofrece una gama de color, resultado de una interpolación.

El resultado de cualquier algoritmo de interpolación producirá problemas en los detalles finos de alto contraste, como un texto en negro, cuyos contornos aparecerán iridiscentes.

Los fabricantes de cámaras con filtros por píxeles –sistema más común en cámaras portátiles– colocan los filtros RGB en tiras, mosaicos regulares o mosaicos pseudoaleatorios. Estos patrones de filtro alteran, en ocasiones, partes del objeto tramadas finamente, produciendo en las imágenes un efecto *moiré.*

Todos los fabricantes de cámaras necesitan la interpolación para generar la gama completa de color de las imágenes capturadas por el sensor. Pero, mientras la mayoría de estas cámaras sólo utilizan la interpolación del color para obtener la gama cromática completa de una imagen, hay fabricantes que buscan aumentar también el número total de píxeles interpolando espacialmente.

En estas tres imágenes, se muestra la trampa que realizan algunas cámaras, que, al tener un sensor o una matriz muy pequeños, utilizan la interpolación de espacio directamente sobre la captura, obteniendo como resultado un tamaño de imagen interpolado y no real, que generalmente se nota en la disminución de la calidad de la imagen.

En este sentido, es significativo observar que, cuando se analizan los archivos interpolados espacialmente, se advierte que la resolución o definición de la imagen ha disminuido. Ello lleva a afirmar que, mientras no se mejoren los algoritmos de interpolación, la reducción de la calidad de la imagen en lo que a su definición se refiere seguirá siendo un resultado característico de este procedimiento.

Las cámaras digitales de bajo coste que utilizan un conjunto de matriz pequeño incrementan todavía más el número de píxeles capturados por la interpolación adicional. También las cámaras portátiles comprimen a veces las imágenes capturadas para que quepan más en la memoria. Si esta reducción utiliza la compresión con pérdida, que elimina variaciones cromáticas secundarias de un píxel al siguiente, el detalle se reducirá todavía más.

Interpolación para ampliación

Tanto en la matriz sensible de la cámara como cuando se desea ampliar el tamaño de las imágenes en el ordenador, se desarrollará un proceso de interpolación, puesto que existen espacios o píxeles vacíos o sin información cromática y/o de brillo, que deben completarse para preservar la imagen capturada lo más parecida a la imagen original.

Dado que el tamaño en píxeles de una imagen digital se establece en el momento de la captura a causa del tamaño definido del sensor, ampliarla significa añadir más píxeles a la cuadrícula. Este proceso se denomina *interpolación* o *remuestreo para la ampliación* y consiste en hacer más grande la captura de la matriz de píxeles originales, pero sin mejorar con ello el detalle y, casi por defecto, perdiendo, puesto que cualquier método, por exacto que sea, crea una información que no fue capturada, que no existe y que, por lo tanto, se inventa. Ello ocasiona que no se hable de una mejora sino sólo de grados de pérdida. Conforme la tecnología avance, esta pérdida será menos perceptible. En resumen, la interpolación simula un aumento de la resolución de una imagen.

Entonces, ¿cómo se aumenta el tamaño de impresión o visualización de una imagen sin alterar su resolución? Deben añadirse nuevos píxeles a intervalos regulares por todo el archivo, para que la nueva imagen siga conteniendo el mismo número de píxeles por pulgada. Para duplicar la anchura de una imagen, se debe añadir un nuevo píxel entre cada uno de los originales. Los píxeles nuevos toman información, ya sea del color o del brillo de los píxeles adyacentes, pero la manera en que toman dicha información determina los resultados que se obtendrán.

Esta operación normalmente se realiza dentro de un programa de manipulación de imágenes, como es el Photoshop, que ofrece al menos tres opciones de interpolación. La más rudimentaria y rápida sería una interpolación por cercanía o replicación de píxeles. En esta técnica, cada píxel insertado es una copia exacta de uno de la imagen original (el píxel elegido para ser copiado simplemente es el que se encuentra más cercano a la posición de la nueva ubicación).

Como podría imaginarse, los resultados tienden a parecer más bien en bloques o pixelados, debido a la gran pérdida de nitidez y definición que presenta este sistema de interpolación. Actualmente es muy raro encontrar programas que lo apliquen. Por ello, nos vamos a centrar aquí en las tres opciones de interpolación utilizadas por los programas de retoque de imágenes más habituales, como el Photoshop.

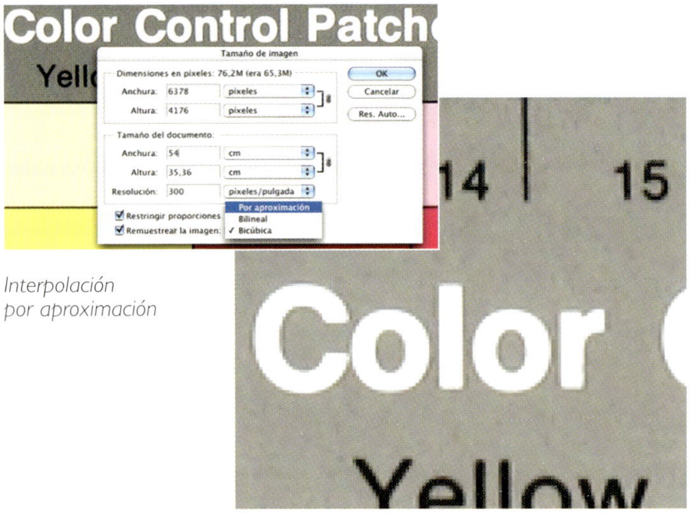

Interpolación por aproximación

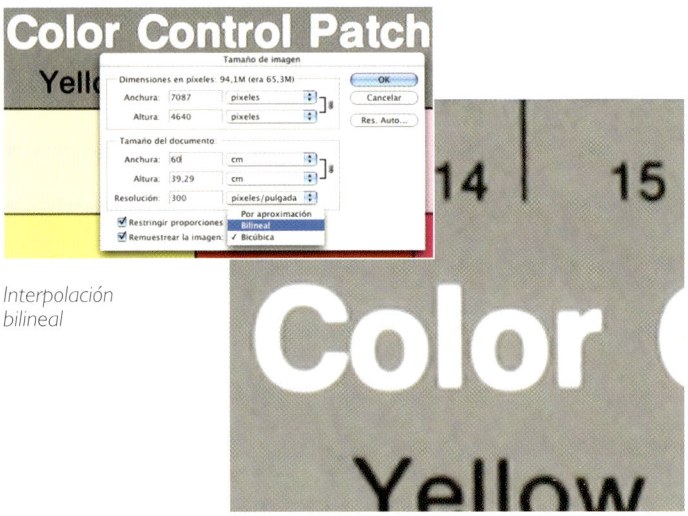

Interpolación bilineal

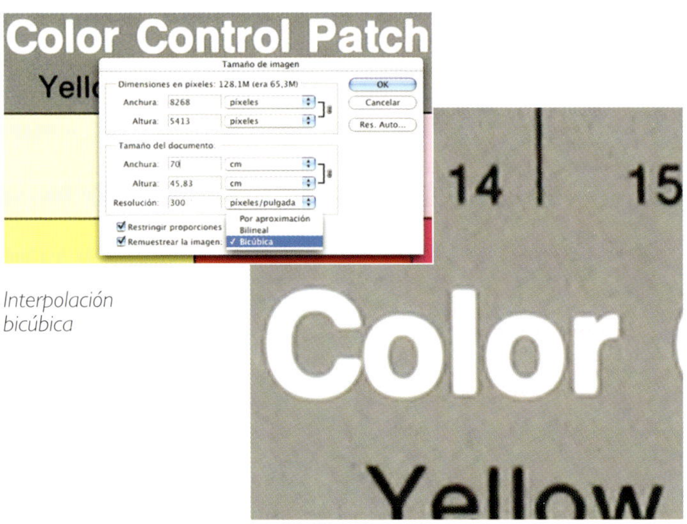

Interpolación bicúbica

- ***Interpolación por aproximación.*** En esta opción los valores tonales de cada nuevo píxel se crean promediando los valores de los píxeles vecinos. Esta interpolación o remuestreo impide la observación de píxeles individuales o bordes dentados, manteniendo la definición de las líneas, pero no añade nueva definición de detalle a la imagen. De hecho, los detalles nítidos se desdibujan debido a la aplicación del algoritmo de promedio, pues la información de un píxel se reparte entre muchos reduciéndose la definición de bordes de alto contraste y suavizando dichos bordes. Por el hecho de multiplicar la anchura y altura de una imagen por medio del remuestreo, se produce un archivo que ocupa mucho más espacio de almacenamiento. Esta implicación es común a todos los algoritmos de interpolación; la diferencia radica simplemente en el grado.
- ***Interpolación bilineal.*** Actúa añadiendo píxeles cercanos. Lo que se intenta con esta opción es encontrar una tendencia sencilla que pueda utilizarse para suponer todos los puntos de nuevos datos. Este proceso funciona bastante bien, con una velocidad aceptable, y mantiene una nitidez adecuada de la imagen; sin embargo, aunque no es frecuente, puede presentar problemas en la definición de las líneas, ya que añade información, lo que puede afectar a la definición.
- ***Interpolación bicúbica.*** Es el mejor método que existe actualmente para interpolar. No sólo tiene en cuenta los cambios producidos entre los píxeles existentes, sino también la velocidad de dichos cambios. Por velocidad se entiende la diferencia existente entre la intensidad cromática de un píxel y otro, lo que permite que este método se comporte bien con los contrastes y, en general, proporcione una mejor apariencia a los tonos graduados, como que el cielo azul varíe según los diferentes ángulos con relación al Sol. Este método es el más satisfactorio que ofrecen los programas de tratamiento de imágenes, como el Photoshop. Otros ofrecen opciones que permiten seleccionar automáticamente el método más adecuado para los distintos tamaños de ampliación, como el Saint Shop Pro, por ejemplo.

Existen también programas especializados en interpolación, por si se tienen que realizar ampliaciones importantes que permitan crear grandes archivos. El más conocido es el Genuine Fractals, que funciona dentro del Photoshop y otros programas.

Los programas de interpolación especializados incorporan la posibilidad de determinar en qué parte de la imagen es preciso añadir nuevos píxeles para obtener una mayor resolución. Generalmente, en cada zona pueden llegar a utilizar uno de los tres métodos mencionados para determinar de qué color deben ser los nuevos píxeles.

Optimizar la imagen para su uso final

Sistemas de tratamiento de color

Reproducir el color de una imagen es una tarea difícil dentro de la fotografía digital, por dos razones:

• Porque ningún sistema de reproducción de imágenes, ya sea la pantalla de un monitor, ya una copia en papel, puede acercarse a la gama completa que registra el ojo humano.

• Por el número de marcas existentes en el mercado, que hacen que la interpretación sea distinta entre unos dispositivos y otros.

Para quienes conocen el proceso fotográfico químico, el símil sería imaginar que se nos ofrece una película negativa de muy buena calidad, pero sin que se indique en ningún lugar ni su sensibilidad (que puede variar de un rollo a otro), ni qué revelador se debe utilizar y/o qué tiempos de exposición se deben emplear. Luego nos ofrecen para positivar esa maravillosa película, un sobre con diferentes papeles y un revelador cuyas características cambian según el envase. Además, nos dan un fijador que a veces fija y a veces no.

Pues éste es el panorama actual de la fotografía digital. En fotografía química, todas las variables del proceso están ya bastante definidas, lo que garantiza, dentro de un margen, unos resultados homogéneos.

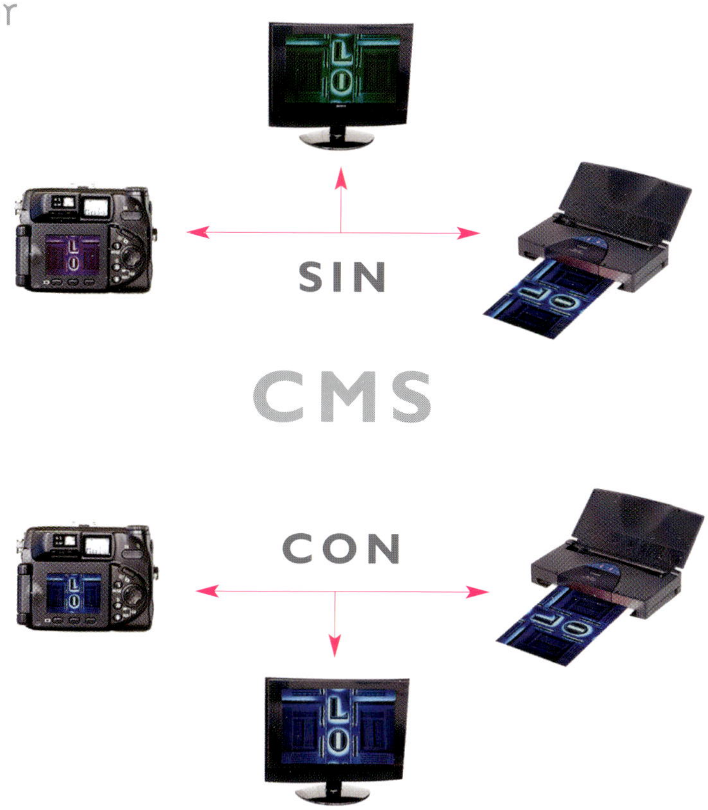

Programa para cámara digital

▸ Tanto si se utiliza un CMS como si no, siempre se podrá comprobar la precisión del sistema haciendo una prueba. Esta prueba se realizará con un motivo que contenga tonos difíciles, como la piel, o tiras de control de color, mirando la imagen en la pantalla y en la impresión y comprobando con ambas si los colores son exactamente iguales.

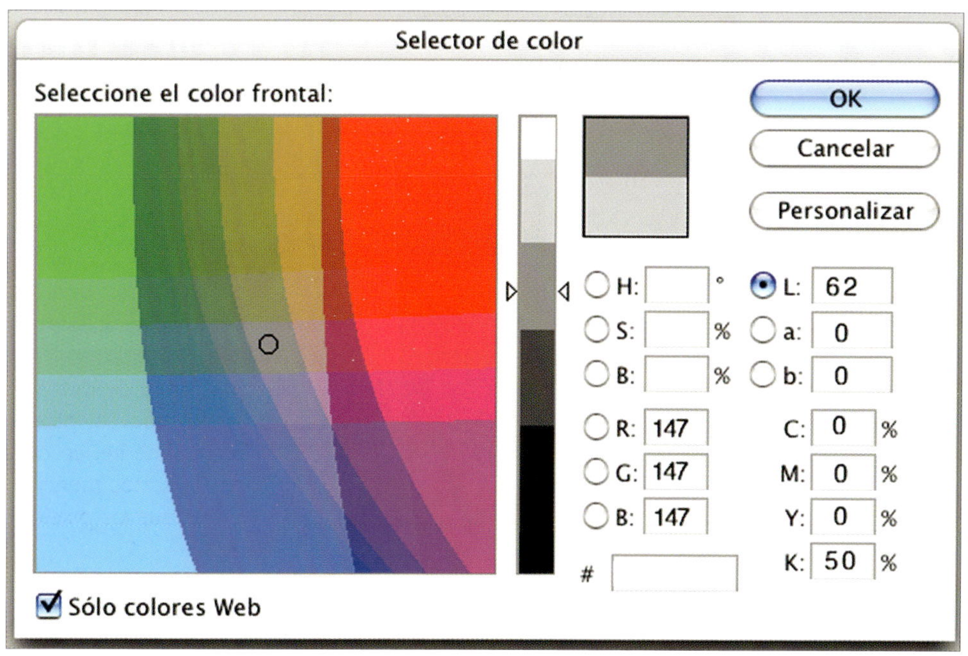

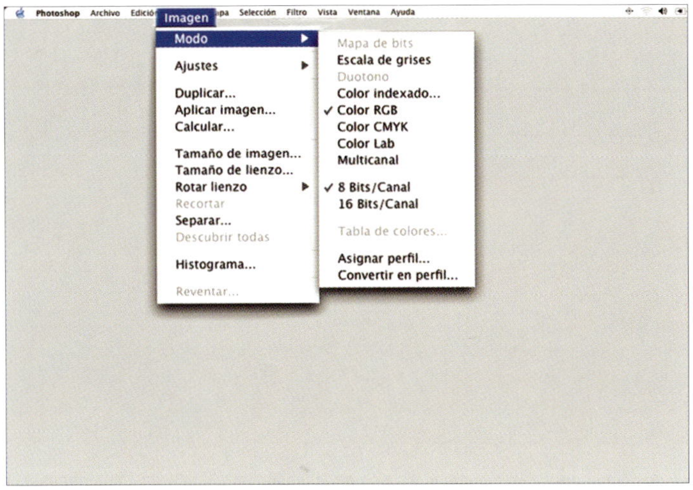

Opción, en el programa de retoque fotográfico, para la gestión del color de una fotografía.

Fotografía con selección de color RGB

Fotografía con selección de color Lab

Fotografía con selección de color CMYK

En el mundo digital, los problemas surgen en la comunicación entre los ordenadores, cámaras, impresoras, etc. Los diferentes programas existentes hacen necesario establecer distintos patrones para la explotación de los sistemas, pues no siempre el comportamiento del color entre dispositivos es homogéneo. Calibrar el monitor es sólo una parte de la solución, aunque es también un primer paso esencial.

La solución, que hasta ahora se ha aplicado como norma, consiste en instalar una aplicación de *software* adicional: un sistema de gestión del color CMS (por sus siglas en inglés *Color Management System*). Su función consiste básicamente en interpretar y traducir la codificación de los colores establecidos dentro del espacio de color en que fue creada la imagen (cámara, escáner u ordenador) al espacio de color de la máquina o *hardware* de salida (como, por ejemplo, la impresora o el monitor).

Cada pieza del equipo tiene una manera de mostrar los números utilizados para identificar un color particular, y un CMS interpreta estos números aplicando las reglas y lineamientos que el *International Color Consortium* (ICC) ha establecido para conseguir la traducción más precisa posible. Todos los programas de tratamiento de imágenes siguen este sistema.

Entre los sistemas de gestión de color más comunes está el *Lino Color Management Module* de LINOTYPE HELL, utilizado con ColourSynctm de Electronics for Imaging, entre otros.

Aunque se ofrecen distintas soluciones, la realidad es que siguen existiendo problemas dentro de la plataforma de Windows a causa de los diferentes *drivers* con que éste opera y que lo hacen víctima de la variabilidad de los estándares de los diferentes fabricantes. En el caso de la plataforma Mac, el problema es mucho menor, ya que tiene la ventaja de contar con un solo *driver* de vídeo, que funciona con todos los monitores y todas las tarjetas de vídeo.

A menos que se opte por adaptar el procedimiento a necesidades muy específicas, el mejor consejo, si se utiliza Photoshop, es seleccionar uno de los ajustes predefinidos bajo el menú AJUSTES DE COLOR. Para mayor tranquilidad, ante una duda, se debe confiar en los ajustes propuestos por defecto, ya que expertos en *software* y *hardware* han trabajado mucho con ellos. Es importante saber hasta qué punto es necesario realizar modificaciones en el sistema de gestión de color, ya que el proceso no es sencillo.

Para los profesionales es indispensable un tratamiento perfecto del color en todas las etapas del proceso, sobre todo si se envían archivos de imagen para su impresión a laboratorios con equipos con los que no están acostumbrados a trabajar.

Los programas CMS hacen lecturas matemáticas de los diferentes estándares, que definen con absoluta precisión el color de cada píxel, independientemente del modo en que lo muestre el ordenador. El gris neutro en el estándar RGB es 147, 147, 147, en el estándar CMYK es 0%, 0%, 0%, 50% o cardinalmente 43, 32, 21. Para Lab este mismo gris sería 62, 0, 0. Y para HTML, 494494. Como el estándar en la profundidad de color para un píxel es de 256, los números RGB van del 0 al 255. En el modo CMYK, usando porcentajes, van del 0 al 100%. Lab utiliza una escala que va del 0 al 100 para luminosidad y del –120 al +120 para las dos escalas de color.

Se puede afirmar que existen términos esenciales cuando se habla de gestión de color (modelo, modo y espacio).

Un modelo de color es el principio general para describir el color, ya se trate de RGB, CMYK, etc. Algunos, pero no todos, son también modos, que constituyen la forma real en que se guardan las imágenes digitales. El modo de color es la manera de representar o construir los colores. El modo HSB, de las siglas en inglés *Highlight, Saturation & Brightness,* indica tono, saturación y brillo, y se basa en la percepción humana. El RGB utiliza tres canales de color para representar la gama cromática, mientras que el modo CMYK reproduce el color de manera aproximada a la tinta sobre papel. Otro modo más utilizado es el Lab, que utiliza un canal de iluminación (brillo o claridad), uno sobre una escala que va desde el verde hasta el rojo y otro que va del azul al amarillo. Este último fue desarrollado por la *Comission de l'Éclairage* (CIE) en 1931 como estándar independiente y se basa también en pruebas de percepción humana. Este sistema es uno de los más frecuentes en programas o *softwares* realizados en Francia.

Otros modos con restricción de colores son la escala de grises (sólo 256 tonos de grises) y mapa de bits (sólo blanco y negro).

Por último, para cada modo de representar el color, hay diferentes espacios de color que se definen como conjuntos estándar de colores codificados, unos con más colores que otros. El espacio de color o gama de color es la variedad de colores posible en un modelo. Lab tiene la gama más amplia, por lo que suele emplearse como sistema de cambio entre los distintos modelos. RGB es el siguiente más amplio y CMYK, el más restringido. Cada uno de ellos representa colores que los otros no pueden, debido al origen de sus modelos y a sus modos de expresión. Ello quiere decir que se trata únicamente de aproximaciones entre los diferentes modelos.

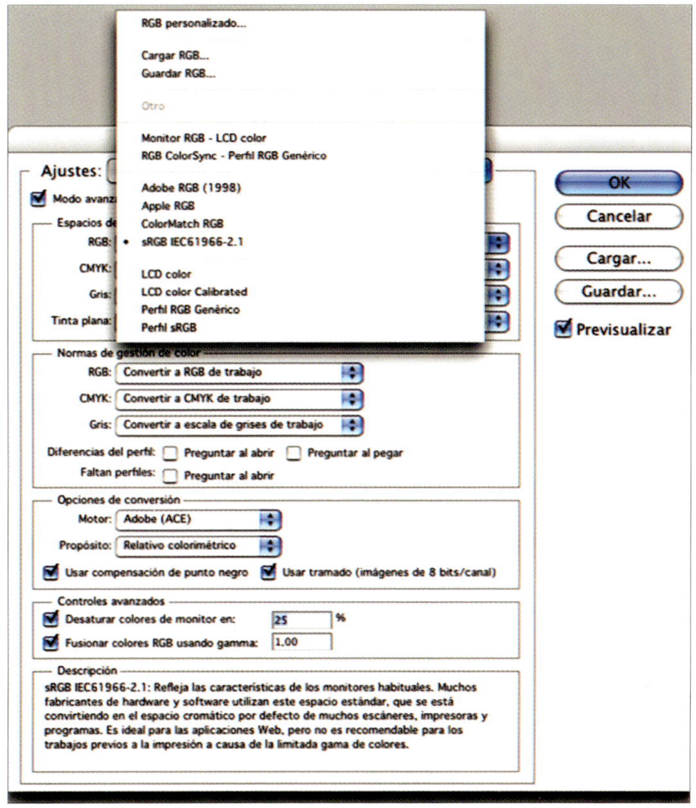

Opciones en la pantalla para la gestión de color RGB, aplicable a una fotografía.

Antes de continuar, hay que recordar que el modo RGB para la gestión del color es el más utilizado en cámaras digitales y otros medios.

Se recomienda trabajar en modo RGB y, si el dispositivo lo permite (cámara, escáner, monitor, etc.), elegir espacio de color Adobe RGB, ya que éste es el espacio más transparente que existe en este tipo de dispositivos (aunque Colormath o Prophoto RGB son igualmente válidos) y, además, es también el espacio de color propio de internet.

Calibración del monitor

La interfase más común para el tratamiento de la imagen es el monitor. Así, entre la captura y la impresión, si se desea modificar o retocar las imágenes, es imprescindible disponer de un buen monitor y de una buena calibración de éste, ya que de ello dependerá la apreciación de las modificaciones que se vayan haciendo y también el resultado final.

Eye One de Gretag. Dispositivo que se acopla al monitor y permite obtener un perfil muy preciso para la correcta visualización de la imagen en pantalla.

Como se comentó anteriormente, la interpretación de la gama cromática por parte de los diferentes *hardwares* es muy variable. Por ello es preciso calibrarlos para ver lo que se obtiene.

Antes de explicar los dos métodos de calibrado, conviene puntualizar que las pantallas TFT generalmente no se pueden calibrar, aunque existen algunas excepciones, como el *cinema station* de 21 pulgadas de Apple y algunas pantallas de gama alta. En cuanto a los monitores convencionales de tubo, la premisa es que cuanto mayor sea el tamaño, mejor. Sin sacrificar velocidad, se recomienda que el monitor sea de 19 pulgadas o de 21, como mejor opción para el fotógrafo profesional. También se debe valorar la posibilidad de agregar un segundo monitor más económico para mostrar los menús y barras de herramientas del programa que se utilice y reservar la pantalla grande y de mejor resolución para uso exclusivo de la imagen.

El primer y mejor método es emplear un colorímetro, como el *Spyder* de Colorvisión o, mejor aún, el *Eye One* de Gretag. Estos dispositivos, que se acoplan al monitor, permiten obtener un perfil muy preciso para la correcta visualización de la imagen. Sus precios oscilan alrededor de los 250 euros. Incluso existen servicios especializados de calibrado.

El segundo método, y también el más accesible, más económico y utilizado, es aplicar la prestación que se incluye en el programa de tratamiento de imágenes, como el Adobe Gama, aplicación que incorpora el Photoshop. Los equipos Mac también disponen de un programa propio del sistema operativo y, básicamente, hacen lo mismo que el Adobe Gamma. Aunque se trata de aplicaciones que deben calibrarse al gusto de cada cual.

En cualquier caso, es preciso asegurarse de que la frecuencia del monitor sea de 75 hz, como mínimo, para la resolución elegida (1.024 × 768 para 17", 1.280 × 1.024 para 19" y 1.600 × 1.200 para 21") y que se configure con las propiedades de la tarjeta gráfica. Además, es conveniente seleccionar en el menú de la pantalla 6.500 °K de temperatura de color, ya que habitualmente vienen con 9.300 °K.

Si se trabaja con situaciones de luz diferentes (por la noche, con luz artificial y de día, con luz natural, por ejemplo), habrá que hacer calibraciones distintas y seleccionarlas en cada caso en las propiedades de la pantalla. La calibración habrá que repetirla ocasionalmente para compensar el desgaste de los fósforos de la pantalla.

Una vez calibrado el monitor, habrá que configurar la gestión de color en el programa de tratamiento de imágenes, ya que viene desactivada por defecto. Esto es igualmente importante tanto para imágenes en blanco y negro como en color. De este modo, se acerca la percepción de la imagen a la proyectada por el monitor o impresa en el papel, lo que convierte esta manipulación en esencial para un flujo de trabajo controlado. La no gestión del color puede provocar problemas en grandes empresas, como elegir unos colores para una campaña y que luego salgan distintos una vez en la calle, o dar seguimiento a algún proyecto pensando en determinadas propiedades cromáticas y que éstas no sean las reales alterando el significado del trabajo en cuestión.

A continuación, se explica la manera de configurar el sistema para evitar estos inconvenientes.

Al activar la gestión de color, se permite que el Photoshop aporte el espacio de color en cada imagen que se grabe y que reconozca estos colores en las imágenes que se vayan abriendo. En la parte superior de la página se puede ver la misma imagen (la primera es la correcta) visualizada en tres espacios de color diferente: RGB, Adobe RGB y ProPhoto RGB, lo que ofrece una idea de la importancia de efectuar una correcta gestión de color.

Personalización del perfil de color en un monitor.

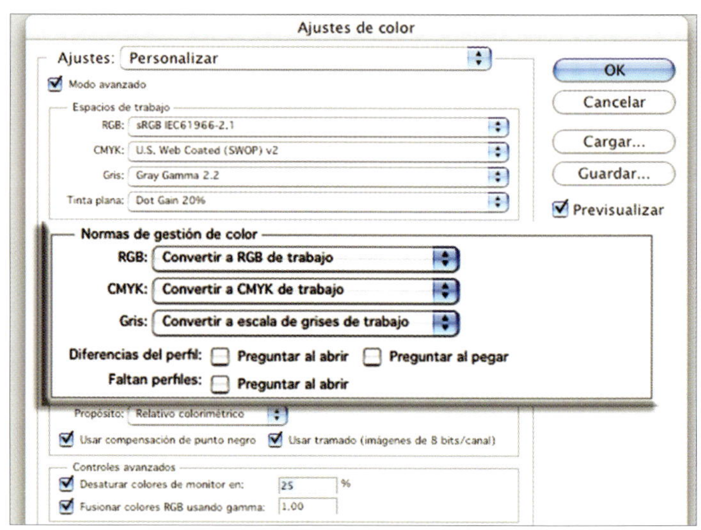

▸ **Pasos para calibrar un monitor.** (Aunque cada programa sigue sus propios comandos y pasos, para ilustrar este proceso se tomará como base el programa Photoshop.)

Cuando se activa la gestión de color, pueden darse tres casos al cargar un fichero de imagen:

- ***La imagen no tiene ningún espacio de color asociado.*** Es habitual cuando no se ha hecho la gestión de color en el archivo. No se sabe qué espacio ha utilizado el fotógrafo para visualizarla y tratarla. Es el caso de las versiones anteriores.

- ***La imagen que se abre lleva asociado un espacio de color diferente.*** Es una situación válida. Lo más rápido es utilizar el perfil incrustado. El Photoshop permite abrir simultáneamente imágenes en diferentes espacios de color.

- ***La imagen se abre directamente y lleva asociado el mismo espacio con que se trabaja.***

Existen algunos parámetros que se pueden modificar para mejorar el rendimiento del Photoshop en el propio sistema, como es la gestión del color. Pero las características esenciales de un buen equipo para imagen, cualquiera que sea la plataforma, en fotografía digital, permiten manejar imágenes estáticas en dos dimensiones y de un gran tamaño. Esto quiere decir que no se realizan cálculos muy complejos, pero sí se mueve mucha cantidad de información. Por tanto, la frecuencia del procesador no es muy significativa.

De hecho, entre un equipo con un microprocesador de 1,5 Ghz y otro con 3 Ghz, apenas se puede notar la mejora de rendimiento para este tipo de aplicación. La clave de un buen equipo para imagen reside en disponer de toda la memoria que se pueda instalar (de 1 a 2 GB y, como mínimo, de 3 a 5 veces el tamaño de la imagen) y de un disco duro secundario de 7.200 o, incluso, de 10.000 rpm. Es conveniente para mejorar el rendimiento, por lo que se recomienda que la memoria virtual del Photoshop no se ubique en el disco de arranque del sistema, sino en un disco rápido secundario. Respecto a la tarjeta gráfica, todas ellas tienen 64 mb o más, lo que las hace suficientes para trabajar correctamente las resoluciones de la pantalla.

Algunos puntos importantes que conviene aclarar son la confusión existente entre la gestión de color y el ajuste o corrección de color. El CMS no hace correcciones de la imagen que ha sido salvada con errores en el balance tonal y de color.

El perfil de color registra las características del equipo en cuestión (ya sea un escáner, una cámara, un monitor o una impresora). La administración de color se representa mediante una tabla de referencia que detalla con precisión la manera de representar los colores. Al contrario de lo que ocurre en los espacios de color, los perfiles no son universales. Es imposible obtener un perfil de un producto, ya sea una cámara digital, un escáner o una impresora. En el caso de las impresoras, existe un factor adicional, los papeles y las tintas, que tienen mucha importancia en las características de la impresión, lo que puede alterar sustancialmente las características de los perfiles generales.

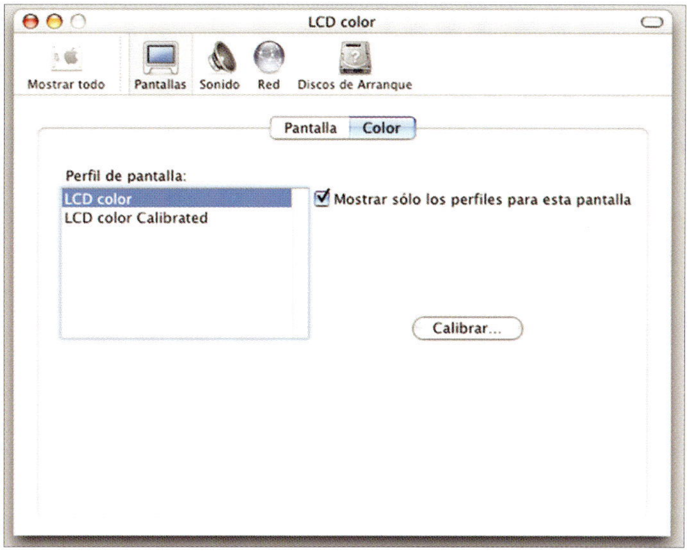

1 Elección del perfil de la pantalla.

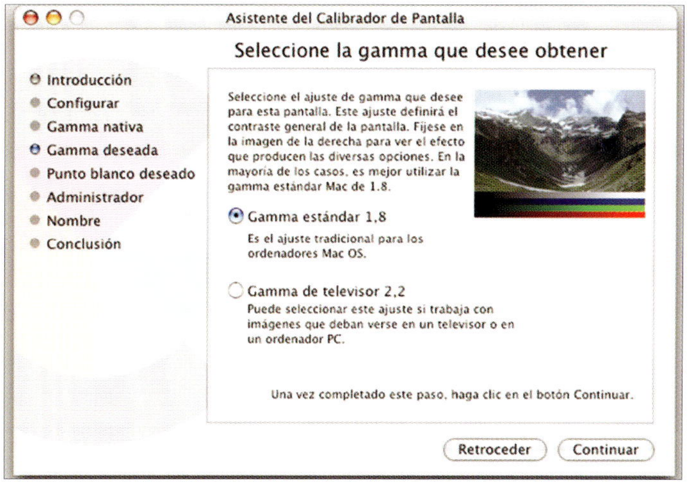

2 Selección de la gama de color que se desea obtener.

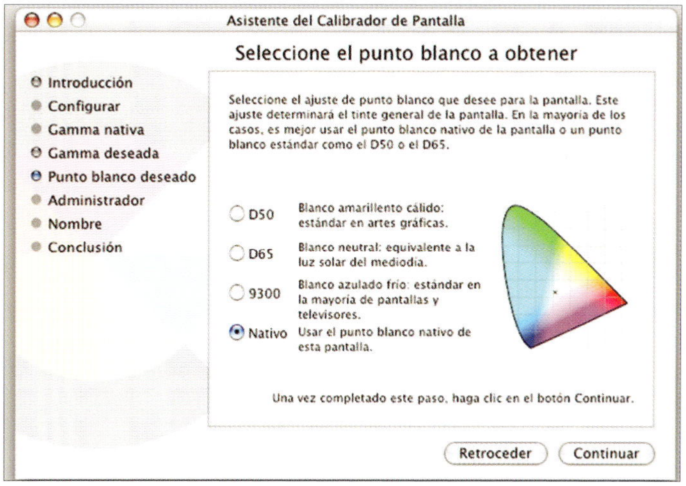

3 Selección del punto de blanco medio.

Características de un programa de tratamiento de imágenes dentro de los estándares internacionales

Siguiendo los formatos y convenciones desarrollados por el *Internacional Color Consortium* (ICC), los programas de tratamiento de imágenes para la gestión de color deben llevar incorporados los siguientes elementos y conceptos:

Mecanismos de gestión del color

Varias firmas han desarrollado distintas formas de gestión del color. El mecanismo elegido dentro de la gestion de color indica cuál será la que se desea utilizar. A este aspecto del CMS se le denomina CMM, por sus siglas en inglés *Color Management Module*, y su función es la de leer y traducir el color entre distintos espacios:

- ***Números de color***. Cada píxel en el código de una imagen tiene un conjunto de números que describen su ubicación en el modo particular del color, por ejemplo, los valores del rojo, verde y azul en el modelo RGB. De cualquier manera, la apariencia del píxel puede variar cuando varía el dispositivo de salida, ya que cada dispositivo tiene su propia manera de traducir los números a la representación del color. Cuando se cambian el color y las tonalidades o se convierte un documento a un espacio de color distinto, se están cambiando los números del color.

- ***Perfiles de color.*** La rutina establecida por el ICC define perfiles de color para determinar cómo serán traducidos los números del color del código de la imagen al color que será desplegado en ésta. El perfil describe sistemáticamente cómo los números del color establecen la ubicación del color dentro del espacio cromático. Asociando o clasificando el código con el perfil de color definido, se está proporcionando una apariencia específica al código y un código específico a la apariencia. Cambiando el perfil de color asociado, cambia la apariencia del color. Los códigos sin un perfil asociado son conocidos como *indefinidos* y contienen sólo números de colores. Cuando se trabaja con este tipo de códigos, el programa utiliza el espacio de color por defecto, para asignarle un perfil de color.

Cuándo se puede necesitar la gestión del color

A continuación, se presentan algunas recomendaciones para determinar cuándo es necesario poner en marcha la gestión de color.

El proceso de producción requiere poco control cuando, por ejemplo, todos los dispositivos que existen en el equipo son de la misma marca o están calibrados con el mismo modelo.

Tal vez tampoco sea necesario activar la gestión de color cuando se producen imágenes para la red o algún dispositivo de pantalla remoto, ya que las especificaciones de estos dispositivos no se pueden controlar. De todas maneras es conveniente utilizar el modo que viene por defecto para gráficas de internet, ya que dicho modo está calibrado sobre una media del espacio RGB, que es el más común en los monitores.

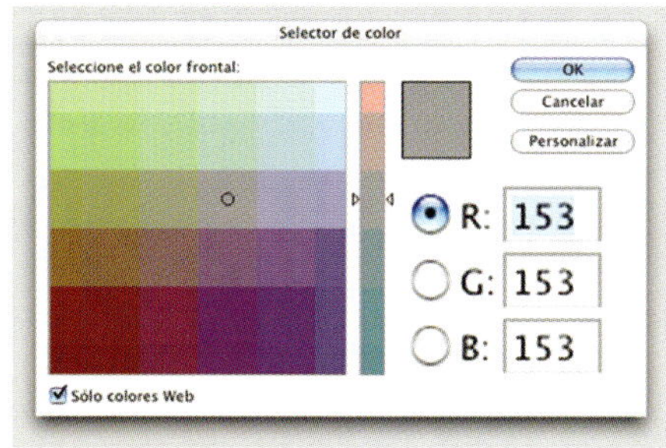

Adobe RGB (1998)

◂ Perfiles de color preestablecidos en cualquier programa de gestión de color.

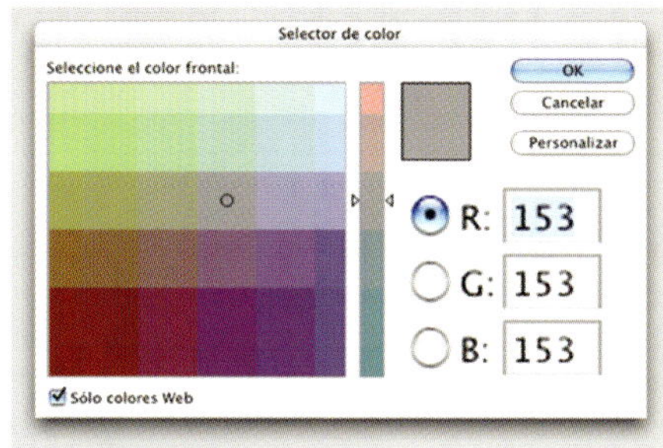

sRGB IEC61966-2.1

También es posible beneficiarse de la gestión de color si se tienen más variables en el proceso de producción (por ejemplo, si se está utilizando un sistema abierto con múltiples plataformas y dispositivos, provenientes todos ellos de diferentes fabricantes). La gestión de color se recomienda si se puede anticipar el uso específico de alguna impresora por todos los ordenadores en esta red, anticipando resultados comunes.

▾ Manipulación del color en una fotografía

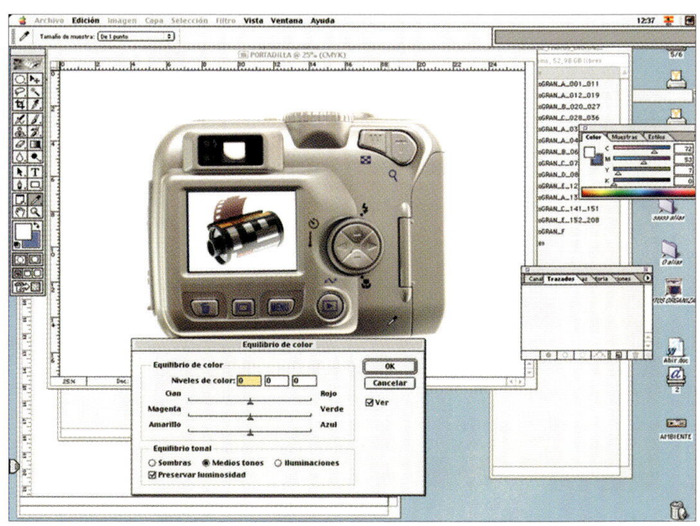

RECOMENDACIONES PARA EL AMBIENTE DE TRABAJO

Las siguientes recomendaciones se relacionan con el ambiente de trabajo y la manera de controlarlo para obtener unos resultados más precisos.

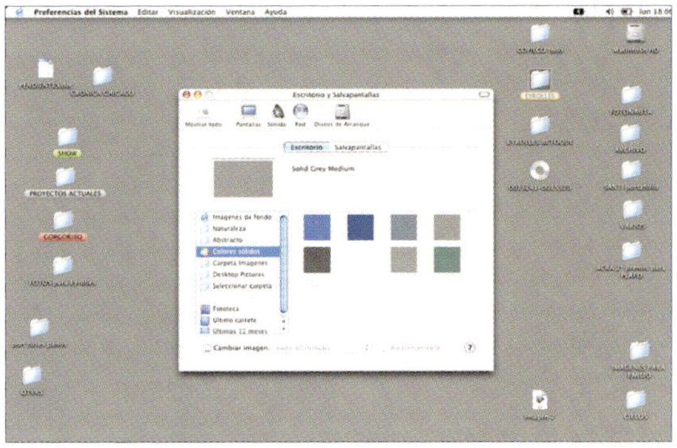

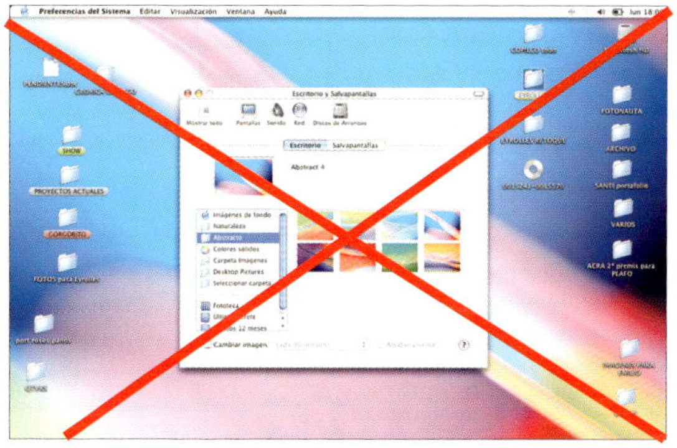

• Hay que ver las imágenes en un ambiente que ofrezca una luz uniforme en brillo y en temperatura del color. Por ejemplo, las características de la luz solar van cambiando a lo largo del día alterando con ello la apreciación de los colores en la pantalla. Es conveniente mantener cerradas las cortinas o trabajar en lugares en los que la luz externa no incida directamente sobre los monitores.

• Si nuestro trabajo se relaciona con productos cuya visualización final no va a estar en una pantalla sino sobre papel, es recomendable utilizar una luz fluorescente y asegurarse de que ésta funcione a 5.000 °K, con lo que se eliminará el azul-verdoso de la luz fluorescente y resultará perfecta para ver imágenes impresas. Es conveniente tener pintadas las paredes con un color neutro, como el gris, ya que esto afecta también a la percepción de los colores, tanto en el monitor como sobre el papel. Y si por algún motivo es necesario, incluso se debe controlar la ropa que uno lleva, ya que ésta se refleja en los monitores y puede alterar la percepción.

• También es preciso calibrar la intensidad de la luz en la habitación en que se trabaja con la intensidad del monitor, para poder controlar el tono en todo momento.

• Además, hay que eliminar los fondos de color de los monitores. Los brillos intensos interfieren constantemente en los colores del monitor, por lo que es recomendable mantener también esta variable en un gris neutro.

• En cuanto al espacio donde se expondrá el trabajo a los clientes, también es conveniente tener controlada la luz, tanto exterior como interior. Especialmente en catálogos, es aconsejable verificar cómo se verá bajo las condiciones lumínicas de nuestros clientes: por ejemplo, bajo una luz de tungsteno o bajo unos fluorescentes.

• En cualquier caso, existen gestiones de color predefinidas por profesionales que intentan adecuar distintas variaciones desde una perspectiva general.

• Una vez terminado el trabajo o tratamiento, se recomienda apagar la gestión de color para estudiar el ambiente de una aplicación que no tenga dicha gestión.

• Por último, conviene recordar que todo cambio en el espacio de color deberá guardarse bajo algún perfil para poderlo abrir posteriormente en el monitor.

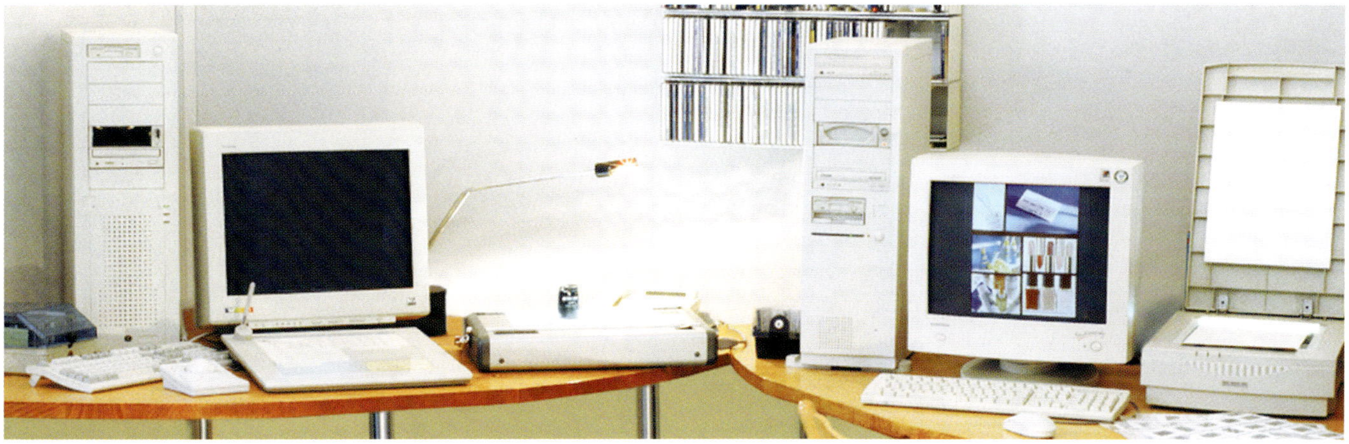

Imágenes que van a ser impresas en sistemas de tinta

Para imágenes impresas se puede especificar el gris o el espacio del perfil en que se va a trabajar con el propósito de determinar el grano que se desea en la imagen final. Así, se podrá elegir el espacio de color que, al imprimir, dé el grano más adecuado. En cuanto a la absorción de la tinta por el papel, el programa calcula este nivel de absorción e indica cuánta cantidad de tinta debe ponerse por punto para alcanzar el grano que se le indica. Así, por ejemplo, si se desean puntos relativos a un 50% sobre el de mayor grosor, debe indicársele a la impresora: poner 60% de densidad, para que el papel absorba el 10%, y así sucesivamente, de acuerdo con cada granulado.

Espacios de color predefinidos dentro del programa Photoshop

- **ColorSync Workflow (sólo Mac OS).** Gestiona el color usando los perfiles de ColorSync. Esta configuración no es reconocida por Windows o versiones de ColorSync anteriores.
- **Photoshop 4.** Emula el perfil utilizado por Mac OS, versión de Adobe Photoshop 4.0 y anteriores.
- **Europe Prepress Defaults.** Gestiona el color para contenidos de prensa comunes en Europa.
- **Japan Prepress Defaults.** Gestiona el color para contenidos con un perfil común a los de la prensa en Japón.
- **Photoshop 5 Default Spaces.**
- **U.S. Prepress Defaults.** Gestiona el color para contenidos que se verán en condiciones similares a la prensa de Estados Unidos.
- **Web Graphics Defaults.** Establece los parámetros para contenidos que serán publicados en la red *(World Wide Web).*

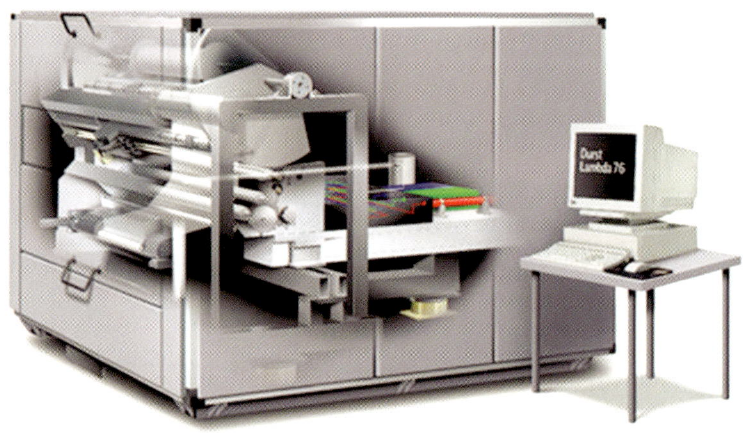

Según el tipo de impresora que se utilice, se dispondrá de mayores o menores prestaciones directamente relacionadas con la calidad final de la impresión: grano, absorción de tinta, resolución, etc.

EJEMPLOS DE RETOQUE DIGITAL

Cambio en el modo de color

La acción de cambiar el modo de color en que se encuentra una fotografía es básica tanto si se desea trabajar creativamente la imagen, como si se busca pasar a un modo diferente para la salida a impresión, por ejemplo. Para ello es necesario seguir los siguientes pasos:

1 Dirigirse a la barra superior del menú desplegable, entrar en el apartado IMAGEN y seleccionar MODO. Aparecerá otro menú desplegable con los diferentes tipos de modo a los que se puede convertir la imagen.

2 En este caso, se seleccionó pasar del modo RGB al modo ESCALA DE GRISES, por lo que aparecerá una advertencia con el aviso de la eliminación de colores. Pinchar en ACEPTAR (OK).

3 La imagen ya está en modo ESCALA DE GRISES; así aparece en el menú de MODO.

Ajuste de los niveles

Toda imagen, en el momento de ser capturada y procesada por la cámara, tiene incrustados unos niveles que son los que indican si está clara o lavada, por ejemplo. Aunque las cámaras proporcionan una buena imagen de salida, los monitores y sistemas de impresión siempre requieren una modificación de los niveles para su optimización.

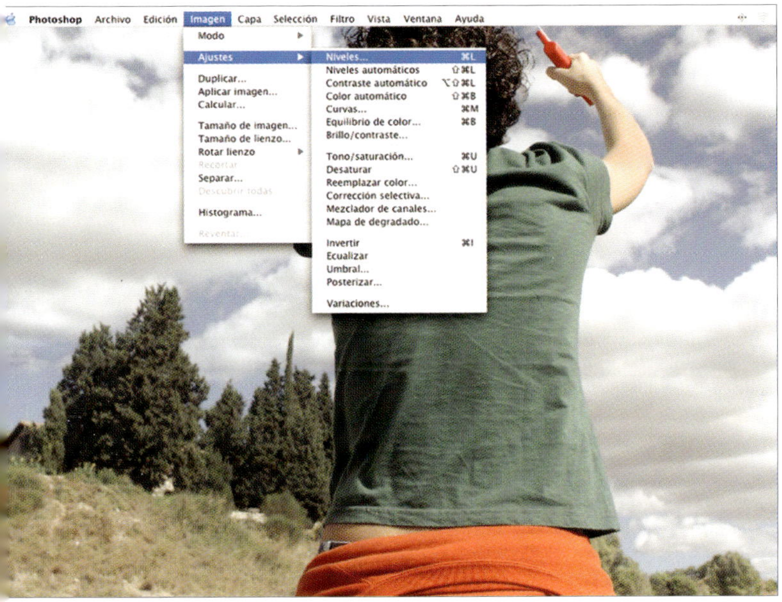

▲ 1 Dirigirse a la barra superior del menú desplegable, entrar en el apartado IMAGEN, seleccionar AJUSTES y después NIVELES.

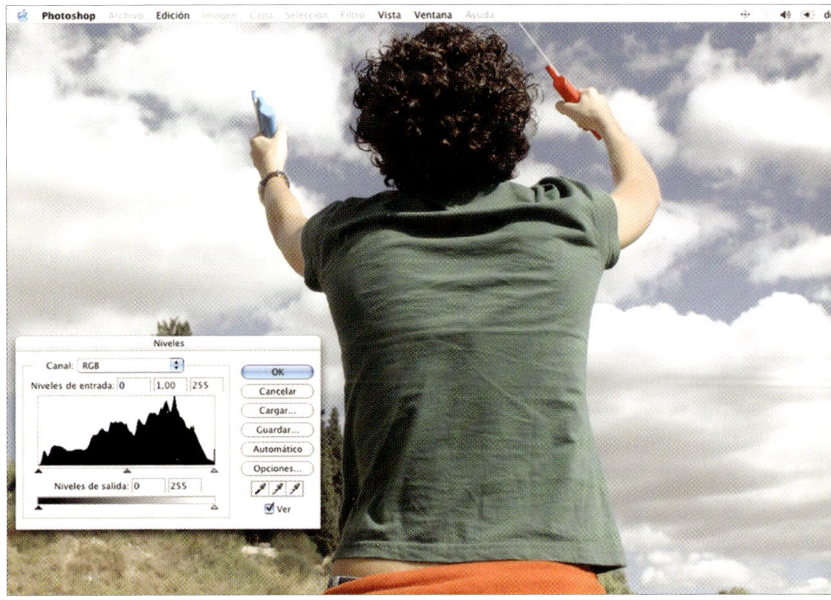

▲ 2 Aparecerá el histograma de los niveles que se pueden modificar.

▸ 3 Hacer la corrección que se crea pertinente de los niveles y pinchar en ACEPTAR (OK).

Equilibrio de color

A veces las imágenes tienden a teñirse con tonos que modifican o distorsionan sus colores reales, ya sea por el tipo de luz que había, la mala calibración de la cámara para la toma o una mala traducción de modo de color en el ordenador.

Así, es importante aprender a leer los colores de la imagen y saber cuándo hace falta un color o cuándo sobra otro. En ese sentido, esta modalidad resulta muy útil, ya que los valores de la foto se ajustan de forma general.

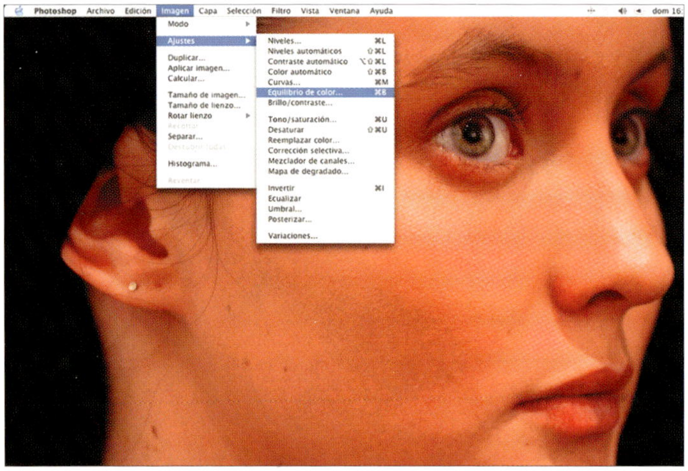

▲ **1** Dirigirse a la barra superior del menú desplegable, entrar en el apartado IMAGEN, seleccionar AJUSTES y después EQUILIBRIO DE COLOR.

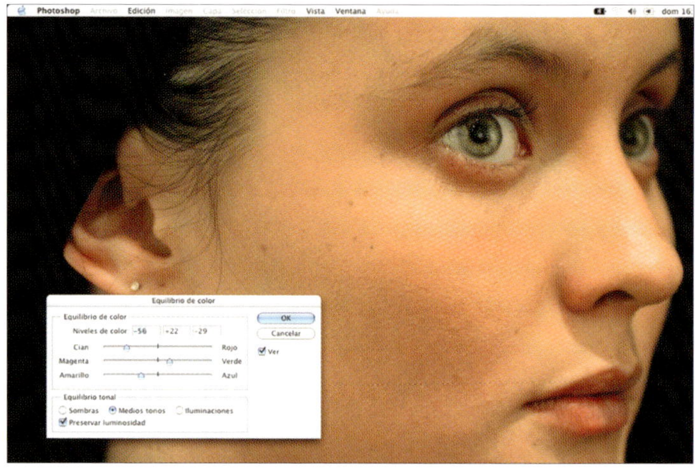

▲ **2** Aparecerán los mandos de los diferentes colores así como el equilibrio tonal que se quiera modificar: sombras, medios tonos o iluminaciones. En este caso se seleccionó MEDIOS TONOS y los ajustes que se hicieron fueron para eliminar el tono rojizo predominante de la piel.

Brillo y contraste

Esta opción también es bastante útil, sobre todo cuando la imagen que se ha tomado aparece subexpuesta. Con la ayuda de esta herramienta se puede conseguir que la fotografía que se ha obtenido adquiera una apariencia más natural y un aspecto más parecido a la escena fotografiada. Sólo hay que seguir los siguientes pasos:

▼ **1** Dirigirse a la barra superior del menú desplegable, entrar en el apartado IMAGEN, seleccionar AJUSTES y después BRILLO y CONTRASTE.

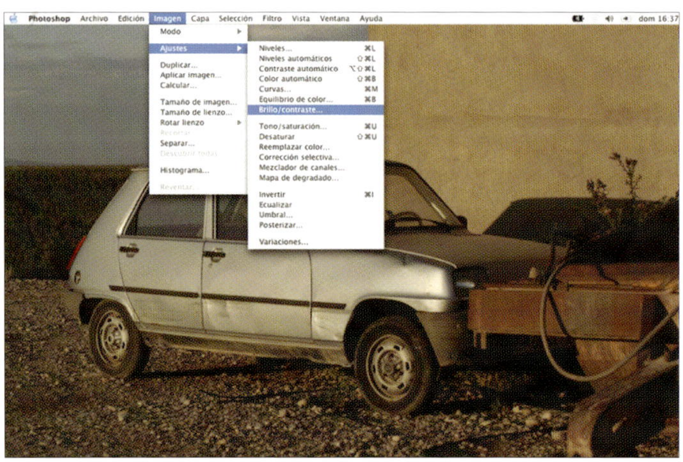

▼ **2** Aparecerá el menú con el que se puede modificar el brillo y el contraste.

Tono de saturación

La modificación del color por tono de saturación es una manera selectiva de modificar el color predominante de una escena sin alterar los demás valores de la imagen.

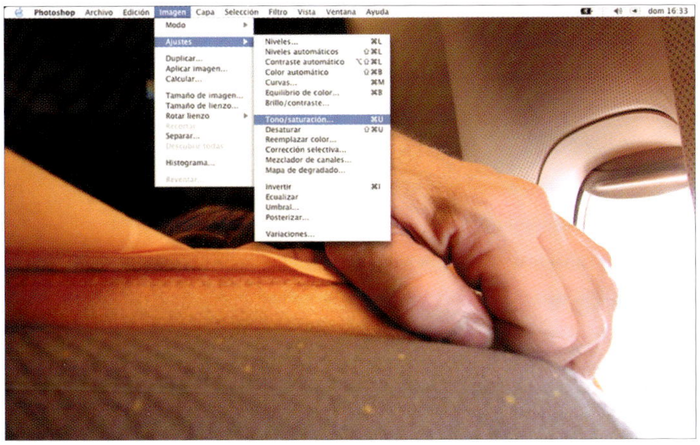

▲ **1** Dirigirse a la barra superior del menú desplegable, entrar en el apartado IMAGEN, seleccionar AJUSTES y después TONO/SATURACIÓN.

▼ **2** Aparecerá el menú de mandos, en el que, en este caso, se seleccionaron los rojos que predominan en la mano.

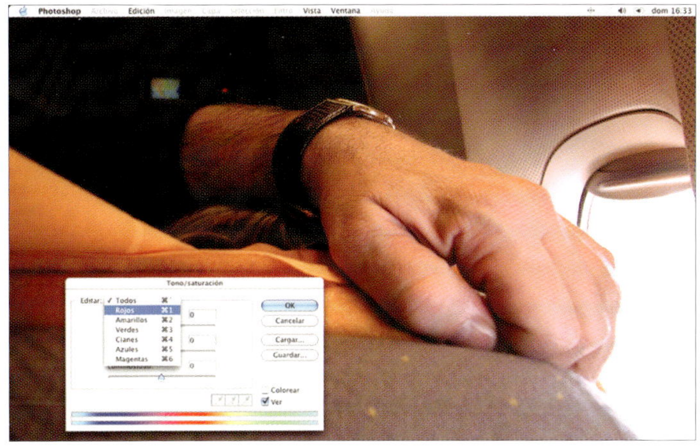

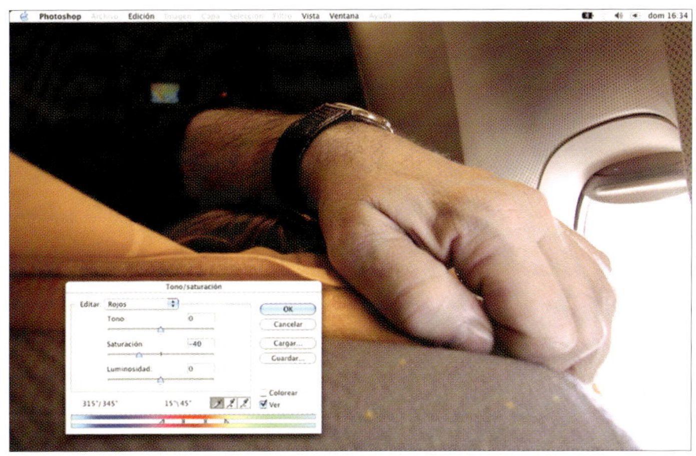

▶ **3** A continuación, se modificaron los valores de saturación de los rojos con el fin de dar un tono más natural a la piel.

Invertir

Esta opción suele ser útil para la fotografía creativa, pero hay profesionales que la utilizan también para convertir el escaneo de fotografías en película de negativo a positivo.

▼ **1** Dirigirse a la barra superior del menú desplegable, entrar en el apartado IMAGEN, seleccionar AJUSTES y después INVERTIR.

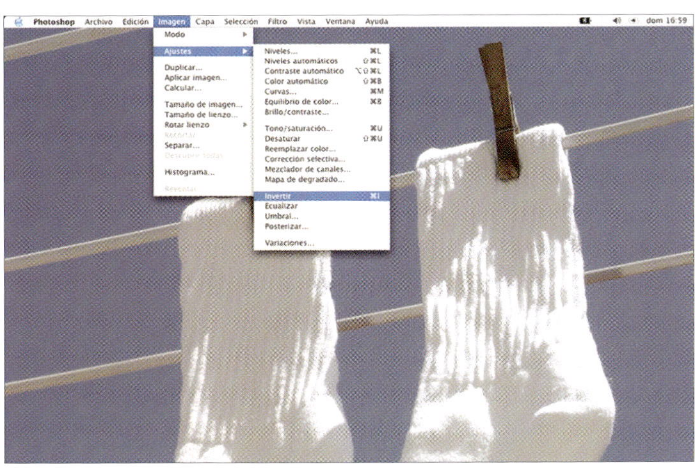

▼ **2** Como se puede observar, todos los colores de la imagen se han pasado a sus valores negativos.

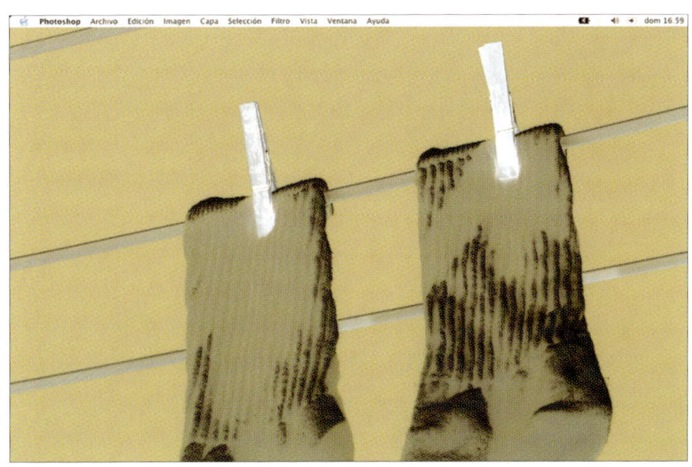

Historia

Una de las grandes ventajas que ofrece el trabajar las imágenes digitales con este tipo de programas es que todo lo que se le hace a una imagen es reversible, gracias a la memoria que va creando el programa para cada fotografía.

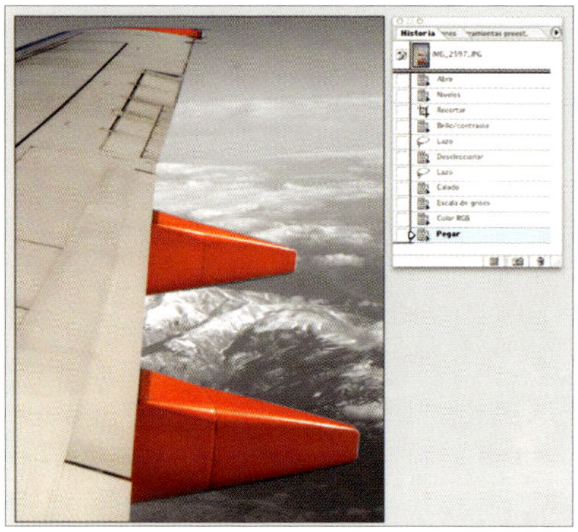

▲ Cuando se trabaja una imagen en Photoshop, todos los cambios que se apliquen sobre dicha imagen se van guardando automáticamente. Para visualizarlo, sólo hay que dirigirse al menú superior desplegable, seleccionar VENTANA y después HISTORIA. Aparecerá así la ventana que informa sobre los cambios realizados en la imagen. Si, en algún momento durante la modificación de una imagen, se desea volver hacia atrás, sólo hay que pinchar en la capa de HISTORIA que se desea eliminar.

Info

Por medio de la INFO se pueden saber exactamente los valores de color que tiene una parte de la imagen e incluso los valores que tiene un solo píxel.

▼ 1 Dirigirse al menú superior desplegable, seleccionar VENTANA y marcar INFORMACIÓN. Aparecerá la ventana de Información en la pantalla del ordenador. Si se sitúa el cursor en el rojo, como en esta imagen, aparecerá la información referente a ese color en el modo RGB (del inglés *red, green and blue*).

▼ 2 Si se sitúa el cursor en una zona de grises de la imagen, indicará la información referente al gris. Entonces aparecerá la información en todos los campos del modo RGB, por tratarse de un gris neutro.

Tipos de selección

Dentro de la corrección y creación de fotografías digitales, es preciso aprender a trabajar una imagen por partes o en su totalidad. Para ello son indispensables las diferentes herramientas de selección.

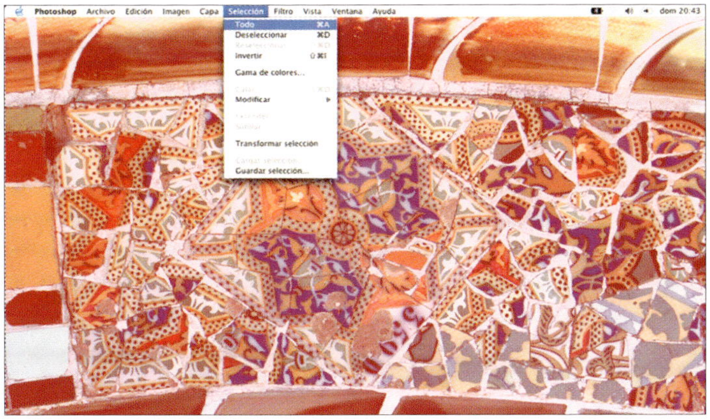

▲ 1 Dirigirse a la barra superior del menú desplegable, entrar en el apartado SELECCIÓN y marcar TODO. En este caso se seleccionó toda la imagen.

▼ 2 También se pueden hacer selecciones parciales de la imagen dirigiéndose a la barra de herramientas y seleccionando el MARCO RECTANGULAR, como aparece en este caso.

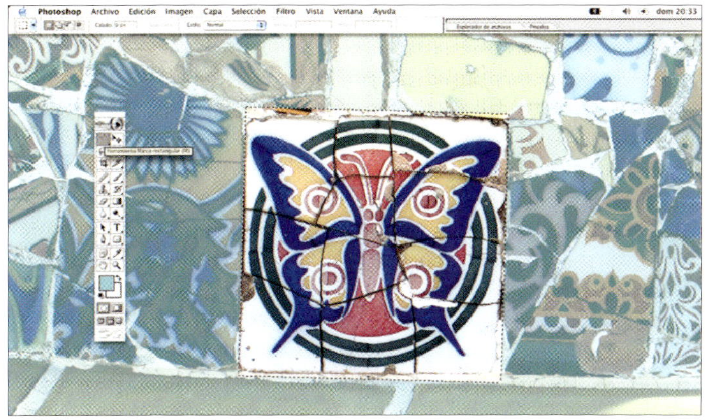

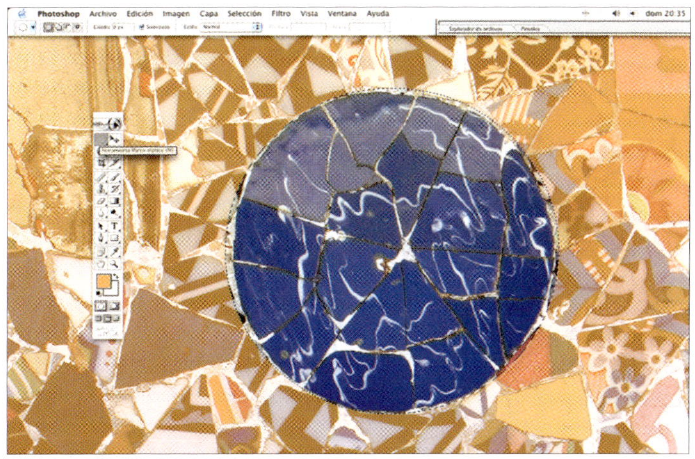

▶ 3 Se puede repetir la acción seleccionando otra herramienta. En este caso, el MARCO ELÍPTICO, muy útil para seleccionar figuras circulares o elípticas.

▼ 4 También se pueden hacer selecciones asimétricas, como en este caso, con la herramienta LAZO, que aparece también en la barra de herramientas.

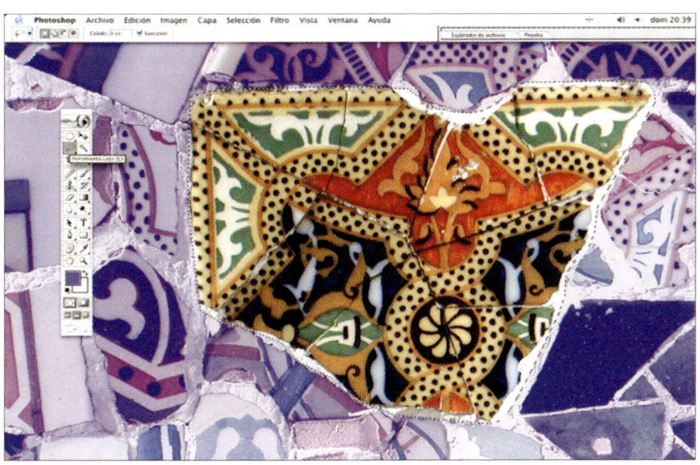

▼ 5 Se puede seleccionar por tonos de color utilizando la herramienta VARITA MÁGICA.

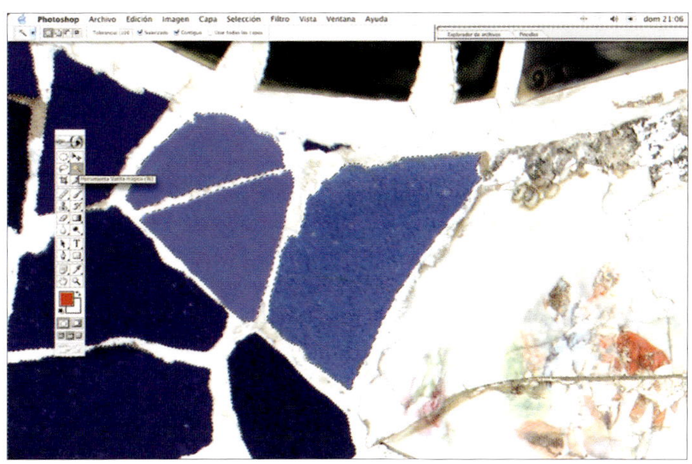

Rellenar

La opción RELLENAR se utiliza generalmente para sustituir un color en la selección determinada de una imagen.

▲ **1** En la imagen de este plátano, se quiere cambiar el fondo blanco por un color verde intenso, para lo cual se ha seleccionado el fondo.

▼ **2** Dirigirse a la barra de herramientas, seleccionar SELECTOR DE COLOR y hacer clic sobre el color que se desee.

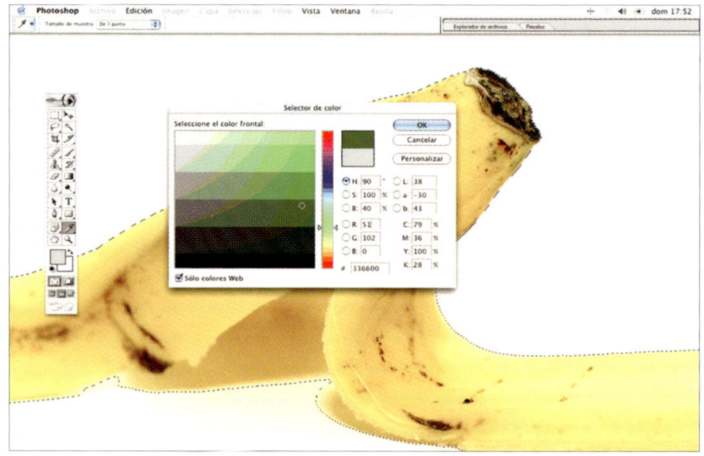

▶ **3** En la barra de herramientas aparecerá, en SELECTOR DE COLOR, el verde deseado. Dirigirse al menú superior desplegable, seleccionar EDICIÓN y luego, RELLENAR.

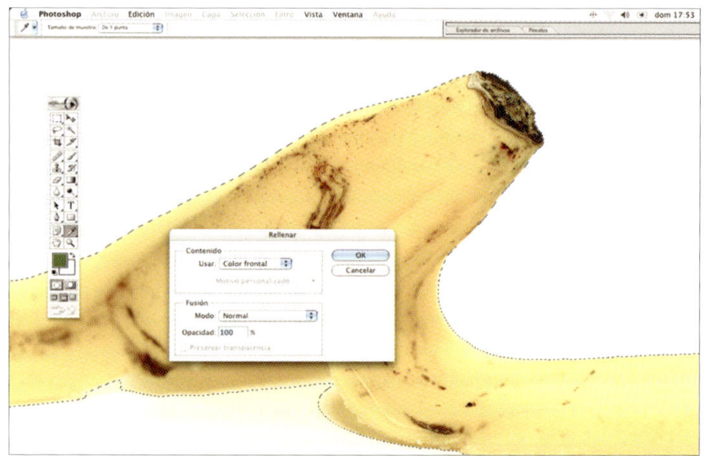

▼ **4** Aparecerá el menú donde se seleccionará el color frontal, así como el nivel de opacidad de la fusión del verde con el fondo. Pinchar en ACEPTAR (OK).

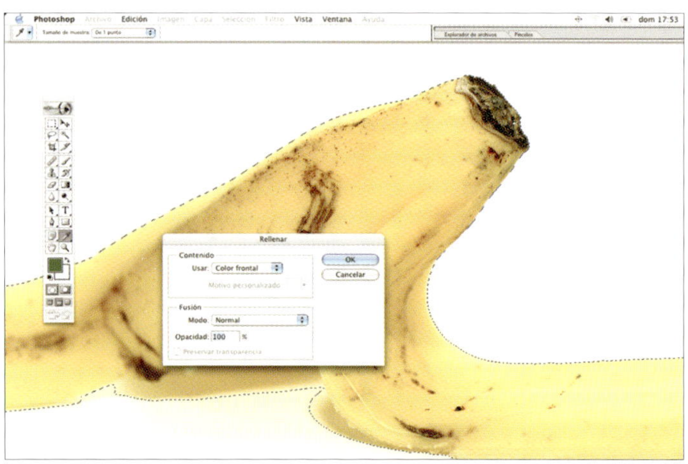

▼ **5** Como se puede apreciar, el fondo ya no es blanco, sino verde.

Perspectiva

La alteración de la perspectiva es una herramienta fácil de utilizar y con ella se pueden conseguir unos resultados sorprendentes, ya que las posibilidades que ofrece alteran el punto de vista original de la foto. Se trata de un recurso muy utilizado por fotógrafos de bodegones así como en fotografía de arquitectura.

▲ 1 En esta imagen, se modificará la perspectiva que tienen los vasos, por lo que primero hay que seleccionar el área de la foto a la que se quiere alterar la perspectiva.

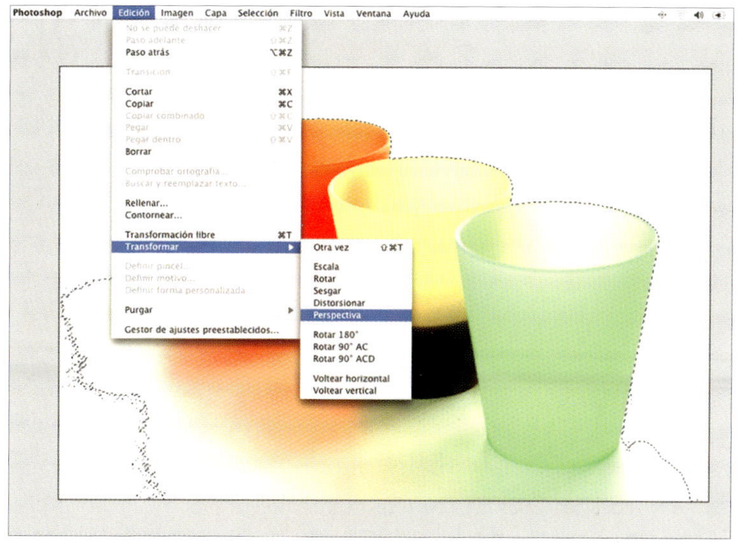

▲ 2 Dirigirse después al menú superior desplegable e ir a EDICIÓN, seleccionar TRANSFORMAR y luego, PERSPECTIVA.

▼ 3 Aparecerán las líneas de mando para poder modificar la perspectiva. Según se mueva, cambiará la perspectiva de la selección de la imagen. Aquí se dio una perspectiva de picado.

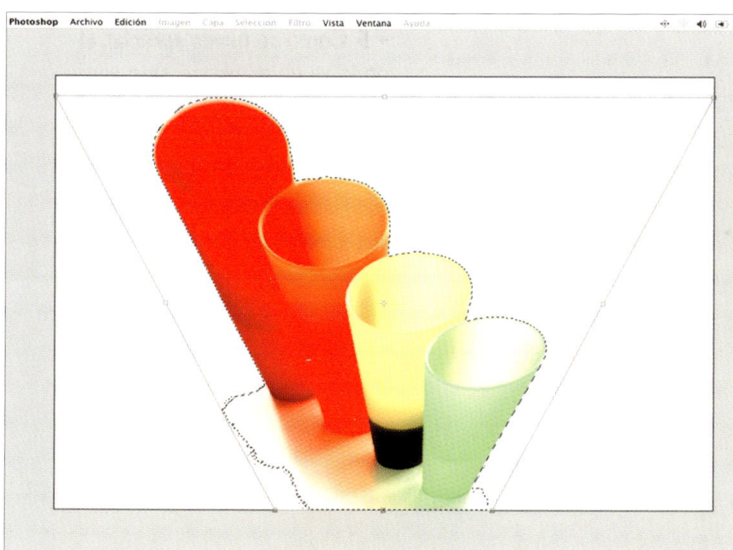

▼ 4 En este caso, se le ha dado una perspectiva de gran angular, con el vaso verde en un primer plano muy evidente.

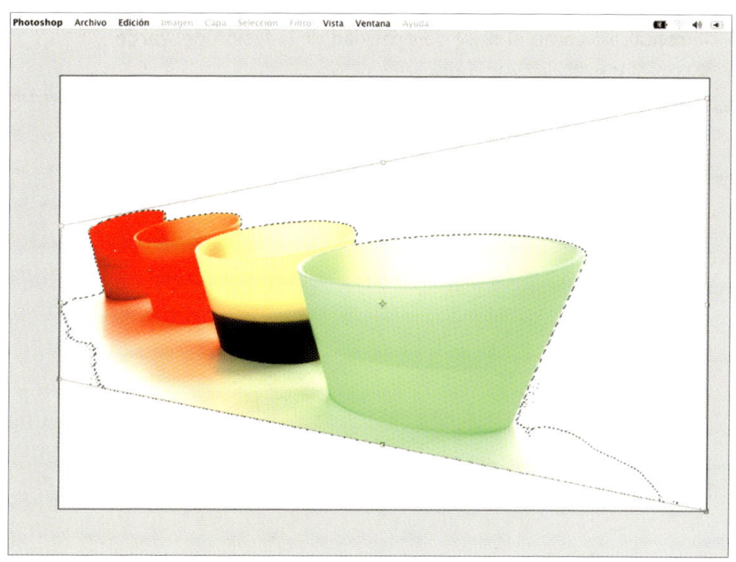

Escala

Es una herramienta básica cuando el objetivo es crear una composición con varias fotografías.

▲ 1 En este caso, se quiere modificar el tamaño de un elemento dentro de una fotografía. Para ello, lo primero que hay que hacer es seleccionar ese elemento.

▲ 2 Dirigirse al menú superior desplegable, ir a EDICIÓN, y seleccionarTRANSFORMAR y ESCALA.

▼ 3 Aparecerán las líneas de mando para modificar la escala.

▼ 4 Como se puede apreciar, los limones han quedado reducidos a la escala deseada.

Desenfocar

Al contrario de la herramienta ENFOQUE, que tiene ciertas limitaciones a la hora de ser utilizada debido a la fractura de la imagen, el DESENFOQUE no muestra ese problema y se puede aplicar de manera sencilla con resultados bastante reales y efectos sorprendentes.

▼ **2** Dirigirse a la barra superior del menú desplegable, entrar en el apartado FILTRO, seleccionar DESENFOCAR y, en éste, DESENFOQUE DE MOVIMIENTO.

▲ **1** En esta imagen, el foco de la rosa es impecable.

▶ **3** Aparecerá una ventana en la que hay que seleccionar el ángulo del movimiento y la distancia entre píxeles. Se apreciará un claro desenfoque con efecto de movimiento.

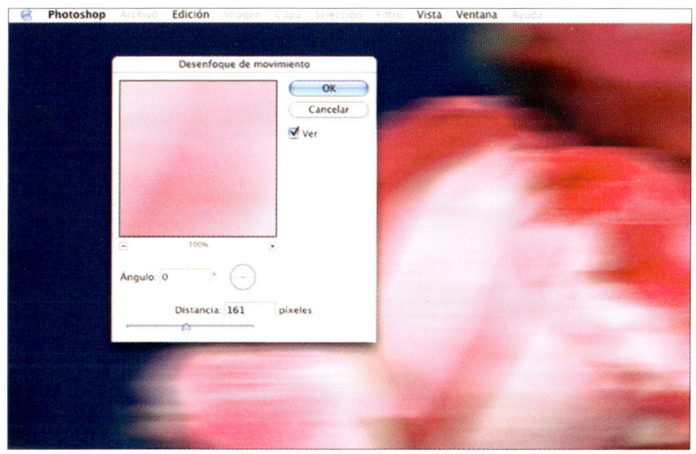

▼ **4** En este caso se ha aplicado un DESENFOQUE RADIAL, que se encuentra en el mismo menú de Desenfocar. Aparece la ventana específica, donde se selecciona la cantidad y el método de desenfoque radial que se quiere aplicar. Aquí se seleccionó ZOOM.

▼ **5** La imagen aparece con un claro desenfoque.

Enfocar

Esta herramienta es útil para realizar algunos ajustes en el enfoque de una imagen e incluso se comporta bastante bien en fotografías que, en un principio, tienen un buen foco y a las que dota de una mayor nitidez y unas líneas más perfiladas y marcadas.

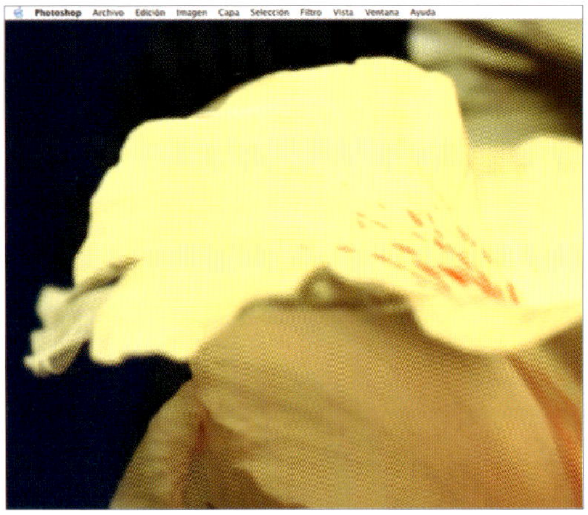

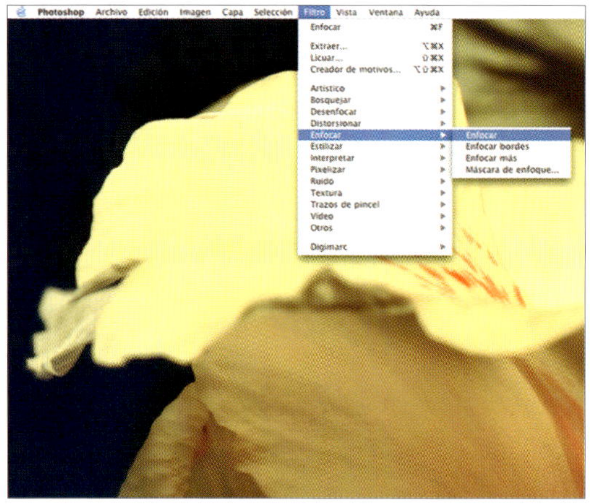

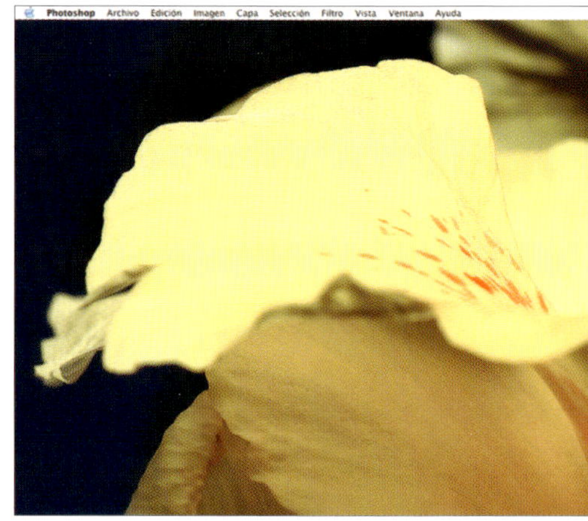

▲ **1** Sobre algunas imágenes aparecen a veces zonas con pequeños desenfoques que es posible corregir.

▲ **2** Dirigirse a la barra superior del menú desplegable, entrar en el apartado FILTRO, seleccionar ENFOCAR y, dentro de éste, otra vez ENFOCAR. Repetir la acción cuantas veces sea necesario, procurando no sobrepasarse.

▲ **3** Como se puede apreciar, sobre todo en los bordes de la flor, la imagen ha adquirido un mayor foco.

Recortar

Esta herramienta se utiliza con frecuencia para el reencuadre de la fotografía y así, se logra desde reducir simplemente el tamaño del archivo hasta generar un encuadre completamente distinto del original.

▼ **1** Dirigirse a la barra de herramientas y seleccionar la herramienta RECORTAR.

▼ **2** Seleccionar el área que se desea recortar y pinchar dos veces. La imagen queda recortada tal y como se desea.

Borrar

Por sus características, esta herramienta es básica a la hora de la limpieza y composición de imágenes.

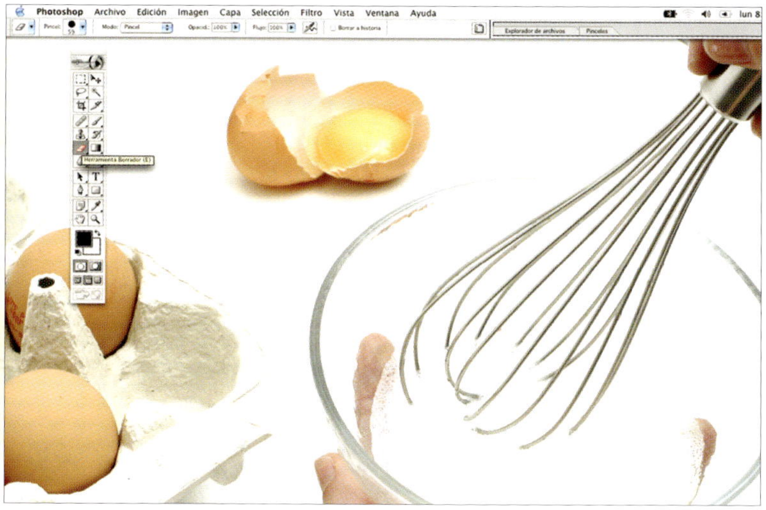

▲ 1 Dirigirse a la barra de herramientas y seleccionar BORRADOR.

▲ 2 Seleccionar, en el panel de mandos superior, el diámetro, modo, opacidad y flujo del pincel.

▼ 3 Dirigirse al área que se desea borrar y aplicar la herramienta haciendo clic con el ratón. En este caso, se quiere borrar los huevos.

▼ 4 Como se puede apreciar, los huevos ya no aparecen en la imagen.

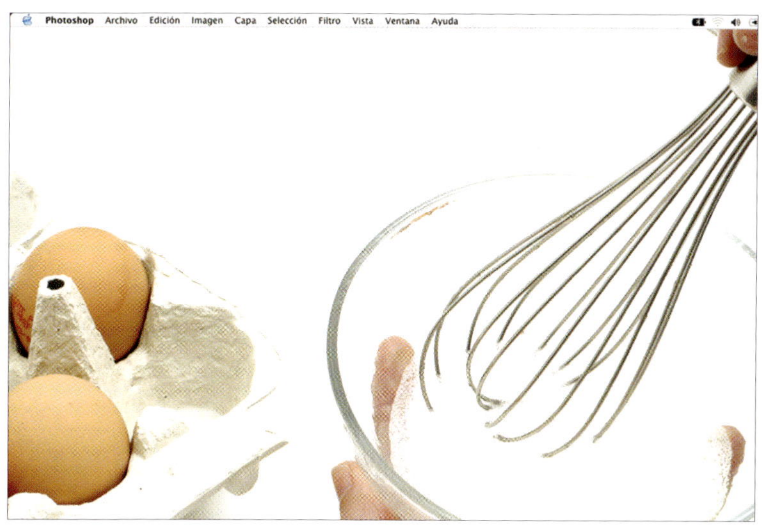

Licuar

Este filtro se suele utilizar para crear efectos impresionantes o para hacer retoques selectivos de una imagen en la que lo que se desea es resaltar una parte de ésta.

▲ **1** Dirigirse a la barra superior del menú desplegable, entrar en el apartado FILTRO y seleccionar LICUAR.

▼ **2** La imagen aparecerá dentro de un menú específico en el que se podrá seleccionar el tipo de herramienta de distorsión así como los tamaños y la presión del pincel, entre otras opciones.

▶ **3** Una vez seleccionada la herramienta, dirigirse a los puntos que se quieren modificar en la imagen y aplicar haciendo clic. La imagen final queda totalmente distorsionada.

Cuentagotas

Esta herramienta sirve para seleccionar un color que contenga la imagen para su posterior utilización.

▼ **1** Pinchar, en la barra de herramientas, el CUENTAGOTAS y seleccionar con él el color de la imagen que se desee. Dirigirse a la herramienta PINCEL, por ejemplo.

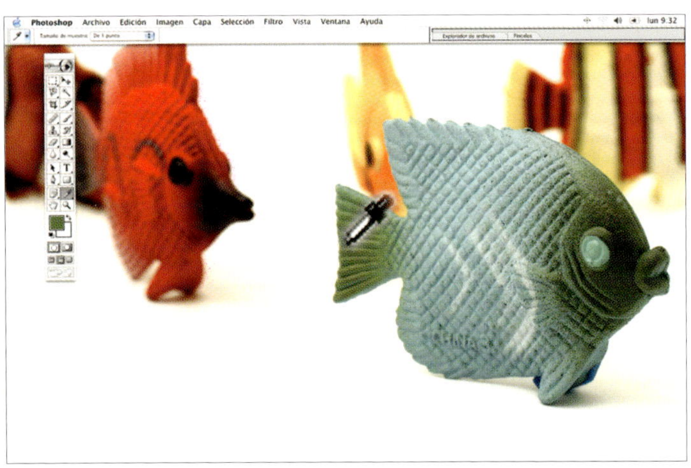

▼ **2** Como se puede apreciar, gracias al pincel se han dibujado unas algas con el color seleccionado por el cuentagotas.

Texto

Con esta herramienta se pueden hacer desde pequeñas acotaciones a la imagen hasta crear y transformar textos para dar un sentido completamente diferente al de la imagen original. En el caso de esta foto el letrero contenía un anuncio publicitario.

2 En la barra superior de herramientas, seleccionar FUENTE, ESTILO y TAMAÑO DE LA FUENTE.

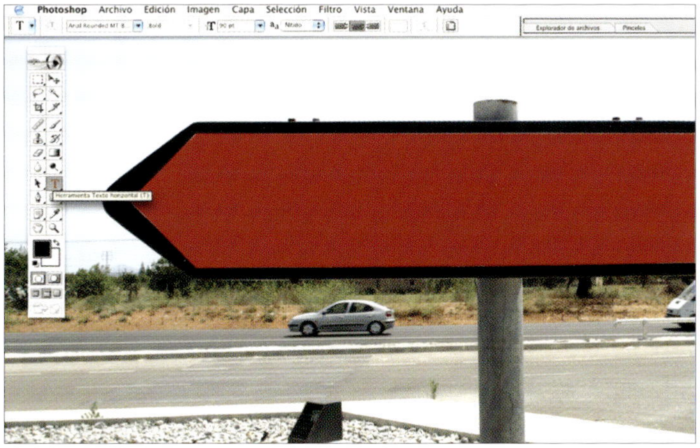

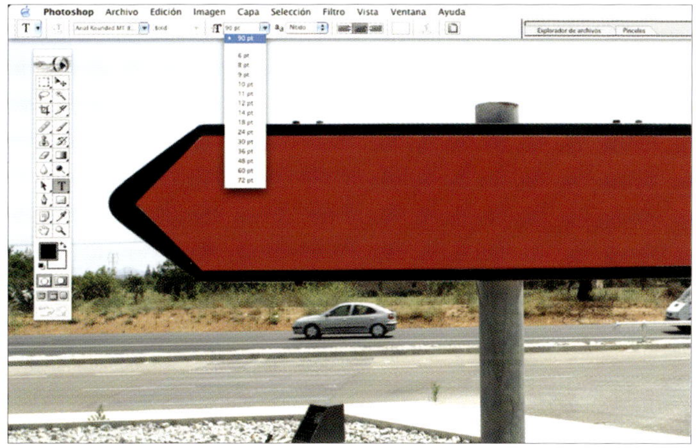

1 Pinchar, en la barra de herramientas, en TEXTO.

3 Dirigirse aL SELECTOR DE COLOR y seleccionar el color de la fuente.

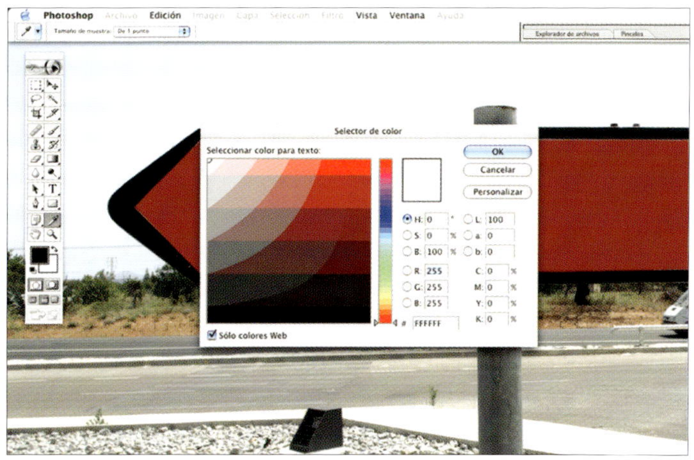

4 Escribir el texto que se desee.

5 Pinchar, en la barra de herramientas, en MOVER y colocar el texto.

Tampón de clonar

Es la herramienta más importante para limpiar elementos o partes de una foto y funciona mediante la clonación de otras partes de la imagen; con ella, se puede conseguir, por ejemplo, desde limpiar manchas o pequeñas imperfecciones de la piel hasta hacer desaparecer grandes zonas de la imagen, como los cables de una calle, por ejemplo.

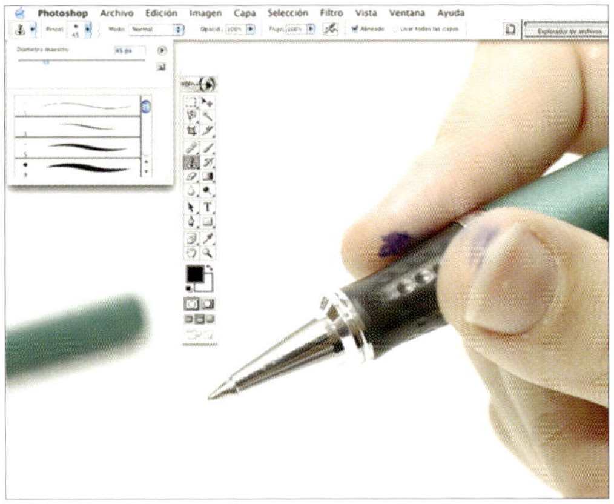

▲ **1** Pinchar, en la barra de herramientas, el TAMPÓN DE CLONAR. Seleccionar el diámetro del pincel, el modo de aplicación, la opacidad y el flujo del tampón.

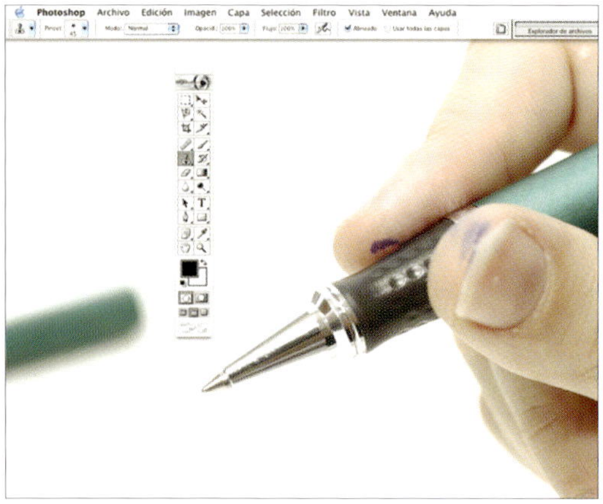

◀ **2** Dirigirse a la zona que se quiere clonar. Seleccionar ALT y pinchar en esa zona para copiar la información. Después, pinchar (sin ALT) en el área que se quiere hacer desaparecer. En este caso, se copia la piel limpia y se aplica sobre la mancha de tinta.

▼ **3** Como se puede apreciar, se han eliminado las manchas de tinta que había en los dedos.

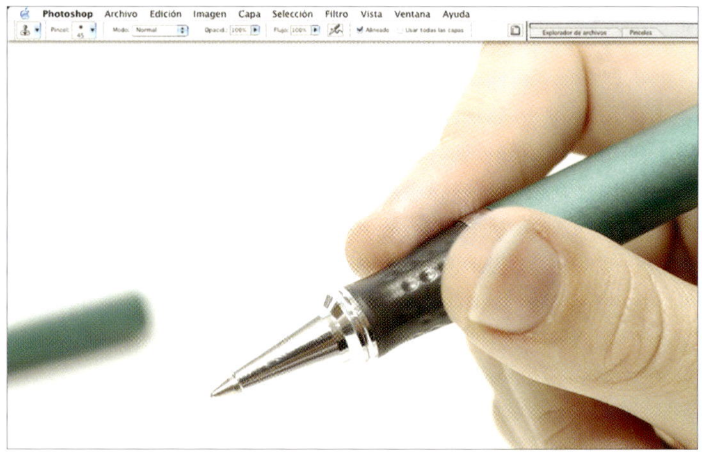

Filtros artísticos

El Photoshop cuenta con un apartado de filtros preestablecidos que reinterpretan la imagen con unos parámetros que simulan ilustraciones, dibujos o pinturas.

▼ **1** A partir de esta imagen original de unos patos en un lago, se aplicarán diferentes filtros artísticos preestablecidos por el programa.

▼ **2** Dirigirse al menú superior desplegable e ir a FILTRO, seleccionar ARTÍSTICO y, en este caso, la opción FRESCO.

3 Aparecerá una ventana donde habrá que seleccionar el tamaño, el detalle y la textura del pincel.

4 Como se puede apreciar, la imagen de los patos se ve ahora como si fuera una pintura al fresco.

5 Si se repite la misma operación, con diferentes tipos de filtro artístico, la imagen cambia según la selección. En este caso, se escogió el filtro artístico TRAZOS DE PASTEL.

6 Y en este caso, se escogió TRAZOS DE CARBONCILLO.

Uso de capas

Dentro de un mismo documento es posible tener varias capas que se pueden trabajar por separado y al final acoplarse, lo que permite la construcción de imágenes como, por ejemplo, el siguiente bodegón.

1 En este caso, varias imágenes, seleccionadas y copiadas de diferentes fotografías, se han importado a un documento en blanco.

▲ **2** En la ventana de capas, aparecen las distintas fotos de frutas copiadas sobre un documento de fondo blanco (fondo).

▲ **3** Para ejemplificar el manejo de las capas, se creará un bodegón con todas las frutas importadas. En este caso, como el documento de fondo es más pequeño, habrá que reducir el tamaño de las frutas o capas. Para ello, primero hay que seleccionar una de las capas y encadenarla, en la ventana de capas, a las demás, como muestra el icono que aparece al lado de cada capa. Con esto, la transformación a escala que se aplique después se realizará en todas las capas al mismo tiempo.

◄ **4** Una vez reducidas a escala las frutas o capas, se desencadenan para poder trabajar individualmente con cada capa. Se mueven, arrastrándolas unas más abajo o más arriba de las otras, de acuerdo con la distribución que se desee para el bodegón, y se colocan en el lugar correspondiente con la herramienta MOVER.

▼ **5** También se puede duplicar una capa o eliminarla. En este caso, se duplica la capa de las fresas y así aparecen dos veces.

◄ **6** Las segundas fresas aparecen con el nombre de «Capa 4 copia», porque se duplicó la capa 4.

▲ **7** También se pueden aplicar acciones individualmente en cada capa. En este caso, se rotarán las uvas para acoplarlas al bodegón.

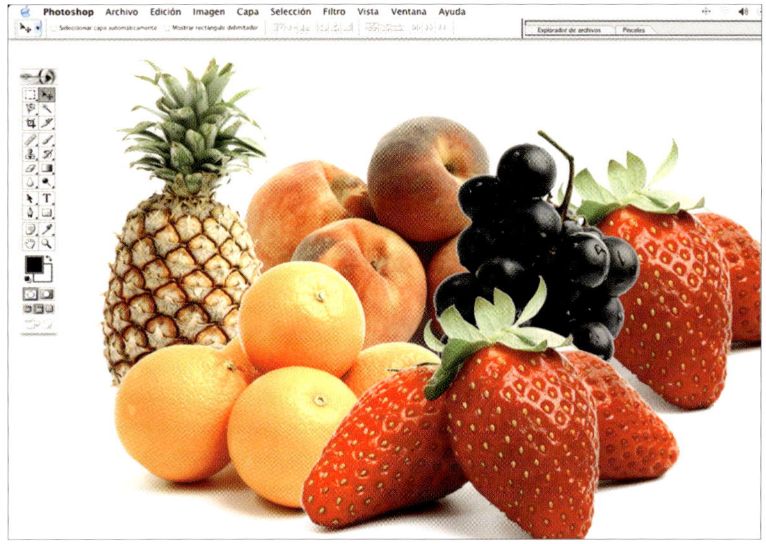

▲ **8** Como se puede apreciar, gracias al manejo de capas, se ha montado un bodegón partiendo de diferentes fotografías.

Hojas de contacto

El Photoshop permite la creación automática de hojas de contacto para la rápida visualización y buena organización, ya sea en papel o en el ordenador.

▸ **1** Una hoja de contacto es fácil de hacer cuando se tiene un grupo de imágenes procedentes de una misma carpeta.

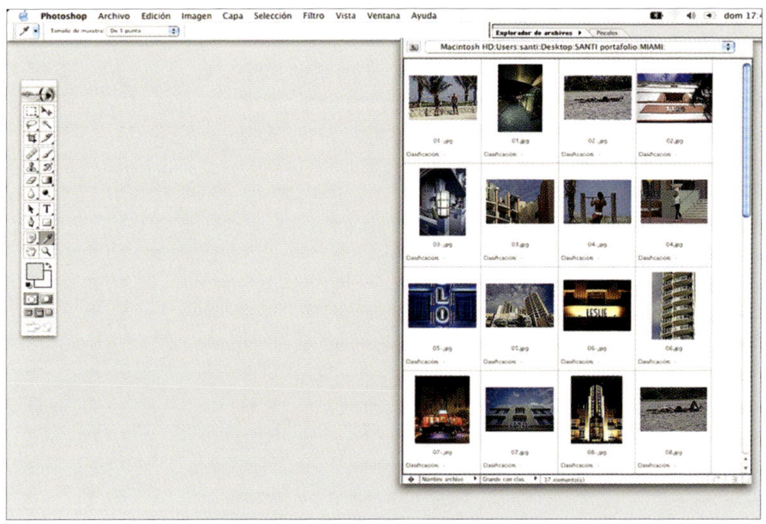

▾ **2** Dirigirse a la barra superior del menú desplegable, ir a ARCHIVO, seleccionar AUTOMATIZAR y después, HOJA DE CONTACTOS.

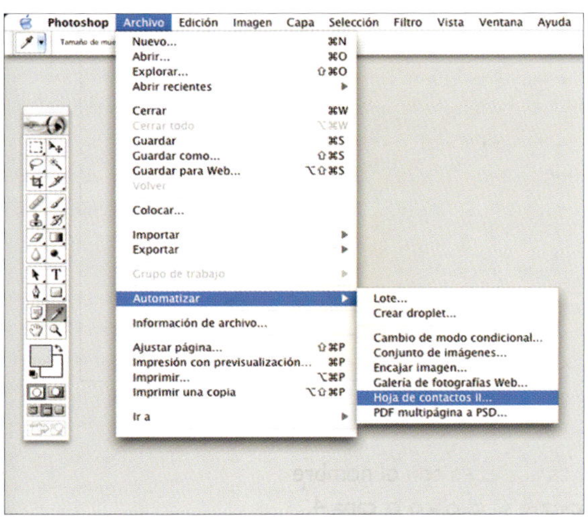

▸ **3** Aparece el menú de mandos para hacer la configuración de la página de la hoja de contactos, donde habrá que seleccionar el número de columnas y filas que se deseen, así como el tamaño del documento y la fuente deseada.

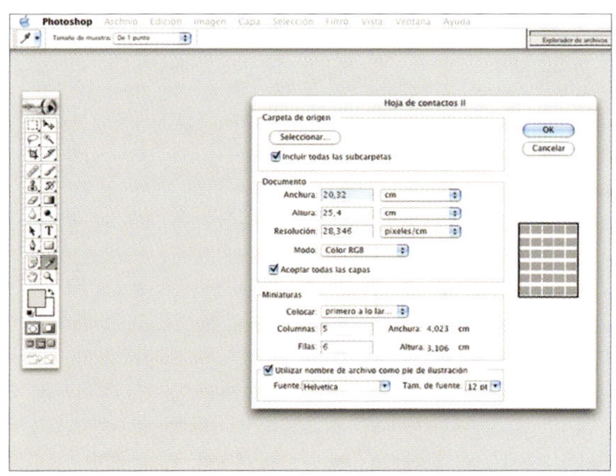

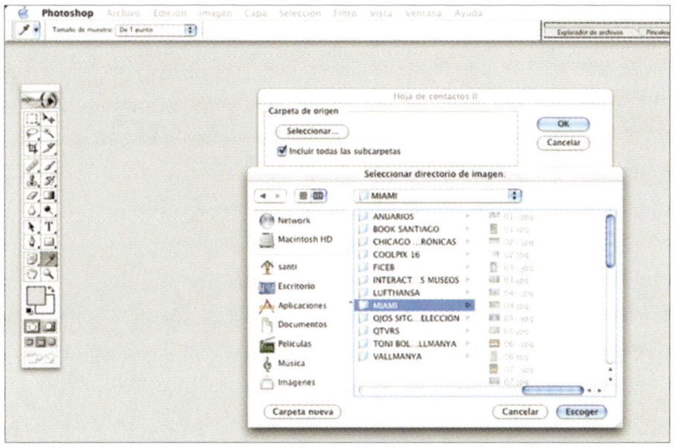

▲ **4** Dentro del mismo menú, hacer clic en la opción SELECCIONAR, dentro de la carpeta de origen, y elegir la carpeta que contiene las imágenes que queremos que se incluyan en la hoja de contactos.

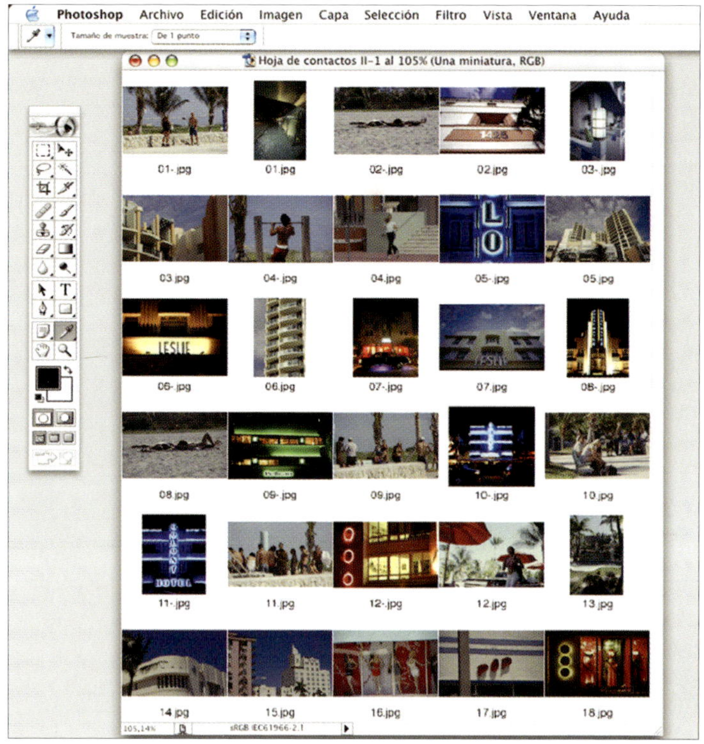

▸ **5** Como se puede observar, todas las imágenes de la carpeta seleccionada fueron incluidas en un mismo documento en formato de hoja de contactos.

Automatización con droplet

Los *droplet* que se pueden generar con el Photoshop permiten la automatización de acciones que se quieran aplicar a una imagen.

Esta automatización suele ser de gran ayuda cuando se tienen grandes grupos de imágenes a los que es necesario aplicar la misma corrección o modificación.

▼ **1** En la ventana de Acciones, seleccionar GRUPO NUEVO.

▼ **2** Dar un nombre al grupo. En este caso, se denominará «Cielos». Aceptar.

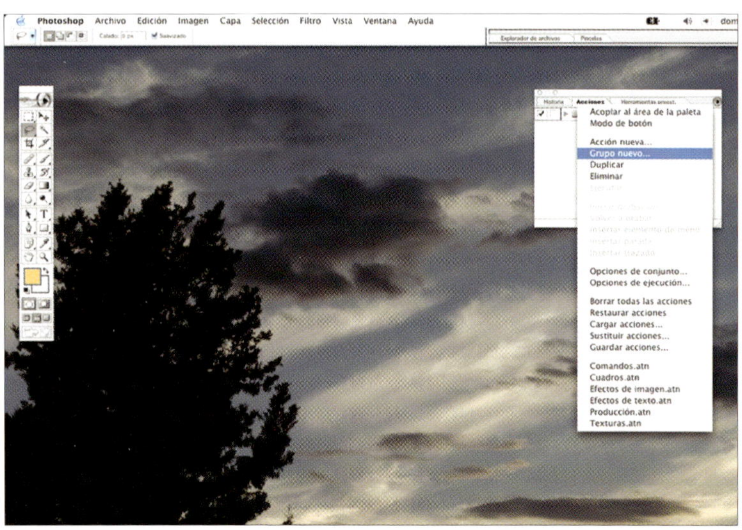

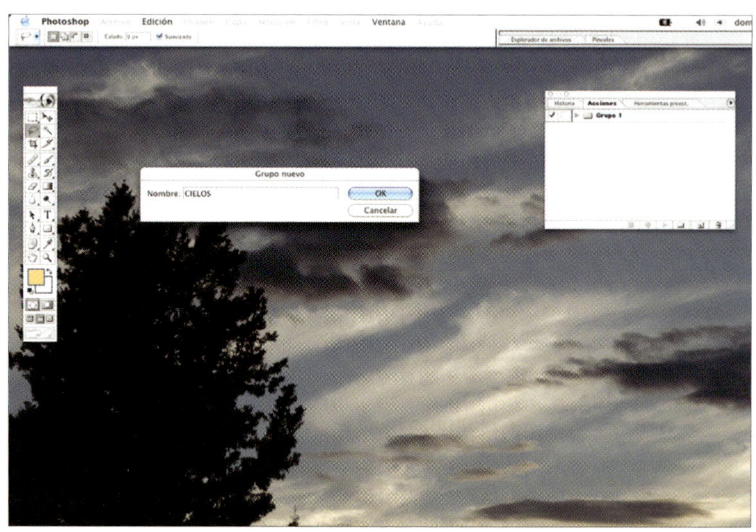

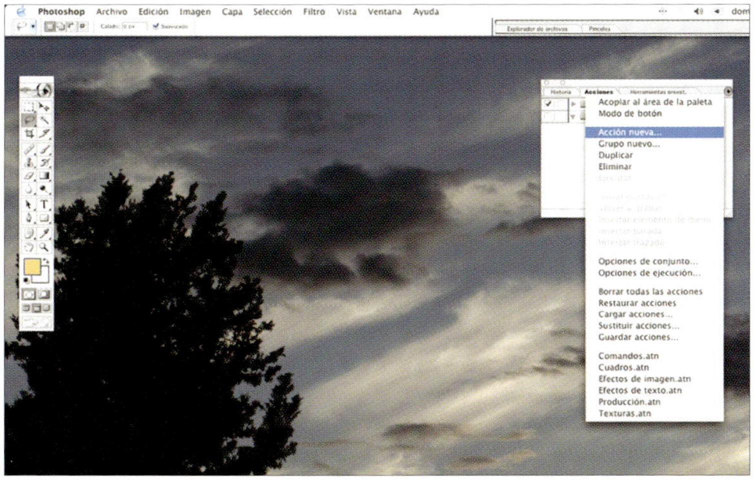

3 En la misma ventana, pinchar sobre ACCIÓN NUEVA.

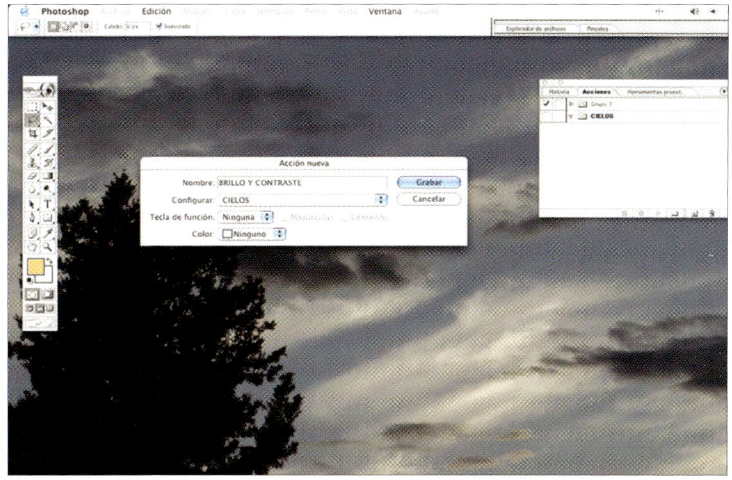

4 Dar un nombre a la acción y pinchar en GRABAR.

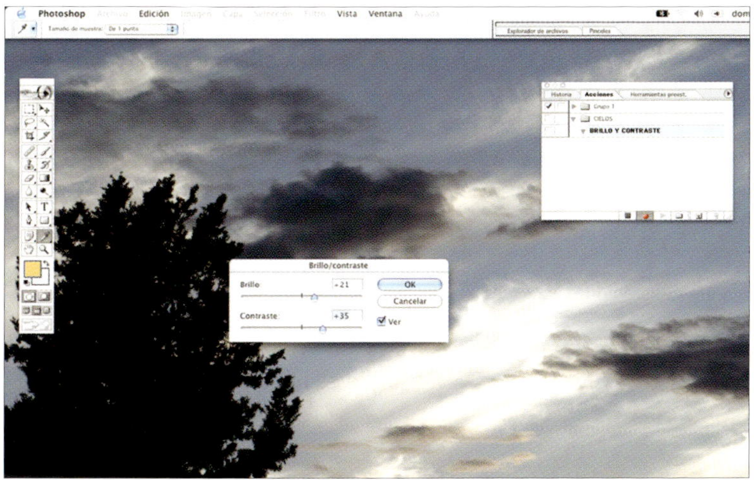

5 En la ventana de Acciones aparece seleccionado el botón rojo que significa que está grabando las acciones que a partir de este momento se realicen. En este caso, se ha grabado BRILLO y CONTRASTE.

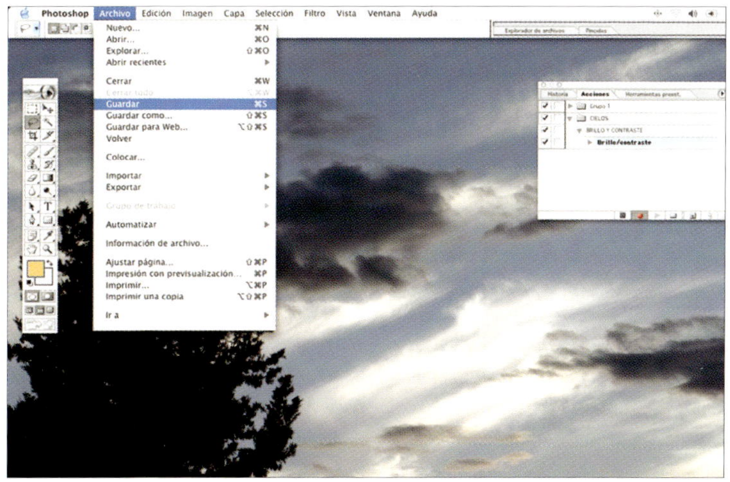

6 El siguiente paso que se aplica y graba en esta acción es GUARDAR LA IMAGEN.

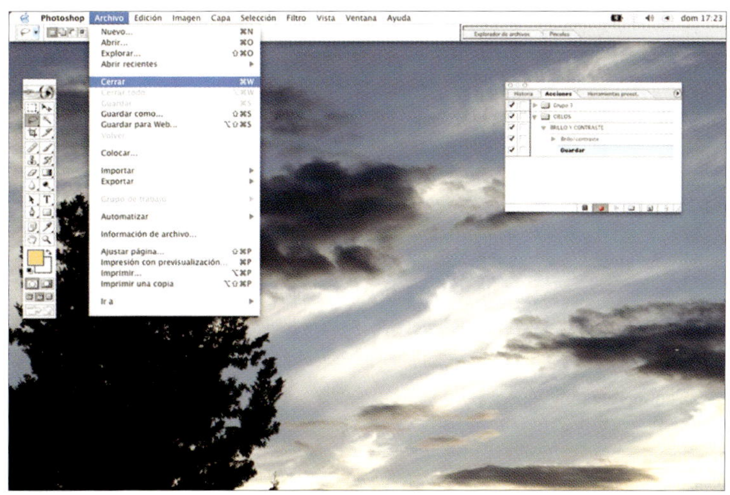

7 El último paso de esta acción es CERRAR LA IMAGEN. A continuación, hay que pinchar en el botón STOP (al lado del botón rojo de GRABAR) para finalizar la grabación de esta acción.

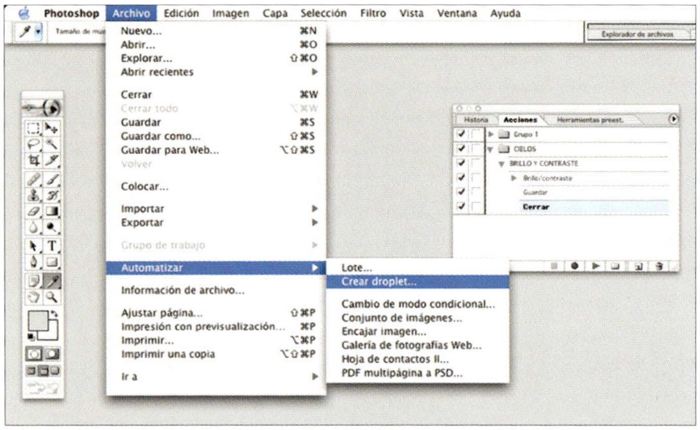

◂ **8** Dirigirse entonces al menú superior desplegable, ir a ARCHIVO, seleccionar AUTOMATIZAR y CREAR DROPLET.

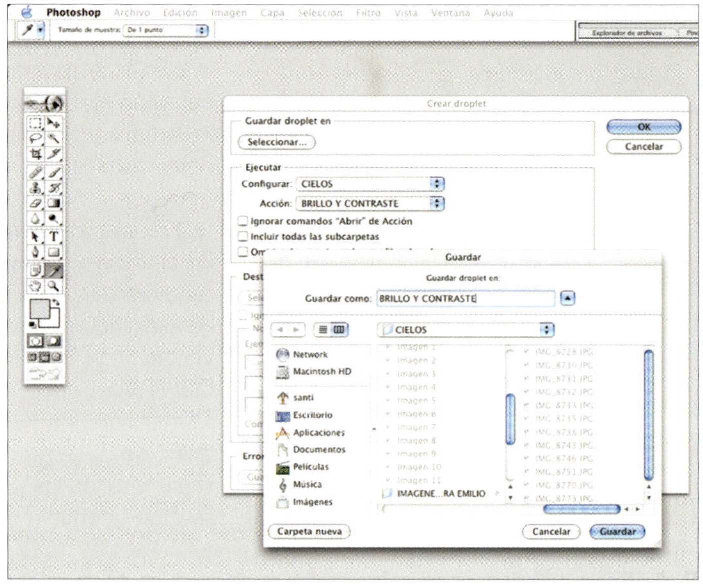

▸ **9** Como se puede apreciar, ya aparece toda la información. Apretar la opción SELECCIONAR, que se encuentra en la parte superior, para elegir la carpeta donde se guardará el droplet.

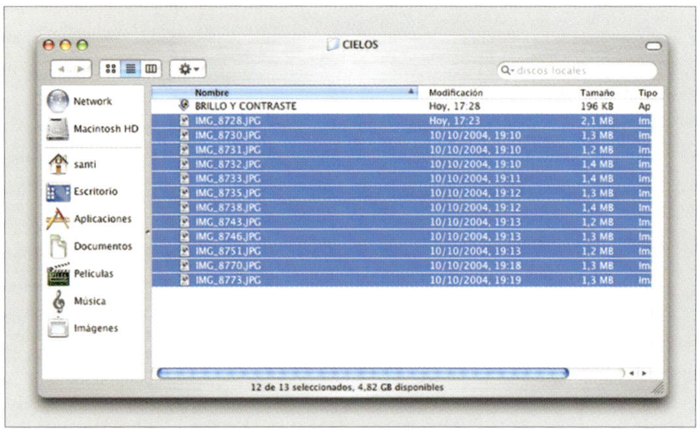

◂ **10** Dentro de la carpeta que contiene todas las imágenes a las que se quiere ejecutar la misma acción, aparecerá el droplet con el nombre elegido, en este caso, BRILLO y CONTRASTE.

Fusión de imágenes

En este caso, se trabajará primero con dos imágenes simultáneamente hasta lograr la composición deseada.

A. Colocar el avión de juguete en la ventana del avión real.

■ 1 Seleccionar el avión de juguete con la herramienta LAZO.

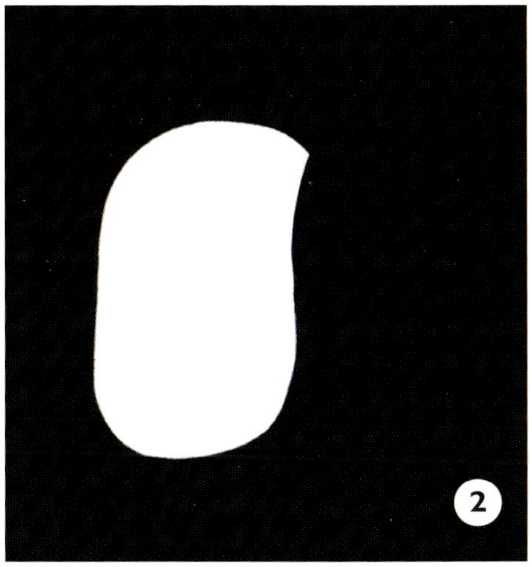

◂ 2 En la foto original del avión real, seleccionar la ventana y guardarla como canal.

▸ 3 Copiar el avión de juguete. En el archivo del avión real cargar la selección de la ventana. Pegar el avioncito en la ventana con EDICIÓN-PEGAR DENTRO.

■ 4 Con la herramienta MOVER, situar el avión de juguete donde se desee dentro de la ventana.

B. Aplicar movimiento a las hélices del avión de juguete.

▴ 2 Borrar la hélice del avión de juguete.

▴ 1 A partir de la capa que contiene el avión, seleccionar una hélice, copiarla y pegarla en una capa aparte.

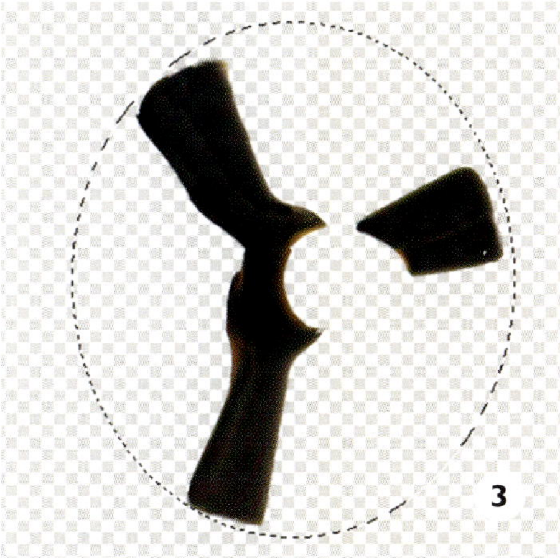

◂ 3 En la capa de la hélice, realizar una selección circular con el MARCO ELÍPTICO alrededor de la hélice.

▸ 4 Aplicar la opción FILTRO-DESENFOCAR-DESENFOQUE RADIAL, con un valor de 40, con el método de desenfoque MOVIMIENTO, de manera que parezca que la hélice tenía movimiento al sacar la foto.

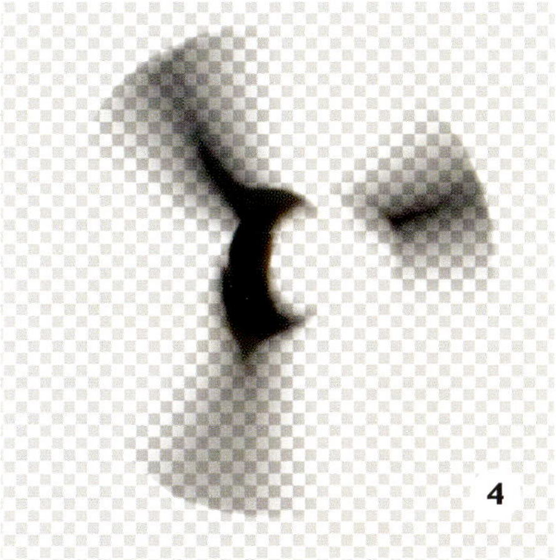

◂ **5** Repetir la operación con la otra hélice.

C. Cambiar el color del cielo.

▸ Estando en la capa de la ventana, seleccionar ésta y cambiar el tono con IMAGEN-AJUSTES-TONO / SATURACIÓN, hasta darle un tono amarillento. Con IMAGEN-AJUSTES-NIVELES, modificar los valores de saturación hasta que parezca un atardecer.

D. Ajustar el color del avión de juguete.

▴ Estando en la capa del avión de juguete, ajustar el color de la misma manera: IMAGEN-AJUSTES-TONO / SATURACIÓN e IMAGEN-AJUSTES-NIVELES, hasta que quede bien integrado en el ambiente que se generó en el paso anterior.

E. Reflejos en la ventana

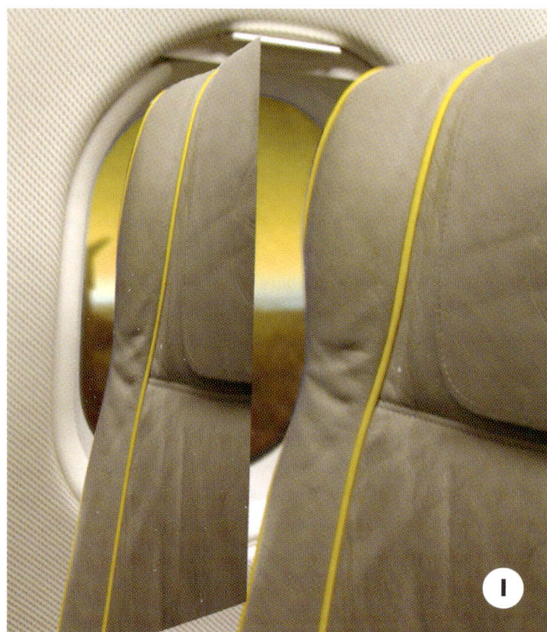

◂ **1** Tomando la imagen del interior del avión real, duplicar el extremo del sillón y crear una nueva capa.

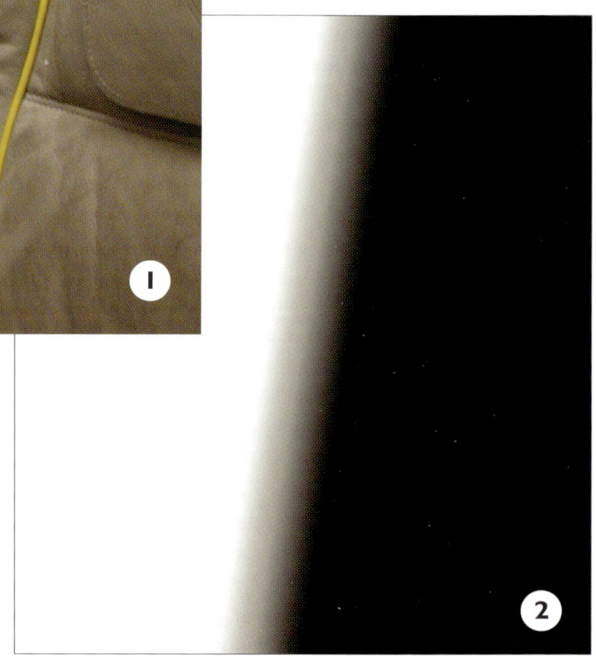

▸ **2** Crear un canal con un degradado horizontal de blanco a negro para difuminar el borde del asiento duplicado.

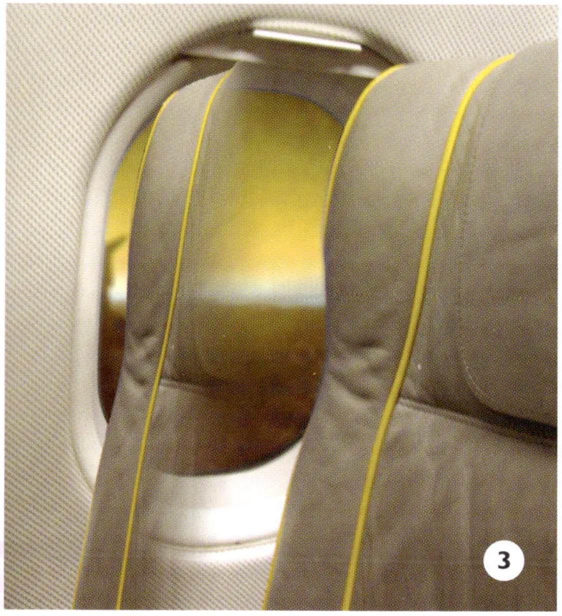

3

3 Cargar la selección con la capa del asiento duplicado activo y, con EDICIÓN-BORRAR, borrar parte del asiento.

4 En la capa del reflejo del asiento cambiar el MODO DE FUSIÓN a LUMINOSIDAD en la pestaña de opciones de aplicación de la ventana de Capas y cambiar la opacidad a 25%. Repetir los pasos anteriores, pero duplicando el filo inferior de la ventana, para agregar un segundo reflejo.

4

F. Aplicar el filtro a la imagen del avión de juguete.

Seleccionar la capa del avión de juguete y aplicar la opción FILTRO-DESENFOCAR-DESENFOQUE DE MOVIMIENTO, con un ángulo de -11, y 15 píxeles de distancia.

F

He aquí la imagen resultante de la fusión del avión de juguete con la ventana de un avión real.

CAMBIO DE COLORES

Ésta es la fotografía original con la que se trabajará en este ejemplo.

A. Cambiar el color del párpado

■ **1** Utilizando la herramienta LAZO, seleccionar sobre la imagen el color azul del párpado.

◂ **2** Esta selección podrá afinarse posteriormente de la siguiente manera. En la ventana de canales: SELECCIÓN-GUARDAR SELECCIÓN-COMO CANAL. Afinar la selección utilizando el pincel y una paleta de negros y blancos. Así, la selección se aplicará solamente sobre la superficie blanca.

▾ **3** Cambiar el color: IMAGEN-AJUSTES-TONO / SATURACIÓN. Mover la barra de TONO hacia la izquierda hasta volver el párpado dorado.

B. Corrección del lunar.

▾ Utilizando la herramienta TAMPÓN DE CLONAR, eliminar el lunar.

C. Cambiar el color del resto del maquillaje.

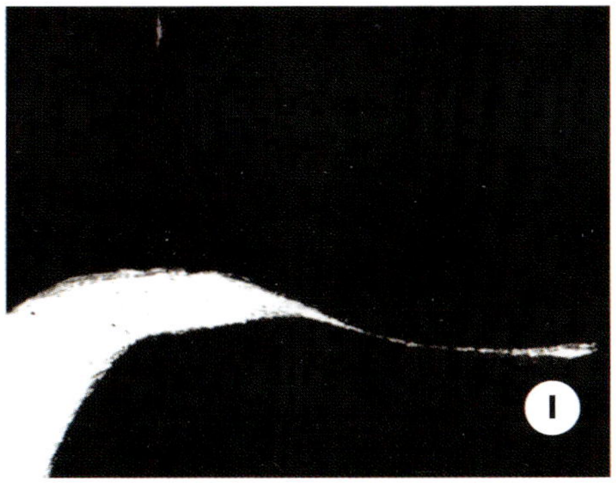

1 Seleccionar la línea rosa utilizando la herramienta VARITA MÁGICA. Ajustar la selección creando un canal de la misma manera que se procedió con el párpado.

3 Seleccionar los círculos verdes con el LAZO y crear el canal correspondiente de la misma manera que en el caso anterior.

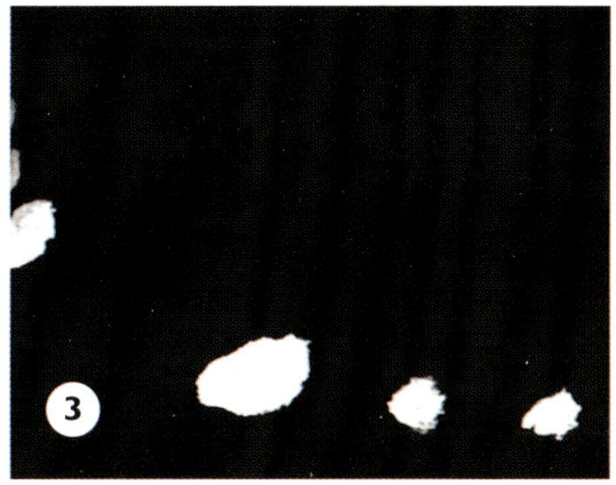

2 Cambiar el color: IMAGEN-AJUSTES-TONO / SATURACIÓN. Mover la barra de TONO hacia la izquierda, hasta volver la línea de color azul.

4 Cambiar el color.

D. Cambiar el color del ojo.

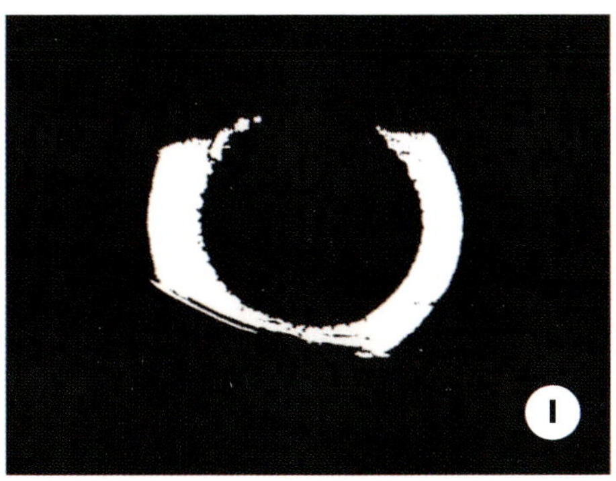

1 De la misma manera en que se realizaron los pasos anteriores, crear un canal con la selección del iris.

2 Modificar su color con IMAGEN-AJUSTES-TONO / SATURACIÓN. En este caso será necesario también ajustar los valores de SATURACIÓN y LUMINOSIDAD.

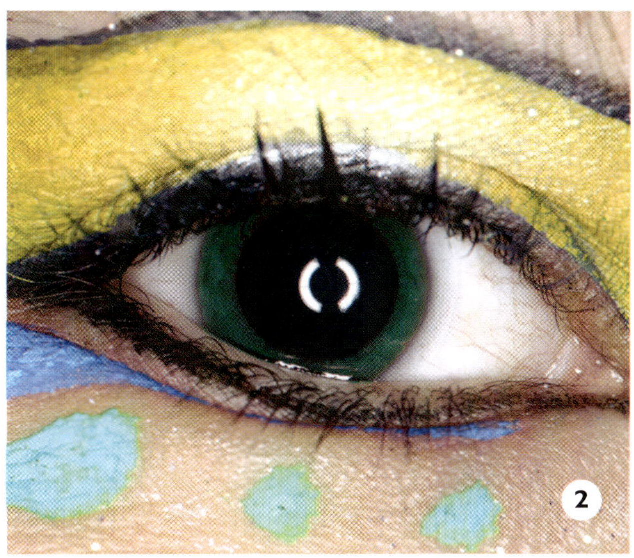

E. Cambiar el color de la piel.

▸ **1** Crear un canal con una selección de la piel.

▾ **2** Ajustar el color de la misma manera que en los casos anteriores: IMAGEN-AJUSTES-TONO / SATURACIÓN, pero con la opción COLOREAR activada.

He aquí la foto final retocada.

Fondo en movimiento

A. Crear un fondo sin perro.

Ésta es la fotografía original sobre cuyo fondo se va a trabajar.

■ 1 En la ventana de CAPAS, duplicar la imagen y renombrar esta nueva capa como FONDO.

▸ 2 Trabajando sobre la capa FONDO, seleccionar el perro y crear un canal con dicha selección. Hacer una selección del perro utilizando cualquiera de las herramientas explicadas anteriormente.

2

3

◂ 3 Con esta selección activa, ir a la ventana de CANALES. Aparecen en la parte inferior 4 iconos. Al activar el segundo, de izquierda a derecha, se creará un nuevo canal que contiene la selección que se ha hecho: SELECCIÓN - GUARDAR SELECCIÓN - COMO CANAL.

B. Recrear el fondo completo sin el perro.

1

◂ 1 En la capa FONDO cargar la selección del perro, y borrar al perro de la imagen con la acción EDICIÓN - BORRAR.

▸ 2 Con el TAMPÓN DE CLONAR, y seleccionando y pegando partes de los elementos del fondo, recrear el fondo completo sin el perro.

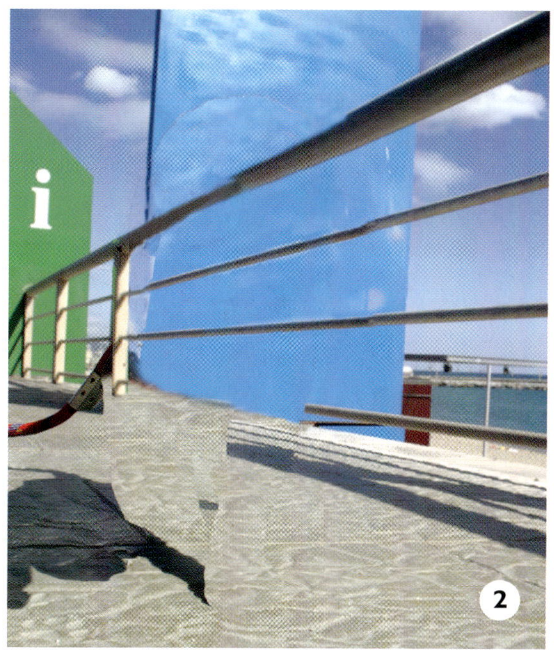

2

C. Transformación del fondo.

▸ **1** Para recrear el punto de fuga ir a: IMAGEN - TAMAÑO DE LIENZO. Aumentar el tamaño de la imagen hacia la izquierda hasta 18 pulgadas de ancho, manteniendo la misma altura.

■ **2** Utilizando el TAMPÓN DE CLONAR borrar la correa del perro.

▸ **3** Aplicar el filtro al fondo completo: FILTRO - DESENFOCAR - DESENFOQUE RADIAL. Ajustar como MÉTODO ZOOM y CALIDAD ÓPTIMA. La intensidad del filtro deseada se obtendrá al mover el valor de la barra superior o adjudicarle un valor numérico directamente. En este caso se prueba con un valor cercano a 10.

D. Transformación del perro.

◂ **1** Crear una nueva capa: CAPA - NUEVA - CAPA. Utilizando el canal creado, seleccionar al perro y pegarlo en la nueva capa.

▸ **2** Seleccionar la correa utilizando la herramienta VARITA MÁGICA y seleccionando sobre la imagen el color rojo de la correa. Posteriormente deberá afinarse creando un nuevo canal con dicha selección.

1

2

▸ **3** Cambiar el color de la correa: seleccionar ésta con ctrl+botón derecho sobre el canal. Una vez seleccionado, debe trabajarse sobre el canal RGB y la capa correspondiente. IMAGEN-AJUSTES-TONO / SATURACIÓN.

E. Aplicación del filtro sobre el perro.

1

▲ **1** Duplicar el canal que contiene la selección del perro. En este nuevo canal debe realizarse una selección especial que graduará la aplicación del filtro deseado. Para ello hay que emplear nuevamente la herramienta del pincel y la paleta de negros y blancos. Al modular las propiedades del pincel se creará una selección gradual, de manera que el negro no permitirá la aplicación del filtro, mientras que el blanco permitirá su aplicación total. Los grises generarán una gama de estados intermedios que pueden modularse según se desee. (Llamar la selección realizada de la misma manera que se hizo con la correa.)

Ésta es la transformación final que se ha realizado sobre el fondo para crear un efecto de movimiento.

2

▸ **2** Aplicar la opción FILTRO - DESENFOCAR - DESENFOQUE RADIAL. Ajustarlo como MÉTODO ZOOM y CALIDAD ÓPTIMA. Ajustarlo a un valor de 10.

VARIACIÓN DE LOS TONOS

Imagen original sobre la que se va a realizar el presente ejercicio.

A. Creación de los canales de la chica, los zapatos y el pelo para variar el color.

1 Seleccionar a la chica con el LAZO y guardar dicha selección como un canal: SELECCIÓN - GUARDAR SELECCIÓN - COMO CANAL.

2 Seleccionar los zapatos con la VARITA MÁGICA y guardar dicha selección en un segundo canal con la acción: SELECCIÓN - GUARDAR SELECCIÓN - COMO CANAL.

3 Seleccionar el pelo con la VARITA MÁGICA y guardar dicha selección en un tercer canal: SELECCIÓN - GUARDAR SELECCIÓN - COMO CANAL. En este canal deberá retocarse la selección de las zonas del pelo que tienen transparencias. En el canal estas zonas deberán tener diferentes valores de grises.

B. Ajustes de color de los ojos.

1 Seleccionar con el LAZO los ojos teniendo especial cuidado en la zona donde haya pelo.

2 Una vez seleccionados, cambiar el color con IMAGEN - AJUSTES - TONO / SATURACIÓN, ajustando el tono a -180 y la saturación a -73. Después, puede variarse el nivel de la saturación con IMAGEN - AJUSTES - NIVELES. En este caso, los valores utilizados fueron: 17 - 0,66 - 145.

C. Ajustes de color del pelo. *Utilizando el canal que contiene la selección del pelo:*

◂ **1** Modificar el color con IMAGEN - AJUSTES - TONO / SATURACIÓN hasta un valor de -60 para el tono y de -48 para la saturación.

▸ **2** Ajustar los niveles de saturación con IMAGEN - AJUSTES - NIVELES hasta 14 - 1 - 236.

D. Ajustes de color de los zapatos.

▴ Utilizando la selección contenida en el canal de los zapatos, ajustar el color como en los casos anteriores: IMAGEN - AJUSTES - TONO / SATURACIÓN. Los valores utilizados en este caso fueron de -160 para el tono y de -25 para la saturación.

E. Sustituir el fondo por una imagen de hierba artificial.

▴ **1** Crear una nueva capa con la imagen de la hierba artificial.

▸ **2** Copiar la imagen de la hierba y pegarla sobre la imagen de la chica. Automáticamente se creará una nueva capa. Como se observa, el nuevo fondo no tiene ni el mismo tamaño, ni la misma perspectiva de la foto sobre la que se está trabajando, de manera que es preciso hacer modificaciones.

▲ **3** Utilizando el canal que contiene la selección de la chica, crear una nueva capa que contenga la figura sin el fondo y traerla al frente para utilizarla como referencia.

▲ **4** Seleccionar la capa de la hierba, ir a EDICIÓN - TRANSFORMAR ESCALA, y ajustar la hierba hasta el borde inferior de la foto de referencia. Limpiar también las pelotas y los palos de golf; para ello, utilizar la herramienta TAMPÓN DE CLONAR.

■ **5** Para igualar la perspectiva, ir a EDICIÓN - TRANSFORMAR - PERSPECTIVA y ajustar de acuerdo con la imagen de la chica.

▲ **6** Completar la parte superior del fondo. Para ello, duplicar una sección de la hierba, pegarla en la zona que se quiere completar y ajustar su perspectiva.

◀ **7** Ajustar el color del fondo con IMAGEN - AJUSTES - TONO / SATURACIÓN activando la opción COLOREAR. Ajustar el tono a 36 y la saturación, a 78. Posteriormente, ajustar los valores de saturación (NIVELES) a: 0 - 1,19 - 173.

F. Recrear la sombra de la chica sobre el nuevo fondo.

■ **1** En la imagen original de la chica, seleccionar la sombra con la herramienta VARITA MÁGICA.

▶ **2** Con esta selección activa hacer los siguientes ajustes de color sobre la capa de la hierba: IMAGEN - AJUSTES - TONO / SATURACIÓN. Ajustar el tono a 8; la saturación, a -10 y el brillo, a 3. A continuación: IMAGEN - AJUSTES - NIVELES a: 0 - 0,48 - 255.

G. Sacar de foco el fondo.

Debe obtenerse un fuera de foco gradual, puesto que hay unas zonas del fondo que están cerca de la cámara y otras que están lejos. Para ello debe crearse un canal con un degradado de blanco a negro, donde el blanco corresponderá a las partes lejanas y el negro, a las partes cercanas.

Ésta es la imagen final retocada con las variaciones de tono del pelo, los ojos y los zapatos, y el nuevo fondo.

▲ **1** Crear un nuevo canal y, con la herramienta de DEGRADADO, rellenarlo con un degradado de negro a blanco.

▸ **2** Cargar la selección anterior y aplicar sobre la capa del fondo el desenfoque con FILTRO - DESENFOCAR - DESENFOQUE GAUSSIANO, con un radio de 7,5 píxeles.

CAMBIO DE ILUMINACIÓN

Ésta es la imagen de la boxeadora sobre la que se efectuará el cambio de iluminación.

A. Selección de la boxeadora.

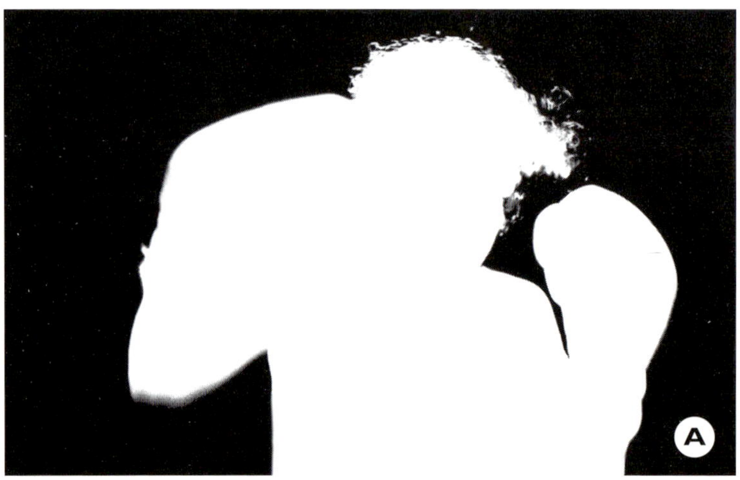

▲ Seleccionar la boxeadora utilizando cualquiera de las herramientas empleadas anteriormente. Guardar dicha selección con: SELECCIÓN - GUARDAR SELECCIÓN.

B. Ajustes de color en la boxeadora.

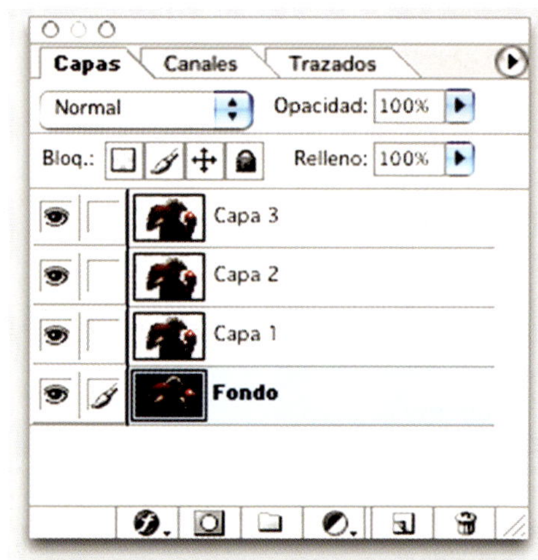

▲ **1** Crear tres nuevas capas. Para ello, pinchar, en la ventana de Capas, en NUEVA CAPA. Seleccionar la boxeadora y pegarla en cada una de las nuevas capas.

2 Desenfocar la segunda capa con FILTRO - DESENFOCAR - DESENFOQUE GAUSSIANO, dando un valor de radio de 35. Cambiar el MODO DE FUSIÓN de esa capa a TRAMA.

3 Contrastar la segunda capa ajustando los niveles, con IMAGEN - AJUSTES - NIVELES, a un valor de: 0 - 0,70 - 165.

4 Ajustar color de la tercera capa con IMAGEN - AJUSTES - TONO / SATURACIÓN (Tono: -163, Saturación: -11, Luminosidad: 0).

5 Contrastar la tercera capa ajustando los niveles, con IMAGEN - AJUSTES - NIVELES, a un valor de 0 - 0,55 - 150. Cambiar el MODO DE FUSIÓN de esa capa a SOBREEXPOSICIÓN LINEAL. Ajustar la opacidad de la capa a 25%.

6 Desenfocar la tercera capa con FILTRO - DESENFOCAR - DESENFOQUE GAUSSIANO dando un valor de radio de 35.

7 Cubrir la capa FONDO de color negro. La combinación de las tres nuevas capas se ve de esta manera.

C. Incorporación del fondo y ajustes de color.

I Copiar la imagen de luces nocturnas con SELECCIÓN - TODO; EDICIÓN - COPIAR. Pegarla en la imagen de la boxeadora con EDICIÓN - PEGAR. Enviar al fondo la nueva capa con: CAPA - ORGANIZAR - ENVIAR DETRÁS.

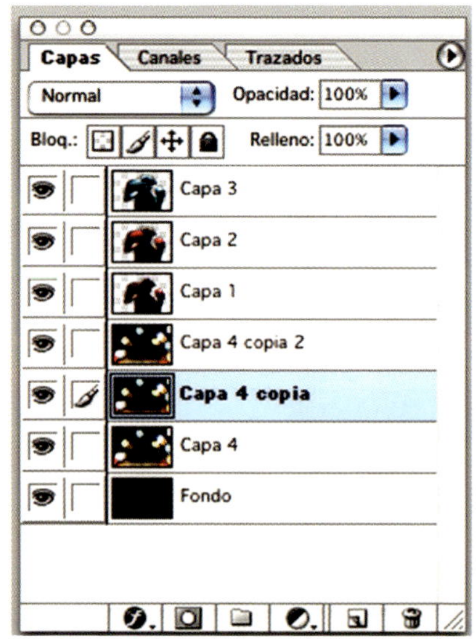

2

2 Crear dos copias más del fondo de luces pinchando en DUPLICAR CAPA dentro de la ventana de Capas.

3 En la primera de estas capas, aplicar: FILTRO - DESENFOCAR - DESENFOQUE RADIAL con un valor de 25 y GIRO como método de desenfoque. La imagen dará así mayor sensación de movimiento.

4 Ajustar el color de la segunda capa con IMAGEN - AJUSTES - TONO / SATURACIÓN (Tono: 191, Saturación: 16, Luminosidad: -34). Ajustar la opacidad de la capa a 60%.

▸ **5** Enviar al frente la tercera de estas capas con: CAPA - ORGANIZAR - ENVIAR AL FRENTE. Cambiar el MODO DE FUSIÓN de esa capa a SOBREEXPONER COLOR. Ajustar la opacidad de la capa a 40%. Esta capa ayudará a que la boxeadora se integre más con el fondo de luces.

5

▾ **6** Activar todas las capas. En la ventana de Capas, ACOPLAR IMAGEN, para obtener una sola capa.

Ésta es la imagen de la boxeadora con el cambio de iluminación efectuado.

6

INTEGRACIÓN DE OBJETOS SOBRE UN FONDO

Éstas son las dos imágenes de las que se va a partir para integrar los perfumes en una calle.

A. Copiar y pegar los perfumes en la calle.

◂ En la imagen de los perfumes, dirigirse a SELECCIÓN - TODO, EDICIÓN - COPIAR. En la imagen de la calle, ir a EDICIÓN - PEGAR. (Automáticamente se habrán creado dos capas: una, para la foto de la calle y otra, para los perfumes).

B. Guardar la selección de los perfumes, borrar su fondo y limpiar defectos.

Trabajando en la capa de los perfumes:

◂ **1** Con el LAZO, seleccionar el contorno de las botellas.

▸ **2** Guardar la selección como canal con SELECCIÓN - GUARDAR SELECCIÓN.

▴ **3** Invertir la selección con SELECCIÓN - INVERTIR y posteriormente borrar el fondo de las botellas con EDICIÓN - BORRAR.

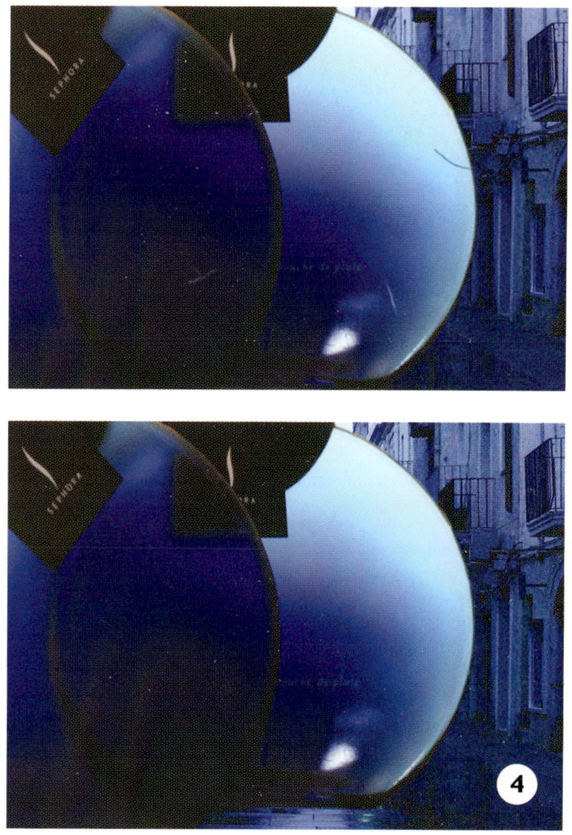

▴ **4** Con el TAMPÓN DE CLONAR limpiar los defectos que quedan en la imagen.

C. Crear la transparencia en los perfumes.

1 En la ventana de CAPAS seleccionar la de la ciudad y ocultar la de los perfumes. Cargar la selección de las botellas con SELECCIÓN - CARGAR SELECCIÓN. En la ventana de opciones aparece CANAL Alpha 1. Aceptar.

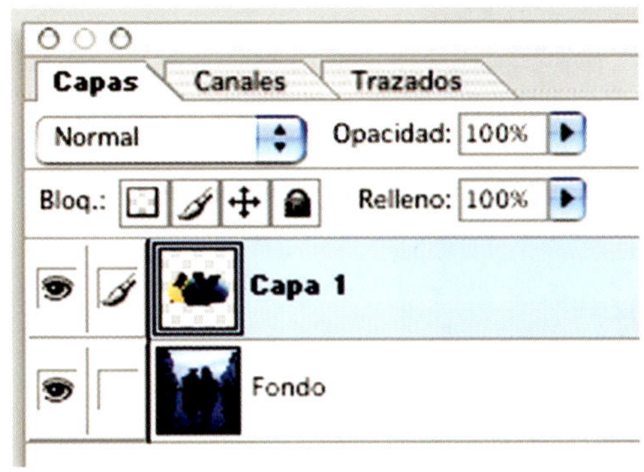

2 Seleccionar EDICIÓN - COPIAR y crear un nueva capa, en la ventana de Capas, con NUEVA CAPA. Pegar la selección con EDICIÓN - PEGAR.

3 Traer al frente la nueva capa con CAPA - ORGANIZAR - TRAER AL FRENTE.

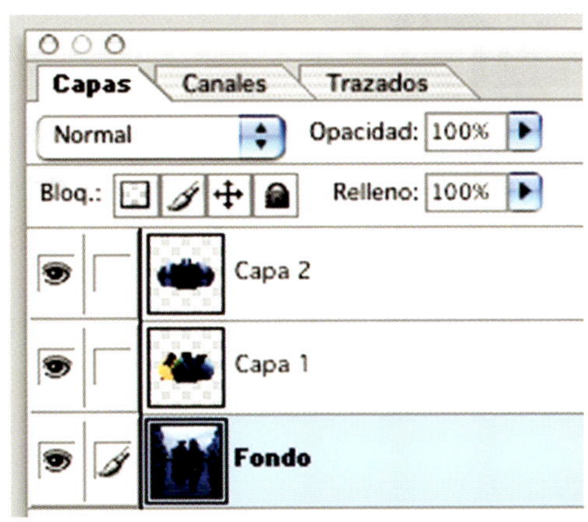

4 Aplicar desenfoque con: FILTRO - DESENFOCAR - DESENFOQUE GAUSSIANO. Ajustar el valor de radio a 30.

5 Copiar el canal azul del RGB en un nuevo canal. Retocar la imagen: llevar a negro los elementos opacos y a blanco, los más transparentes.

6 Cargar como selección el nuevo canal en SELECCIÓN - CARGAR SELECCIÓN. En la ventana de opciones seleccionar CANAL Alpha 2. Aceptar.

7 Seleccionar CAPA - AÑADIR MÁSCARA DE CAPA - DESCUBRIR SELECCIÓN.

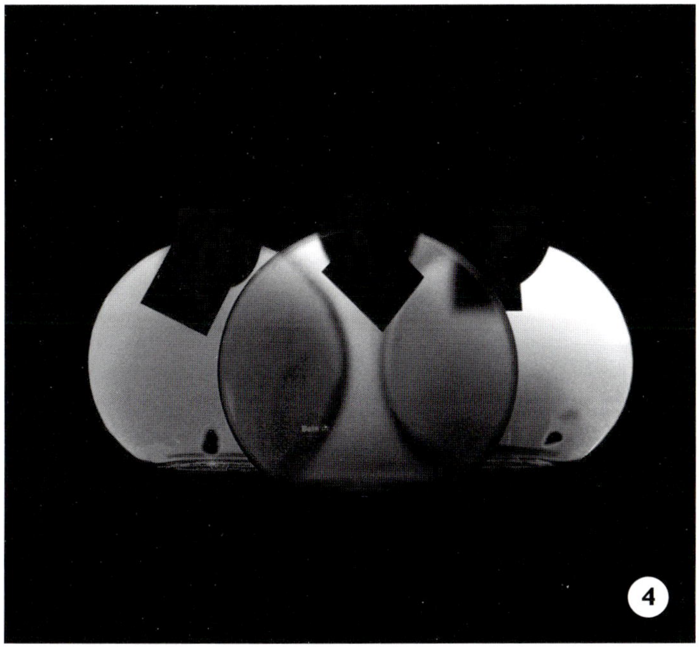
4

5

D. Reflejos de los perfumes sobre la calle.

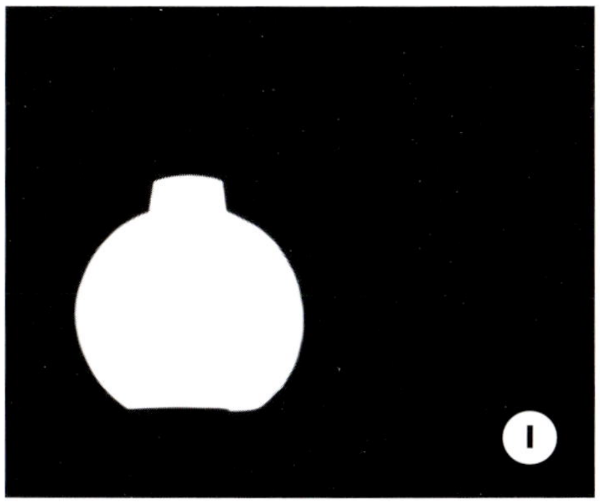
1

1 Con la herramienta LAZO, seleccionar la botella izquierda. Guardar la selección como canal con SELECCIÓN - GUARDAR SELECCIÓN.

2 Con la herramienta LAZO, seleccionar la botella del centro. Guardar la selección como canal con SELECCIÓN - GUARDAR SELECCIÓN.

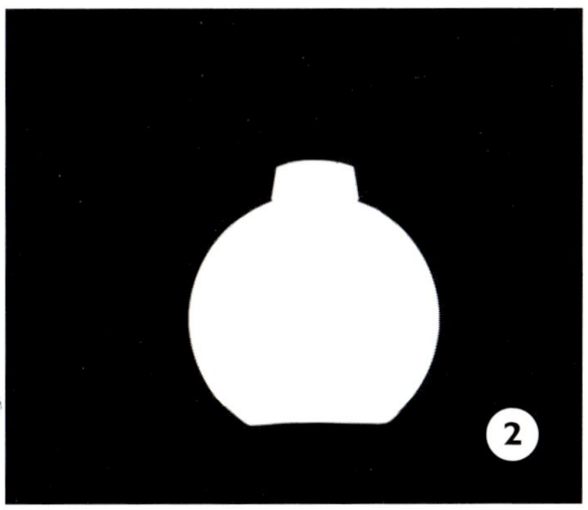
2

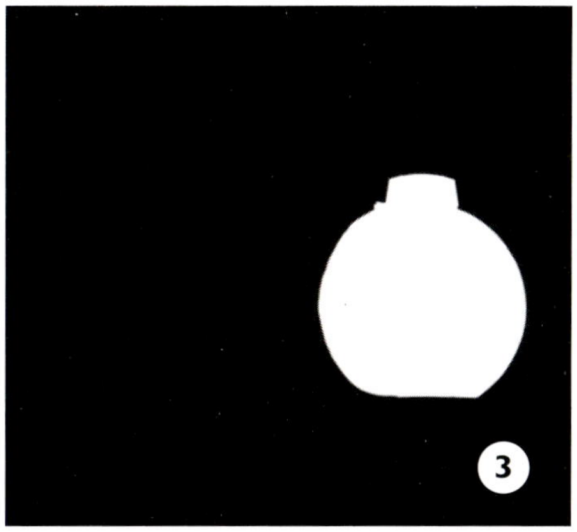
3

3 Con la herramienta LAZO, seleccionar la botella derecha. Guardar la selección como canal con SELECCIÓN - GUARDAR SELECCIÓN.

4 Utilizando las selecciones anteriores, copiar cada botella en una capa por separado. Invertir la botella para colocarla como reflejo sobre el suelo con EDICIÓN - TRANSFORMAR - VOLTEAR VERTICAL, y, con la herramienta MOVER, situarla justo por debajo de la botella correspondiente.

Ésta es la imagen final resultante de la integración de los perfumes en una calle.

5 Cambiar el MODO DE FUSIÓN de las tres nuevas capas a LUZ SUAVE.

6 Aplicar desenfoque al reflejo con FILTRO - DESENFOCAR - DESENFOQUE GAUSSIANO, con un valor de radio 7.

note miel
SEPHORA
note marine
SEPHORA
Bain de source
note marine